35 Lotus international

35 Lotus international

Indice/Contents

Rivista trimestrale di architettura
Quarterly Architectural Review

1982/II

Rivista fondata nel 1963
Review founded 1963
Registrata presso il Tribunale
di Venezia, con il n. 536/R.S.
Direttore responsabile
Pierluigi Nicolin

Gruppo Editoriale Electa
Divisione Periodici
Tel. 02-704023
via Goldoni 1 - 20129 Milano

Direttore/Director
Gianni Vallardi

Coordinamento e diffusione/
Coordination and diffusion
Sergio Vergani

Direzione tecnica/Technical direction
Gianni Gardel

Coordinamento tecnico/
Technical coordination
Gianni Manenti

Prezzo di un numero trimestrale:
Lire 18.000
Price of a quarterly issue:
Lit. 18,000

Abbonamento annuo (4 numeri):
L. 60.000
Estero: L. 85.000
Spedizione in abbonamento
postale: Gruppo IV
Annual subscription (4 issues):
Lit. 60,000
Abroad: Lit. 85,000

Pubblicità / Advertising

Gruppo Editoriale Electa S.p.A.
Divisione Periodici
Via Goldoni 1 - 20129 Milano

Distributed by
Rizzoli International
Publications Inc. New York City

ISBN No. 0-8478-5355-1

© Copyright 1982 by
Gruppo Editoriale Electa S.p.A.
Divisione Periodici

Printed in Italy by Fantonigrafica,
Venice

4 **Il dispositivo museo**
Note sui cambiamenti istituzionali
Hubert Damisch

The museum device
Notes on institutional changes
Hubert Damisch

12 **Trasformazioni planimetriche**
Allestimento per un museo temporaneo
a Colonia
O.M. Ungers

Planimetric transformations
Design for a temporary museum
in Cologne
O.M. Ungers

15 **Parigi: Museo d'Orsay**
La trasformazione della Gare d'Orsay
in museo del XIX secolo
Pierluigi Nicolin

Paris: The Museum d'Orsay
Transformation of the Gare d'Orsay
into a 19th century museum
Pierluigi Nicolin

32 **Modelli d'architettura**
La nascita del museo di architettura
in Francia all'epoca della Rivoluzione
Dominique Poulot

Architectural models
The birth of the museum of architecture
in France during the Revolution
Dominique Poulot

36 **Testo storico e oggetto storico**
La poetica del Museo di Cluny
Stephen Bann

Historical text and historical object
Poetics of the Musée de Cluny
Stephen Bann

44 **La corte dei re**
Progetto per una sala del Museo di Cluny
Gae Aulenti Italo Rota

Kings' court
Design for a Room of the Musée de Cluny
Gae Aulenti, Italo Rota

46 **Le macchine pensanti**
Dall'Outlook Tower alla Città Mondiale
Alessandra Ponte

Thinking machines
From the Outlook Tower
to the City of the World
Alessandra Ponte

53 **La vertigine della mescolanza**
La lotta del collezionista contro il tempo
Franco Rella

Vertigo of mélange
The collector's fight against time
Franco Rella

64 **L'unione delle arti**
La casa-museo di Sir John Soane
John Summerson

Union of the arts
Sir John Soane's museum-house
John Summerson

75 **Il museo di Scarpa**
Il percorso museografico del
Castelvecchio di Verona
Licisco Magagnato

Scarpa's museum
The museographic route of Castelvecchio,
Verona
Licisco Magagnato

87 **Support, Surface**
Il progetto di Rafael Moneo per il Museo
Archeologico di Merida
Ignasi De Solá Morales

Support, Surface
Rafael Moneo's design for the
Archaeological Museum of Merida
Ignasi De Solá Morales

93 **L'accesso al Muro del Pianto**
Progettare all'interno della griglia
archeologica
Adolfo Natalini/Superstudio
con David Palterer

Access to the Wailing Wall
Designing in the archaeological grid
Adolfo Natalini/Superstudio
with David Palterer

100 **Musei d'America: tre esempi**
Dai Cloisters a Michael Graves
Barbara Weiss

American museums: three examples
From the Cloisters to Michael Graves
Barbara Weiss

108 **L'ampliamento del museo**
Due progetti di James Stirling
per il Fogg Museum (Cambridge, Mass.)
e per la Tate Gallery (Londra)

Museum expansion
Two designs by James Stirling for the Fogg
Museum (Cambridge, Mass.) and the Tate
Gallery (London)

117 **Musei privati e pubblica virtù**
Il museo di Isabella Stewart Gardner
a Boston
Mary McLeod

Private museums and public virtue
The Isabella Stewart Gardner Museum,
Boston
Mary McLeod

122 **La casa dei sogni e dei ricordi**
Philip Johnson a New Canaan
Francesco Dal Co

The house of dreams and memories
Philip Johnson at New Canaan
Francesco Dal Co

Il museo dell'architettura

The museum of architecture

Lo specchio del museo

Secondo la *Grande Encyclopédie*, il primo museo nel senso moderno del termine (cioè la prima collezione pubblica) sarebbe stato fondato il 27 luglio 1793 in Francia dalla Convenzione. L'origine del museo moderno sarebbe dunque legata allo sviluppo della ghigliottina. Tuttavia, l'Ashmolean Museum di Oxford, fondato alla fine del XVII secolo, era già una collezione pubblica di proprietà dell'università.

Lo sviluppo dei musei ha evidentemente superato le speranze più ottimiste dei fondatori. Non solo l'insieme dei musei del mondo oggi rappresenta un deposito colossale di ricchezze, ma soprattutto l'insieme dei visitatori dei musei del mondo rappresenta senza alcun dubbio il più grandioso spettacolo di un'umanità liberata dalle preoccupazioni materiali e votata alla contemplazione.

Bisogna tenere conto del fatto che le sale e gli oggetti d'arte non sono che un contenitore il cui contenuto è costituito dai visitatori: è il contenuto che distingue un museo da una collezione privata. Un museo è come il polmone di una grande città: la folla affluisce ogni domenica nel museo come il sangue, e ne esce purificata e fresca. I quadri non sono altro che superfici morte, ed è nella folla che si producono i giochi, le esplosioni, i riverberi di luce descritti tecnicamente dai critici autorizzati. La domenica, alle cinque, all'uscita del Louvre, è interessante ammirare il flusso dei visitatori visibilmente in preda al desiderio di essere in tutto simili alle celestiali apparizioni che hanno rapito i loro occhi.

Il museo è lo specchio colossale in cui l'uomo finalmente si specchia in tutti i suoi aspetti, si trova letteralmente ammirevole e si abbandona all'estasi di cui parlano tutte le riviste d'arte. (*Georges Bataille, 1930*)

Parchi e musei di architettura

Si sa, i primi musei di architettura sono costituiti dalla successione dei padiglioni o "fabriques" nei parchi settecenteschi: la passeggiata didascalica fra tempietti cinesi, indù o gotici invita l'osservatore ad un percorso nel tempo e nello spazio.

In questo senso, il parco e il museo, più che vere e proprie "eterotopie", si presentano come "eterocronie".

I padiglioni nel parco, e più tardi i plastici di architettura assemblati nelle gallerie, mostrano tuttavia solo l'esterno dell'oggetto costruito. Solamente una "casa" (quella del collezionista) può pretendere di offrire allo sguardo l'interiorità dell'architettura, di illustrare per mimesi o simulacro, gli effetti di *interieurs*. Aporia di ogni idea di museo di architettura: vedere da fuori, con la dovuta distanza, ciò che è un dentro. Nell'assumere un atteggiamento più da spettatore che da consumatore, chi visita tale museo dovrà intensificare la forza opposta della contemplazione dell'esteriore e dell'interiore in reminiscenza, in ricordo involontario. Il rapporto — paradossale — con l'architettura dovrà essere qualcosa di *extraterritoriale*.

The museum mirror

According to the *Grande Encyclopédie*, the first museum in the modern sense of the term (the first public collection) was founded on 27 July 1793 in France by the Convention. So the origins of the modern museum are somehow bound up with the development of the guillotine. Be that as it may, the Ashmolean Museum in Oxford, founded at the end of the 17th century, was already a public collection belonging to the University.

The development of museums has clearly gone far beyond the most sanguine expectations of their originators. Not only do the museums of the world today, taken together, represent a colossal store of riches, but above all the mass of visitors to museums unquestionably constitute the most striking example of a body of humanity freed from material concerns and absorbed in contemplation.

It should always be borne in mind that the rooms and works of art are merely a container, their content being the visitors. It is the content that distinguishes a museum from a private collection. A museum is like the lungs of a great city: on Sundays, the crowds flow into the museum like the city's life-blood and emerge refreshed and purified. Paintings are no more than dead surfaces: it is amongst the crowd that are felt the interplay, the explosions, the tremors of light described technically by recognized critics. At five o'clock on Sunday afternoons, at the exit of the Louvre, it is interesting to gaze on the flow of visitors visibly caught up in the desire to be just like the celestial apparitions that have ravished their eyes.

The museum is the colossal looking-glass in which every facet of mankind is at last reflected, and where he finds himself quite literally admirable, abandoning himself to the ecstasy of which all the art reviews speak. (*Georges Bataille, 1930*)

Parks and museums of architecture

As is well-known, the earliest architectural museums consisted of the succession of pavilions or "fabriques" in 18th century parks: the didactic walk amidst scaled-down versions of Chinese, Hindu or Gothic temples invited the observer to wander through time and space.

In this sense, the park and the museum are not so much "heterotopias" as "heterochronias." The pavilions in parks and, later, the models of architecture assembled in galleries only displayed the exteriors of the constructions. Only one kind of house (the collector's own) can claim to present to the gaze the inwardness of architecture, to illustrate the effects of *interieurs* by mimesis or simulacrum. This is the quandary of every concept of an architectural museum: to be able to see from outside, at a suitable distance, what is an interior. In assuming the attitude of a viewer rather than a consumer, the visitor to a museum of this sort will have to intensify the opposed forces of contemplation of the exterior and of the interior in reminiscence, in involuntary memory. The — paradoxical — relationship with architecture will have to be something *extraterritorial*.

Hubert Damisch

Il dispositivo museo
Note sui cambiamenti istituzionali

1, 2. J. Courtanne, Gabinetto di Fisica di Bonnier de la Mosson.

Vuole la storia che si debba al secolo dei Lumi l'idea moderna del *museo*. Eppure, a questa voce, l'*Encyclopédie* di Diderot e d'Alembert si limita a ricordare brevemente l'istituzione culturale di tal nome fondata ad Alessandria dai Tolomei per favorire la formazione di un areopago di studiosi, filosofi e letterati — non senza osservare, tuttavia, che "da allora il termine 'museo' ha acquisito un significato più ampio e attualmente serve a designare qualsiasi luogo ove siano conservati oggetti direttamente connessi alle arti e alle muse"[1]. Invitato a riportarsi alla voce "Gabinetto", il lettore vi apprenderà che tale vocabolo si riferisce sia a un locale di uso strettamente intimo sia al luogo — non meno privato — in cui viene conservato "quanto di più prezioso si possiede in materia di quadri, bronzi, libri, curiosità, ecc."[2] A sua volta, il museo sembra aver subito un'analoga trasformazione, essendo nato dalla deviazione di una pulsione che giunge addirittura a profanare le tombe per strappare alle tenebre i tesori e perfino i cadaveri ivi racchiusi, per poco che l'industria umana sia riuscita a sottrarli alla corruzione cui è destinata la natura: per esempio, l'Ashmolean Museum di Oxford, il cui nucleo era costituito da una notevole raccolta di curiosità, che ben presto si arricchì di numerosi oggetti egizi, fra i quali alcuni geroglifici e "una mummia completa", senza contare diverse antichità romane nonché un gabinetto di storia naturale[3].

Il riferimento alla munificenza dei Tolomei non ha nulla di sorprendente, in un'opera che aspirava a divenire "un santuario ove il sapere dell'uomo fosse al riparo dal tempo e dalle rivoluzioni": anche se fosse stato l'unico a sfuggire all'incendio della Biblioteca di Alessandria, il manoscritto di un' "enciclopedia" sarebbe stato sufficiente, secondo d'Alembert, a consolarci della perdita degli altri[4]. Più singolare è invece il fatto che proprio quando amatori e artisti cominciavano a rivendicare il libero accesso alle collezioni regie, l'*Encyclopédie*, pur auspicando che si sviluppasse l'esperienza dei "Salons" ove il pubblico veniva ammesso a prendere conoscenza del lavoro degli "ateliers", dedicasse spazio soltanto al progetto di erigere alla natura "un tempio che ne fosse degno" e in cui la si potessse vedere "in tutte le sue varietà e le sue degradazioni"[5]: la natura, i cui prodotti nulla devono alle muse. Ma nell'*Enciclopedia* recentemente pubblicata in Italia da Einaudi, la voce "Museo" non esiste del tutto: ed è altrove, sotto "Collezione", che il lettore può trovare di che riflettere su di un'istituzione che pure viene concordemente ritenuta tipica della cultura borghese e di quelle che oggi ne accettano e se ne contendono il retaggio[6]. Dopo due secoli durante i quali si è imposto il modello del "grande museo", destinato anzitutto alle arti, mentre proliferavano musei di ogni sorta e di ogni dimensione, dobbiamo supporre che tale istituzione abbia ormai palesato i suoi limiti, giacché dell'entusiasmo che il suo nome bastava a suscitare nei Convenzionalisti del 1793 — in occasione del voto del decreto relativo alla creazione di un "Museo della Repubblica Francese" — oggi non rimane traccia se non in coloro che sono incaricati di amministrarla (salvo poi volerne ignorare i vincoli). Il "problema", se non il "male del museo", è dunque tale che se ne può parlare, ormai, soltanto in termini velati, e sotto il manto di una parola che come un vetro filtrante lasci trasparire ciò che la nostra cultura potrebbe guardare solo in una luce appropriata: lo spettacolo, ripetuto e moltiplicato all'infinito, di se stessa morta ed esposta dopo essere stata imbalsamata?

Ma ancor più insopportabile è l'idea che il destino cui nessuna ope-

The museum device
Notes on institutional changes

History has willed that we should be indebted to the century of the Enlightenment for the modern idea of the *museum*. Yet the *Encyclopédie* of Diderot and d'Alembert merely provides a brief entry under this headword: it refers to the institution of the same name founded in Alexandria by the Ptolemies as a place where a court of sages, philosophers and men of letters was held. But it also mentions that the "word museum has since acquired a more extensive meaning and today it is applied to any place used to keep objects that have an immediate relation with the arts and the muses".[1] The reader is also advised to refer to the entry "Cabinet", where he learns that this term embraced among its meanings a place used for private purposes, as well as a no less private place used to contain "one's most precious paintings, bronzes, books, curios etc."[2] The museum shared a similar origin, having been born out of the twist given to an impulse that was nothing less than the profaning of tombs and bringing to light the treasures and even the corpses they contained, as far as human industry could enable them to escape the corruption which is their natural destiny: such was the origin of the Ashmolean at Oxford, whose kernel consisted of a considerable collection of curios, to which were soon added a large quantity of Egyptian antiquities, including hieroglyphic scripts and a mummy, complete, not to mention Roman remains and a natural history cabinet.[3]

The reference to the splendour of the Ptolemies is not surprising in a work that claimed to be a "sanctuary where the knowledge of mankind is sheltered from time and revolution"; if only the manuscript of an "encyclopedia" had managed to survive unscathed the fire that destroyed the great library of Alexandria, it would have compensated us for the loss of the other books.[4] Rather more surprising is the fact that at the moment when amateurs and artists were beginning to claim freedom of access to the royal collections, while hoping to develop the experience of the "Salons," where the public could learn about the work of the ateliers, the *Encyclopédie* only mentioned the plan of erecting to nature "a temple which should be worthy of her", and in which one might view her "in all her variety and degrees:"[5] nature, whose works certainly owe nothing to the muses. But the *Enciclopedia* recently published in Italy by Einaudi actually omits any entry under "museum:" it is elsewhere, under the headword "collection," that the reader will find matter for reflection on an institution which is generally agreed to be typical of bourgeois culture, both among those who today accept its legacy and those who contest it.[6] After two centuries which have seen the affirmation of the model of the "great museum," devoted above all to the arts, while museums of every size and kind have also proliferated, have we taken the measure of the institution so well that the enthusiasm which the word aroused amongst the *Conventionnels* of 1793, when they voted the decree establishing a "Museum of the French Republic," no longer finds an echo save among those who are appointed its administrators (except for wanting to then ignore its restrictions)? Is the "problem", the "mal de musée", such that one can only discuss it in veiled expressions and under the cloak of a term that acts as a screen, to protect us from seeing anything except what our culture can look at in the appropriate light: the spectacle, repeated and multiplied to infinity, of itself dead and exhibited after having been embalmed?

Even more intolerable is the idea that the destiny which no human work can escape (Valéry: "Everything ends up on a wall or in a

2

1, 2. J. Courtanne, Physics Cabinet of Bonnier de la Mosson.

ra umana sembra dover sfuggire (Valéry: "Tutto finisce sul muro o in una vetrina…"), possa costituire la molla, riconosciuta o no, di ogni produzione, perfino di quelle che vorrebbero sottrarsi all'attrazione del museo, o che pretendono di eluderne l'operazione. Indubbiamente, oggi siamo particolarmente attenti alle funzioni ideologiche riempite da un'istituzione che è soltanto un ingranaggio — più "vistoso" di altri — nel meccanismo globale dello Stato[7]. Per noi, il museo non è quel "disordine organizzato", quella "dimora dell'incoerenza" di cui parlava Valéry, con tutti gli effetti che gli sembravano derivare dalla giustapposizione di opere ritenute "uniche" e che, una volta poste in presenza le une delle altre, non potrebbero che distruggersi a vicenda. Quel che in esso eventualmente ci preoccupa, più che non il "disordine", è l'*organizzazione*, in quanto assegna — come dirà Baudelaire[8] — ad ogni artista, se non ad ogni "scuola", la propria *specialità* nell'economia di una "storia dell'arte" la cui prospettiva si confonde con quella del museo stesso. Sotto l'apparenza di una conciliazione dialettica ove si scioglie qualsiasi opposizione e si risolve finalmente ogni contraddizione, riconosciamo infatti nel museo lo strumento, penetrante ed efficacissimo, di un richiamo all'ordine continuo e che non è mai privo di restrizioni. Giacché siamo ancora vittime, forse, della stessa illusione che induceva Valéry a denunciare come *inumane* e *non pure* "quelle solitudini patinate, che sanno di tempio e di salone, di cimitero e di scuola", ponendo a confronto, ben prima del Sessantotto, il "magnifico caos del museo" con "il movimento della strada piena di vita": caos inumano, come è impuro il miscuglio di "visioni morte", perché *insensata* — nella misura in cui in materia d'arte non può esistere, a quanto pare, alcun senso se non connesso al *proprio*, all'*unico*, al *vivo* — è l'arte che sia frutto di sensazione e non di erudizione, di presenza e non di memoria[9].

Può sorprendere la convergenza degli attacchi condotti contro il museo a partire da ottiche molto diverse, se non opposte, e che sono sempre ottiche di classe. Già nel 1785, un nobile viennese a nome Von Rittershausen criticava l'ordinamento per periodi e scuole adottato nella presentazione delle opere al palazzo del Belvedere, ove erano state appena trasferite le collezioni imperiali: "Chi vuole una storia dell'arte può entrare nel museo, ma l'uomo sensibile ne viene tenuto lontano"[10]. L'uomo sensibile, colui che non si reca in un museo per imparare, ma per ritrarne un godimento spirituale, e che troverà maggior diletto negli accostamenti incongrui realizzati nelle gallerie di vecchio tipo che non in una successione concepita secondo principi razionali. D'altronde, il museo altro non fa che esasperare "quell'abuso dello spazio rappresentato da una collezione"[11]: un abuso paragonabile a quanto avverrebbe nel gioco degli scacchi se due pezzi potessero occupare simultaneamente la stessa casella. Per questa sua osservazione, Valéry si dimostra coevo di Le Corbusier: per diritto, l'unicità dell'opera, la sua solitudine essenziale, sarebbero tali che il fruitore non ne potrebbe disporre se non escludendo le altre. Nella casa del collezionista del futuro, i quadri non si faranno più concorrenza sui muri; e quanto ai suoi tesori, egli li rinchiuderà nei cassetti o in appositi "casiers"[12].

"Non entra se non chi lo desidera": le coorti di turisti che attraversano frettolosamente il Louvre per andare a vedere la *Gioconda* non sono tuttavia composte esclusivamente di uomini (o donne) sensibili, e decisi a non cedere alla vertigine del museo per concentrare invece i loro sguardi sull'unica "meraviglia". Non è del tutto giusto dire, come si legge in Hegel, che ai giorni nostri non si venerano più le opere d'arte. Giacché quel che veneravano le folle ammesse, in rare occasioni, a contemplare la Madonna di Conques non era tanto un'opera d'arte quanto un idolo. E l'opera d'arte, oggi, non ha perso completamente la sua *aura*, quando si è ammessi a vederla in quello che è al contempo il contrario di un museo e uno dei più bei musei del mon-

do, la modesta e spoglia cappella di Monterchi, posta in cima a un sentiero fiancheggiato da vigneti e cipressi, e quando si tratta della *Madonna del Parto* di Piero della Francesca. Se la nozione di "museo immaginario" deve avere un senso, sospetto, auspico che chiunque, a diverso titolo, abbia fatto della storia dell'arte la propria specialità preservi nella sua memoria un museo segreto costituito dalle poche opere di cui non potrebbe scrivere se non mettendo interamente a nudo il proprio animo.

"Immaginario", il museo che trova rifugio nei libri sotto forma di riproduzione lo è non tanto per il fatto che potrebbe accogliere la totalità delle opere dell'uomo quanto perché è legato, in ultima istanza, a un soggetto individuale. Il paradosso posto in luce dal funzionamento del museo che — per antitesi — dovremmo definire "reale", vuole invece che si inverta continuamente il rapporto che vorremmo si stabilisse fra l'arte e il pubblico. Ora fingiamo di rallegrarci che le opere d'arte oggi non siano più oggetto di una venerazione collettiva; ora, invece, ci rammarichiamo che il museo sia il luogo meno proprizio al godimento privato. E qualora sia stato concepito a tale scopo, come la cripta costruita da Franco Albini per ospitare il tesoro di San Lorenzo, a Genova, vi si vedrà una sorta di anacronismo[13]. Per abbreviare, dirò che non si accetta che i musei siano vuoti ma si è ancor meno disposti a tollerare che le loro sale siano sempre piene. Come se, al di là del fastidio che ne deriva per il visitatore casuale o il fruitore, fossimo posseduti dal seguente sospetto, confermato anche dalle indagini sociologiche: che il museo, cioè, sia così perfettamente espressione e strumento della cultura dominante che in esso tutto, fin nei minimi dettagli, venga concepito per tenere lontano sia colui che si richiama a una sedicente cultura "diversa", sia chi semplicemente non ha né i mezzi intellettuali né il desiderio di avventurarvisi[14]. Il "male del museo", questo male effettivamente paradossale, vorrebbe che quanto più aumentano i suoi visitatori, tanto più decisamente esso si separi dalle "masse", nonché da coloro che cercano di preservare nel loro intimo una parte delle esigenze del "soggetto".

L'errore in cui siamo indotti dall'ideologia regnante sarebbe di non giudicare il museo se non in termini di affluenze di visitatori o, inversamente, di conservazione. L'apertura del museo a un pubblico sempre più vasto non è necessariamente sintomo di un buon funzionamento. E quanto all'imperativo della conservazione, non è sufficiente riconoscere in questa istituzione — sia essa statale o no — un organo essenziale della gestione del passato, destinata come è ad accogliere quella parte non scritta della memoria del mondo che non potrebbe trovar posto nelle biblioteche o negli archivi. Se l'inventario dei *memorabilia*, la loro classificazione e la loro presentazione secondo criteri "scientifici" bastassero a costituire una memoria, allora l'attacco di Platone alla scrittura non potrebbe che trovare il suo logico seguito in una critica radicale dell'istituzione chiamata "museo", perfino nella forma che si vorrebbe "immaginaria"[15] e che lo riporta, come di dovere, allo spazio (e al culto) del libro. Ora, è proprio qui che si manifesta il controsenso, e con esso l'immagine di una continuità storica concepita come una forma vuota in cui verrebbero a inserirsi le più svariate produzioni delle civiltà più diverse. Giacché lo spazio del museo non è più neutro di quello del libro, e la nozione di "museo immaginario" è una contraddizione in termini. Nella sua struttura, come nella sua funzione il museo appartiene, in primo luogo, alla sfera del simbolico: non vi è museo, fosse anche all'"aria aperta", fosse anche libresco, se non costruito, anzi architettato; ed è a questo titolo, e solo a questo titolo, che esso può funzionare come un dispositivo di memoria ed estendere i propri effetti fino all'immaginario o al mito.

L'architettura del museo, infatti, non è destinata unicamente a rafforzare l'immagine dell'istituzione stessa, conferendole un aspetto monumentale. Anche se sorgesse in un campo di patate o in mezzo

display case...") may constitute the impulse, conscious or not, underlying every work produced, even those which try to get away from the attraction of the museum or which seem to have escaped it. Certainly today we are especially aware of the ideological functions fulfilled by an institution which is merely one cog — rather more conspicuous than most — in the overall mechanism of the state.[7] For us, the museum is not that "organized disorder," that "realm of incoherence", which Valéry spoke of, with the effects that he felt derived from the juxtaposition of works believed to be "unique" and which, once brought together, could only destroy one another. What is, perhaps, worrying in it is not so much its "disorder" but its *organization*, since it assigns — as Baudelaire said[8] — to each artist, if not to each "school", its *speciality* in the economy of a "history of art", whose perspective merges with that of the museum itself. Under the appearance of a dialectical conciliation where all opposition is dissolved and every contradiction resolved, we see in the museum the penetrating and effective instrument of a summons to order, which is continuous and never without its restrictions. Since we are still perhaps victims of the same illusion that induced Valéry to denounce as *inhuman* and *not pure* "those gleaming solitudes which smack of the temple and the salon, of the cemetery and the schoolroom", contrasting — well before '68 — the "magnificent chaos of the museum" with "the movement of the street, full of life": inhuman chaos, just as the mixture of "dead visions" is impure, because *senseless* — to the degree that there cannot exist in the matter of art, so it would seem, any sense which is unconnected with the *appropriate*, the *unique*, the *living* — it is art that is the fruit of sensation and not of erudition, of presence and not of memory.[9]

One might find surprising this convergence in attacks against the museum which start from very different, if not opposed, viewpoints — always class viewpoints. As early as 1785, a Viennese nobleman named Von Rittershausen criticized the ordering by periods and schools adopted in the arrangement of the works in the Belvedere palace, where the imperial collections had just been moved: "If you want a history of art you can go to a museum, but the sensitive man should be kept away from it."[10] The sensitive man, meaning one who doesn't go to a museum to learn but to get spiritual enjoyment, and who will find greater pleasure in the sometimes incongruous juxtapositions produced in old-fashioned museums rather than in a rationally ordered layout. Besides, museums merely intensify "that abuse of space represented by a collection."[11] An abuse comparable to what would happen in chess if two pieces could simultaneously occupy the same square. In this observation, Valéry shows himself a contemporary of Le Corbusier: by rights, the uniqueness of the work, its essential solitude, should mean that the enjoyer could only partake of it by excluding all others. In the case of the collector of the future, the paintings will no longer compete with one another on the walls. And as for his treasures, he will lock them away in drawers or special "casiers".[12]

"Only he who desires to enter will be admitted." The droves of tourists who rush through the Louvre to gaze at the *Mona Lisa* do not, however, consists entirely of men (or women) of sensibility, determined not to be ensnared by the vertigo of the museum in order to focus their gaze on the "unique" marvel. It is not quite true to say, with Hegel, that nowadays works of art are no longer venerated. What the masses used to venerate, on the rare occasions when they were allowed to contemplate the Madonna of Conques, was not the work of art but the idol. And the work of art has not yet completely lost its aura, when one is admitted to view it in what is both the opposite of a museum and one of the most beautiful museums in the world, the bare and simple chapel of Monterchi, set at the top of a path flanked by vines and cypresses, and when the work happens to

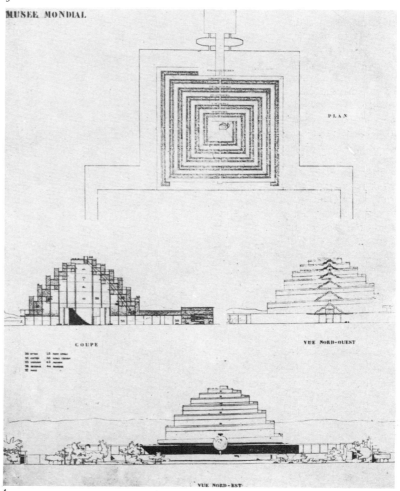

3. M.G.B. Bindesböll, Corte interna del Museo Thorvaldsen a Copenhagen, 1839-1844.
4. Le Corbusier, Musée Mondiale, 1929.

3. M.G.B. Bindesböll, Internal courtyard of the Thorvaldsen Museum, Copenhagen, 1839-1844.
4. Le Corbusier, Musée Mondiale, 1929.

5

6

7

5. Museo dei Monumenti francesi, Palazzo del Trocadéro, Sala del XIII secolo nel 1928.
6. F.L. Wright, veduta interna del Guggenheim Museum, New York, 1959.
7. F. Albini, Museo del Tesoro di S. Lorenzo.

5. French Monuments Museum, Trocadéro Palace, 18th century Hall, 1928.
6. F.L. Wright, interior view of the Guggenheim Museum, New York, 1959.
7. F. Albini, Museum of the Treasury of San Lorenzo.

alle ciminiere delle fabbriche, e quand'anche fosse *ideato* senza facciata e in modo che il visitatore potesse vederne soltanto l'interno — essendo obbligato, come progettava Le Corbusier, ad accedervi da un sotterraneo la cui porta si aprisse in un muro rappresentante il limite assegnato alla sua crescita[16]—, il museo resterebbe comunque un *monumento*, nel senso etimologico del termine, vale a dire lo strumento, il supporto di una memoria. Mnemosine, madre delle muse: non si può non istituire un parallelo fra l'architettura di questo "tempio delle muse" e quella dei luoghi in cui l'arte classica della memoria insegnava a distribuire mentalmente le *immagini* corrispondenti al contenuto delle diverse parti del discorso, luoghi che, nella loro ordinata successione, erano come le tavolette ove poteva iscriversi il testo che ci si proponeva di memorizzare. Un testo, però, immediatamente tradotto in immagini, e che tale doveva essere affinché potesse funzionare la metafora della lettura, laddove l'arte della memoria simulava di rifiutare in blocco le risorse della scrittura[17]: quell'arte che, secondo la testimonianza di Cicerone, non si basava soltanto sulla scoperta dell'importanza dell'ordine, ma si affidava anche alla vista, il più acuto dei sensi, e tramite questa all'operazione fondamentale del simbolismo, alla conversione in senso freudiano. Analogamente, il museo non si limita a mostrare degli oggetti, ma li mostra in un determinato ordine e in un certo contesto, invitando il visitatore a percorrere successivamente le sale, come l'oratore passava in rivista i "luoghi di memoria". Il museo, la cui architettura manifesta e amplia — nel suo ordinamento simultaneo, e fin nella suddivisione fra le funzioni di presentazione e quelle di conservazione, fra le opere esposte e quelle lasciate nelle sale di deposito — quell'*abuso dello spazio* che, come si è già detto, è intrinseco a qualsiasi collezione ma che risulta particolarmente sensibile quando il suo artificio si ricollega, per la memoria, a quello del *quadro*[18].

Il dispositivo "museo" si è imposto nella storia quando si è profilato chiaramente il paradosso dell'economia borghese: quell'economia che è principio di un sovvertimento generalizzato e continuo di tutti i rapporti, forme e valori costituiti, e che, al tempo stesso, funge da prisma in cui si rifrange tutta la storia passata. Mentre mira a ovviare a un disturbo della memoria le cui tracce sono evidenti ovunque[19], e le cui cause vanno ricercate nel più profondo del meccanismo della produzione sociale, l'istituzione partecipa, al contempo, della fede nel carattere eterno del sistema di produzione capitalistico e nella capacità che sarebbe propria della società borghese di comprendere tutte le formazioni economiche e culturali che l'hanno preceduta e di cui essa costituirebbe una sorta di verità rivelata, l'idea finalmente realizzata e cosciente di sé. Di qui la sua tendenza ad alimentare il fantasma di una creazione *continua*. E che farà Robinson Crusoè nella sua isola, si chiedeva ancora Valéry, quando per lui verrà l'ora di scoprire le arti e le scienze? Comincerà col ricordarsi i libri che ha letto, ricostruendoli nella memoria per poi continuarli, *crearne il seguito*[20]. Così i "philosophes" speravano che l'apertura al pubblico delle collezioni regie favorisse il progresso delle arti, trasformando i tesori accumulati in capitale attivo, produttivo[21]. Nessuna frattura, dunque, fra passato e presente, bensì una sorta di impulso lineare cui farà ancora eco, in Le Corbusier, l'idea del *Mundaneum*, che doveva costituire una specie di sintesi, sviluppata a spirale, della storia dell'umanità (ma ci sarebbe voluta nientemeno che una batteria di ascensori affinché il percorso si dispiegasse, contro tutta la tradizione, dal vertice della piramide)[22], nonché quella di un museo d'arte moderna che crescesse in modo organico, a partire da una cellula iniziale. Il progetto di Frank Lloyd Wright per il museo Guggenheim riprenderà la formula della rampa a chiocciola, dandole però la forma di un imbuto, o meglio di un toboga che nei confronti del movimento, concepito come naturale, dell'arte assume la stessa funzione dimostrativa del piano inclinato di cui si servì Galileo per verifica-

be Piero della Francesca's *Madonna del Parto*. If the notion of the "imaginary museum" is to have any meaning, I suspect — I hope — that anyone who, in a different way, has made art history his speciality will have in his memory a secret museum, consisting of the few works about which he could not write without baring his soul.

The museum which is housed between the covers of a book is "imaginary" not so much because of the fact it is ultimately bound up with an individual subject. The paradox brought to light by the functioning of the sort of museum which — by antithesis — we should define as "real," means an inversion of the relationship we would like to see established between art and the public. We now pretend to be pleased that works of art today are no longer the object of collective veneration; but we also bewail the fact that the museum is the least favourable place for private enjoyment. And whenever it has been conceived for this purpose, as in the crypt designed by Franco Albini for the treasure of San Lorenzo in Genoa, it appears vaguely anachronistic.[13] In short, we don't like museums to be empty, but we're even less inclined to tolerate it if their rooms are always full. As if (apart from the annoyance it causes the chance visitor or enjoyer) we were haunted by the following suspicion, confirmed by sociological surveys: that the museum is such a perfect expression and instrument of the dominant culture that everything in it, down to the smallest detail, is conceived to keep away both the sort of person who relates himself to a "different" culture and also the person who has neither the intellectual ability nor the desire to embark upon it.[14] The "mal de musée," this truly paradoxical sickness, means that the more the number of visitors increases, the more decisively the museum becomes separated from the "masses" as well as those who seek to retain within themselves some part of the needs of the "subject."

The error into which we could be led by the prevailing ideology would be that of judging the museum only in terms either of the number of visitors or else of conservation. The opening of museums to an increasingly wider public is not necessarily a sign that they are functioning properly. And as for the need for conservation, it is not enough to see this institution as essential for the administration of the past, destined as it is to contain that non-written part of the world's memory which could not be included in libraries or archives. If the inventorying of *memorabilia*, their classification and presentation along "scientific" lines, was enough to constitute a memory, then Plato's attack on writing could only find its logical outcome in a radical criticism of the institution known as the "museum", even in its "imaginary"[15] form, leading to the sphere (and cult) of the book. Now it is here that the contradiction emerges and with it the image of a historical continuity conceived as an empty form into which the whole varied range of products of the most varied civilizations is poured. For the museum space is no more neutral than a book, and the notion of the "imaginary museum" is a contradiction in terms. In its structure, as in its functioning, the museum belongs first of all to the symbolical sphere: museums, even perhaps outdoor ones, even ones made up of books, are constructed, devised; and it is only on this basis that they can function as a device of memory and expand their effects to include imagery and myth.

The architecture of the museum is not just destined to reinforce the image of the institution itself, endowing it with a monumental appearance. Even if it stood in a potato patch or amid a forest of factory chimneys, and even if it were designed without any facade and the visitor could only see its interior — being compelled, as Le Corbusier envisaged, to enter by way of an underground chamber whose door opened into a wall representing the limit assigned to his growth[16] — the museum would still remain a *monument* in the etymological sense of the term, i.e. an instrument of the memory, its

support. Mnemosine, the mother of the Muses: one can't help instituting a parallel between the architecture of this "temple of the Muses" and the architecture of the places where the classical art of the memory taught how to arrange mentally the *images* corresponding to the content of the various parts of speech, places that in their orderly sequence are like tables on which is inscribed the text which one intends to commit to memory. A text, however, immediately translated into images, and which had to be so translated in order that the metaphor of reading might function where the art of memory simulated the rejection of the resources of writing:[17] that art which, according to Cicero, is based not only on the discovery of the importance of order but also depends on the sight, the sharpest of the senses, and through this on the fundamental operation of symbolism, "conversion" in the Freudian sense. By analogy, the museum does not merely display objects but displays them in a certain order and in a certain context, prompting the visitor to go through the rooms in sequence, just as the orator passes in review the "places of memory." The museum, whose architecture expresses and expands — in its simultaneous ordering and even in its subdivision into the function of display and that of conservation, between the works exhibited and those stored away — that *abuse of space* which, as previously said, is intrinsic to any collection but is particularly sensitive when its artifice is linked, through memory, with that of the *painting*.[18]

The mechanism of the "museum" asserted itself historically when the paradox of the bourgeois economy had emerged clearly: an economy that is the start of a general and continuous upheaval in all established relations, forms and values, and one which, at the same time, acts as a prism refracting the whole of past history. While this institution aims to overcome a disturbance in the memory whose signs are evident everywhere,[19] and whose causes should be sought in the depths of the mechanics of social production, it also shares the quality of faith in the eternal character of the capitalistic system of production and the power supposedly peculiar to bourgeois society of embracing all the economic and social formations that have preceded it and of which it is seen as constituting a sort of revealed truth, the idea finally achieved and made aware of itself. Hence its tendency to foster the phantom of a *continuous* creation. What will Robinson Crusoe do on his island, asks Valéry, when the time comes for him to discover the arts and sciences? He will begin by remembering the books he has read, reconstructing them in his memory and then continuing them, *creating their sequel*.[20] This did the "philosopher" hope that opening the royal collections to the public would favour the progress of the arts, transforming their accumulated treasures into active and productive capital.[21] No fracture, therefore, between past and present, but a sort of straightforward impulse which was to be echoed in Le Corbusier's idea of the *Mundaneum*, meant to constitute a sort of synthesis, developed in spirals, of the history of mankind (but it would have taken a whole battery of lifts to organize the circuit, moving — against all the traditions — from the summit of the pyramid),[22] as well as that of a museum of modern art which would grow organically, starting from a single cell. Frank Lloyd Wright's plan for the Guggenheim Museum went back to the formula of the spiralling ramp, but this time in the shape of a funnel, or more accurately a switchback, which had the same demonstrative function in relation to the movement (conceived as natural) of art as the inclined plane used by Galileo to verify the laws governing bodies falling in a void. In Le Corbusier as in Wright, the involution of the device reflects the logical paradox by virtue of which it exists, between past and future, as an institution that takes shape as destiny in relation to the history of which it is the product.

The attraction exerted by the museum-form over contemporary

re la legge della caduta dei corpi nel vuoto. In Le Corbusier come in Wright, l'involucro del dispositivo rispecchia il paradosso logico di cui vive, fra passato e futuro, un'istituzione che si configura come destino rispetto alla storia di cui è il prodotto.

L'attrazione esercitata dalla forma "museo" sull'ideologia contemporanea è valutabile sulla base delle varie distorsioni cui si presta — sia che essa s'imponga perfino a coloro che ne denunciano l'oppressione, o che, al contrario, venga utilizzata a fini repressivi: oggi esiste un museo dell'"arte grezza" come è esistito, non molto tempo fa, un museo dell'"arte degenerata". Sia, invece, che il museo si riduca a un guscio vuoto, eretto prima ancora che siano state riunite le collezioni che è destinato ad accogliere (come avviene oggi per molti musei giapponesi), o che il lavoro di anamnesi di cui è strumento non sfrutti quasi per nulla le risorse della collezione (per esempio, il museo della Diaspora a Tel-Aviv). Sia, ancora, che la ricerca di un'identità nazionale, o addirittura locale, prevalga sull'intento universale. Ma è nel campo artistico che questa attrazione si rivela più forte, come dimostra la formula di Cézanne che voleva "fare dell'Impressionismo qualcosa di solido come l'arte dei musei": qualcosa che potesse, cioè, trovar posto in tale istituzione, forzandone la porta e inserendosi nel suo dispositivo. Giacché, più che proporre il modello di un'*arte*, il museo mette in scena, sul piano della ricezione, una storia che, per il fatto di trovare da rispecchiarsi sotto forma di un'architettura (come può avvenire per la musica), si configura, nello spazio, come un organismo produttivo.

Al momento della sua origine, il museo si è regolato, come l'*Encyclopédie*, sulla divisione manifatturiera del lavoro: il primo effetto della sua operazione "ragionata" è infatti di far apparire quel che si chiama "arte" come il prodotto collettivo di una massa di più lavoratori parziali, trasformati di conseguenza in semplici membri di un meccanismo globale retto dal museo stesso e in cui la "storia dell'arte" riconosce la propria forma metodica e feticizzata. Un meccanismo, come dice Baudelaire e come non si ripeterà mai abbastanza, ove ogni artista ha la propria "specialità", e rispetto al quale qualsiasi opera degna di tal nome è condannata a una solitudine invalicabile, anche se tale nozione è essenzialmente moderna. Ma dalla manifattura si è passati ben presto al regime della fabbrica, del museo-macchina. La macchina che, come si legge in Marx, soppianta il lavoratore collettivo in quanto *soggetto* della produzione, cui i lavoratori sono semplicemente aggregati in qualità di organi coscienti ma subordinati, come i suoi organi incoscienti, alla forza motrice centrale[23]. In questa prospettiva, si capisce meglio la convergenza degli attacchi di cui l'istituzione è stata e continua a essere oggetto, e che per molti aspetti ricordano quelli diretti contro le macchine nel XIX secolo. In quanto nasce dal fantasma di un'appropriazione collettiva degli strumenti della cultura, il museo è, paradossalmente, il luogo di uno spossessamento del soggetto, tanto sul piano della ricezione che su quello della produzione. Ma esso ha in comune con la fabbrica anche il fatto di essere esposto — nella misura in cui è destinato ad ampliarsi — a un sovvertimento permanente: di conseguenza, la sua crescita non potrebbe avere alcun carattere lineare, poiché perfino la sua funzione mnemonica risulta allora perturbata[24]. Per non parlare, poi, dell'aporia di fronte alla quale viene a trovarsi qualsiasi progetto di un museo d'arte *contemporanea*, e che risulta più intelligibile alla luce dell'ipotesi freudiana di un'"incompatibilità, in seno a uno stesso sistema, fra il fatto di divenire cosciente e il fatto di lasciare una traccia mnestica"[25].

Che l'istituzione oggi si trasferisca in aperta campagna per riannodare i legami con i ricordi dell'era preindustriale, oppure che scelga di ostentare il proprio macchinario, come il Centre Pompidou, e quindi si presenti completamente trasparente, senza facciata e senza muri, il problema non cambia. Anche se il museo viene installato in una stazione abbandonata e trasformata in una strada fiancheggiata da "ateliers"[26], vi si vedrà piuttosto l'indizio di una riconversione simbolica dall'ambito della produzione a quello della circolazione, della comunicazione. Ora che la città non offre più l'intera gamma dei mestieri dai quali è nata la manifattura, come non costituisce più quella riserva di manodopera in cui l'aveva tramutata l'industria, e non è più riducibile — ammesso che lo sia mai stata — a una definizione semplice in termini economici, appare significativo che in essa sia ancora operante, pur in forma rinnovata, il modello del museo. Certo, la città-museo non è un'invenzione moderna: i turisti non hanno atteso il XX secolo per esplorare, nell'ordine adeguato, quei "luoghi di memoria", che sono Roma o Gerusalemme. Ma quando la città è ridotta a pensare se stessa come un dispositivo il cui uso dovrebbe regolarsi sulla storia che vi è consegnata e che può rispecchiarvisi, in essa si esaspera quell'abuso dello spazio di cui parlava Valéry a cui, paradossalmente, si può sfuggire soltanto nel museo: sia che lo si intenda come semplice *passaggio*, aperto a tutto e a tutti e ove svanisce perfino l'idea di una memoria, sia, invece, che esso si richiuda su se stesso come una tomba inizialmente profanata ma che conserva intatto il proprio segreto.

[1] *Encyclopédie*, voce "Musée", t. X, p. 894, col. 1.
[2] ibid., voce "Cabinet", t. II, p. 489, col. 1.
[3] ibid., voce "Musée", t. X, p. 894, col. 1.
[4] ibid., "Discours préliminaire", t. I, p.
[5] ibid., voce "Cabinets d'histoire naturelle", t. II, p. 492, col. 2.
[6] Cfr. K. Pomian, voce "Collezione", *Enciclopedia*, t. 3, Torino 1978.
[7] Cfr. C. Duncan e A. Wallach, "The Universal Survey Museum", *Art History*, vol. 3, n. 4 (dicembre 1980), p. 448-469.
[8] C. Baudelaire, *L'oeuvre et la vie d'Eugène Delacroix*, in *Oeuvres complètes*, Bibl. de la Pléiade, p. 1115.
[9] P. Valéry, "Le problème des musées" (1923), in *Oeuvres*, Bibl. de la Pléiade, t. II, p. 1290-1293.
[10] Citato da G. Bazin, *Le temps des musées*, Liegi, 1967.
[11] P. Valéry, op. cit. p. 1291.
[12] "Perché si possa meditare davanti a un quadro, è necessario che esso sia in buona luce e in un'atmosfera di calma. Il vero collezionista ripone i suoi quadri in un "casier" e appende al muro il quadro che gli piace guardare", Le Corbusier, *Vers une architecture*, Parigi, 1923, p. 94.
[13] Cfr. E. Battisti, "Un museo 'storico'", in *Franco Albini, Architettura per un museo*, Roma, 1980, p. 13-14.
[14] Cfr. P. Bourdieu e A. Darbel, *L'Amour de l'art: les musées d'art européens et leur public*, Parigi, 1969.
[15] Cfr. M. Blanchot, "Le mal du musée", in *L'Amitié*, Parigi, 1971, p. 52-61.
[16] Le Corbusier, "Musée d'art contemporain, Paris, 1931", in *Oeuvre complète, 1929-34*, Zurigo, 1964, p. 72-73.
[17] F. A. Yates, *The Art of Memory*, 1976; trad. fr., Parigi, 1975.
[18] "Una rapida occhiata ad uno dei gabinetti ove sono riuniti questi tesori comprende, per così dire, *il quadro di tutti i secoli*", Conte di Caylus, *Deuxième recueil d'antiquités*, Parigi, 1756; citato da E. Gombrich, "The Museum, Past, Present and Future", in *Ideals and Idols*, Londra, 1979.
[19] Cfr. H. Damisch, prefazione alla riedizione del *Journal* di Delacroix, Parigi, 1980.
[20] P. Valéry, "Histoires brisées", *Oeuvres*, t. II, p. 412-416; su questo tema, cfr. H. Damisch, "Robinson", in *Ruptures/cultures*, Parigi, 1976, p. 32-34.
[21] Cfr. il libello di Lafont de Saint Yenne, *Réflexions sur quelques causes de l'état présent de la peinture en France*, L'Aia, 1747.
[22] Le Corbusier, "Mundaneum, 1929", in *Oeuvre complète, 1910-1929*, Zurigo, 1964, p. 190-195. Sulla controversia cui diede luogo tale progetto, cfr. "Karel Teige's 'Mundaneum' and Le Corbusier 'In Defense' of architecture'", introduzione di G. Baird, *Oppositions*, n. 4 (ottobre 1974), p. 79-108.
[23] Karl Marx, *Il Capitale*, t. II, cap. XV, trad. fr., Parigi, 1948, p. 102.
[24] "Fintantoché si amplia la raccolta di un gabinetto di storia naturale, vi si può mantenere l'ordine solo spostando continuamente tutto ciò che vi si trova. Per esempio, quando si vuol fare entrare in una serie una specie mancante, se tale specie appartiene al primo genere, bisogna che tutto il resto della serie venga spostato, affinché la nuova specie possa essere collocata al posto giusto/.../ Riordinando metodicamente una collezione si impara sempre qualcosa di nuovo; giacché in questo tipo di studi, più si vede e più si fa", D'Aubenton, citato alla voce "Cabinets d'histoire naturelle" dell'*Encyclopédie*, t. II, p. 491, col. 2.
[25] S. Freud, *Jenseits des Lustprinzips*, G.W., t. XIII, p. 24; trad. fr., Parigi, 1981.
[26] Cfr. il progetto scelto per il "Museo del XIX secolo" alla Gare d'Orsay, *Numéro*, n. 4 (aprile 1980).

ideology can be evaluated on the basis of the various distortions to which it lends itself — whether it imposes itself even on those who attack its oppression or, on the contrary, it is used for repressive purposes: today there exists a museum of "raw art" just as, not so long ago, there existed a museum of "degenerated art." At times, on the other hand, the museum is reduced to an empty shell, erected even before the collections it is intended to house have been assembled (as happens today with many Japanese museums), or the work of anamnesis of which it is the instrument uses virtually none of the resources of the collection (as is the case with the museum of the Diaspora in Tel-Aviv). It even appears when the quest for a national identity or even a local one prevails over the universal aim. But it is in the artistic field that this attraction turns out to be strongest, as is shown by Cézanne's formula, wanting to "make Impressionism something solid, like the art in museums:" something, that is, which could find a place in such institutions, forcing its way in and finding a place in their arrangement. The museum, rather than putting forward the model of an *art*, presents, on the plane of perception, a history which by the fact of having to be reflected in the form of architecture (as many occur with music), appears in space as a productive organism.

At the moment of its origin, the museum was organized, like the *Encyclopédie*, on the manufacturing division of labour: the first effect of its "rationalized" operation was in fact to reveal what is called "art" as the collective product of a mass of many partial workers, consequently transformed into mere members of an overall mechanism supported by the museum itself and in which the "history of art" recognizes its own methodical and fetishized form. A mechanism, as Baudelaire says and will never be repeated too often, where every artist has his own "speciality" and compared to which every work worthy of the name is condemned to an unsurmountable solitude, even though this concept is essentially modern. But from the manufactory the changeover to the factory regime was quick: the museum-machine. The machine which, as one reads in Marx, supplants the collective worker as the *subject* of production, to which the workers are merely aggregated as conscious organs subordinated, like the machine's unconscious ones, to the central driving power.[23] Seen in this perspective, one understands better the convergence of the attacks to which the institution is continually being subjected and which in many ways recall those directed against the machine in the 19th century. In so far as it stems from the phantasm of a collective appropriation of the instruments of culture, the museum is, paradoxically, the place for a dispossession of the subject, both on the plane of reception and on that of production. But it has in common with the factory also the fact that it is exposed — to the extent that it is destined to expand — to permanent upheaval: in consequence, its growth could not follow a straightforward path, for even its mnemonic function would then be perturbed.[24] Not to mention the confusion into which any plan for a museum of *contemporary* art falls into, and which becomes more intelligible in the light of the Freudian hypothesis of an "incompatibility within a single system, between the fact of becoming conscious and the fact of leaving a mnestic trace."[25]

Whether the institution today moves into the open countryside to renew its link with the memories of the pre-industrial era, or chooses to display its machinery, like the Centre Pompidou, and hence is completely transparent, without a facade and walls, the problem does not change. Even though the museum may be installed in a disused station and transformed into a mall flanked by "ateliers"[26] what will be seen in it is rather the index of a symbolical reconversion of the milieu of production to that of the circulation of traffic, of communications. Now that the city no longer offers the entire range of trades from which manufacturing was born, as it no longer constitutes that reserve of labour into which industry had transformed it, and is no longer reducible — supposing that it ever was — to a simple definition in economic terms, it appears significant that the model of the museum is still operative in it, though in a renewed form. Certainly the museum-city is no modern invention: tourists did not need to await the 20th century in order to explore, in fit order, those "places of memory" that are Rome or Jerusalem. But when the city is reduced to thinking of itself as a device whose use should be regulated on the basis of the history consigned to it and which can reflect itself there, then there follows an exacerbation of that abuse of space to which Valéry referred and which, paradoxically, can only be avoided in the museum: whether it is intended as mere *landscape*, open to everything and everyone and where even the idea of a memory fades, or whether, on the other hand, it closes in on itself like a tomb initially profaned but which preserves its secret intact.

1. *Encyclopédie*, headword "Musée", tome X, p. 894, col. 1.
2 ibid., headword "Cabinet", tome II, p. 489, col. 1.
3 ibid., headword "Musée", tome X, p. 894, col. 1.
4 ibid., "Discours préliminaire", tome I.
5 ibid., headword "Cabinets d'histoire naturelle", tome II, p. 492, col. 2.
6 Cf. K. Pomian, headword "Collezione", *Enciclopedia*, tome 3, Turin, 1978.
7 Cf. C. Duncan and Alan Wallach, "The Universal Survey Museum", Art History, vol. 3, n. 4 (December 1980), pp. 448-469.
8 C. Baudelaire, *L'oeuvre et la vie de Eugène Delacroix*, in *Oeuvres complètes*, Bibl. de la Pléiade, p. 1115.
9 P. Valéry, "Le problème des musées" (1923), in *Oeuvres*, Bibl, de la Pléiade, tome II, pp. 1290-1293.
10 Quoted by G. Bazin, *Le temps des musées*, Liège, 1967.
11 P. Valéry, op. cit., p. 1291.
12 "To be able to meditate before a picture, it is necessary for it to be set in a good light and a calm atmosphere. The true collector places his paintings in a 'casier' and only hangs on the wall the one he wants to look at." Le Corbusier, *Vers une architecture*, Paris, 1923, p. 94.
13 Cf. E. Battisti, "Un museo 'storico'," in *Franco Albini, Architettura per un museo*, Rome, 1980, pp. 13-14.
14 Cf. P. Bourdieu and A. Darbel, *L'Amour de l'art: les musées d'art européens et leur public*, Paris, 1969.
15 Cf. M. Blanchot, "Le mal du musée," in *L'Amitié* , Paris, 1971, pp. 52-61.
16 Le Corbusier, "Musée d'art contemporain, Paris, 1931", in *Oeuvre complète, 1929-34*, Zurich, 1964, pp. 72-73. The relevance of this plan is shown by the fact that numerous works by John Hejduk allude to it implicitly.
17 F. A. Yates, *The Art of Memory*, 1976; French translation, Paris, 1975.
18 "A quick glance at one of the cabinets in which are gathered these treasures would take in, so to speak, *the picture of all the centuries*", Comte de Caylus, *Deuxième recueil d'antiquités*, Paris, 1756; quoted by Ernst Gombrich, "The Museum, Past, Present and Future," in *Ideals and Idols*, London, 1979.
20 P. Valéry, "Histoires brisées," *Oeuvres*, tome II, pp. 412-416; on this subject, cf. H. Damisch, "Robinson", in *Ruptures/cultures*, Paris, 1976, pp. 32-34.
21 Cf. the pamphlet by Lafont de Saint Yenne, *Réflexions sur quelques causes de l'état présent de la peinture en France*, the Hague, 1747.
22 Le Corbusier, "Mundaneum, 1929," in *Oeuvre complète, 1910-1929*, Zurich, 1964, pp. 190-195. On the controversy which gave rise to the project, cf. "Karel Teige's 'Mundaneum' and Le Corbusier 'In Defense of Architecture,'" introduction by G. Baird, *Oppositions* no. 4, (October 1974), pp. 79-108.
23 K. Marx, *Capital*, tome II, chap. XV, French translation, Paris, 1948, pp. 102
24 "As long as the collection in a natural history museum is expanding, order can only be maintained in its arrangement by continually moving everything found in it. For instance, when one wishes to insert a missing species in a series, if this species should belong to the first kind, it is necessary to shift the whole of the rest of the series so that the new species can be put in its proper place... By methodically rearranging a collection one is always learning something new, for in this type of study the more one sees the more one does," D'Aubenton, quoted in the entry "Cabinets d'histoire naturelle" in the *Encyclopédie*, tome II, p. 491, column 2.
25 S. Freud, *Jenseits des Lustprinzips, Gesammelte Werke*, tome XIII, p. 24, French translation, Paris, 1981; p. 66.
26 Cf. the design chosen for the "Museum of the 19th century," at the Gare d'Orsay, *Numéro*, no. 4 (April 1980).

Trasformazioni planimetriche
Allestimento per un museo temporaneo a Colonia

L'involucro spaziale e costruttivo per la superficie espositiva è preesistente. È costituito da tre Hallen espositive della Fiera di Colonia e da una struttura portante di 6x6 m. La pianta del "Museum auf Zeit" è un tentativo di trasposizione compiuta all'interno di questa maglia strutturale. Si è voluto creare un'impressione spaziale che si differenziasse dalla abituale architettura fieristica. Il risultato avrebbe dovuto essere una morfologia spaziale indipendente e in sé conclusa entro un contesto preesistente.

La trasformazione spaziale della pianta si compie in una sequenza morfologica che si sviluppa dai piccoli ambienti (sale a quattro pilastri) per un ordinamento storico della mostra, attraverso spazi poché individuali che verranno utilizzati per presentazioni speciali, alle due sale espositive (la sala delle colonne all'entrata e la sala "labirintica" che si contrappone alla prima), per giungere infine alla Halle espositiva destinata alla sezione "Arte oggi" e caratterizzata da una flessibilità di utilizzazione.

L'ampio spettro di possibilità del percorso basato sul principio della contrapposizione dialettica favorisce una utilizzazione delle singole zone che sia commisurata agli oggetti e ai contenuti. La diversità dei "temi" diventa principio fondamentale del progetto e al tempo stesso modello per la concezione spaziale di un museo temporaneo destinato ad essere fruito in un periodo di tempo limitato.

The spatial and constructional shell for the exhibition area is already in existence. It consists of three display halls of the Cologne Fair and a bearing structure measuring 6x6 m. The plan of the "Museum auf Zeit" is an attempt at transposition achieved within this structural grid. The aim was to create a spatial impression standing apart from the usual style of fair architecture. The result was intended as an independent spatial morphology, self-enclosed within a pre-existing context.

The spatial transformation of the ground plan is achieved in a morphological sequence which develops starting from small settings (four-pillared rooms) for an historical ordering of the exhibition, through individual poché-spaces to be used for special displays, to the two exhibition rooms (the pillared room at the entrance and the "labyrinthine" room counterposed to it), finally reaching the exhibition Halle designated for the section "Art Today" and characterized by flexibility of use.

The wide range of possible routes, based on the principle of dialectical oppositions, favours a use of the individual zones which is appropriate to the items and content. The range of different "themes" becomes a basic principle of the design and at the same time a model for the spatial conception of a temporary museum intended to be used for a limited period of time.

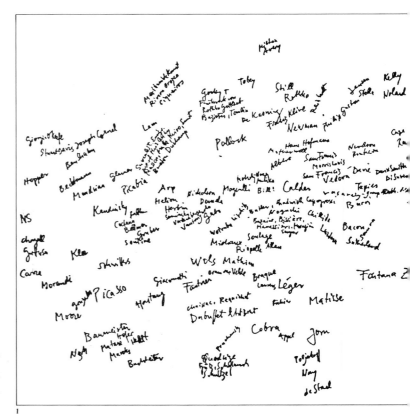

1

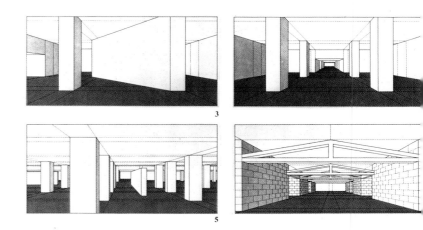

3

5

1. Elenco e primi raggruppamenti degli artisti.
2. Pianta generale dell'allestimento.
3-6. Prospettive di alcuni spazi espositivi.
7-14. Particolari degli ambienti realizzati.

1. List and first groups of artists.
2. General plan of the installation.
3-6. Perspective views of exhibition spaces.
7-14. Details of the finished areas.

Planimetric transformations
Design for a temporary museum in Cologne

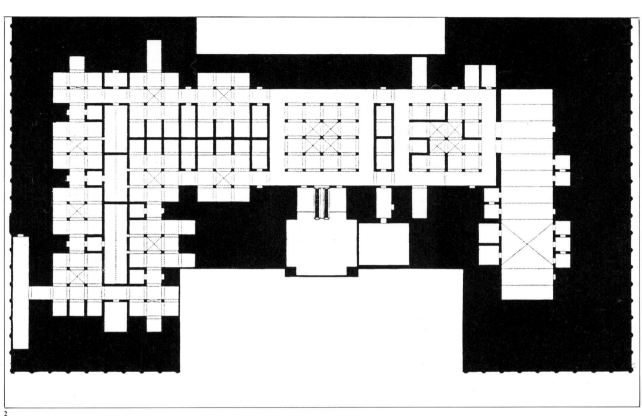

2

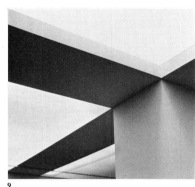

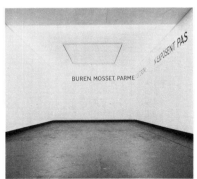

7

8

9

10

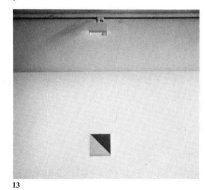

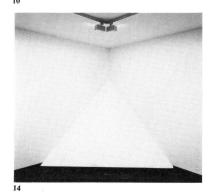

11

12

13

14

1. Il vestibolo della Gare d'Orsay nel 1900.

1. Vestibule of Gare d'Orsay i 1900.

1

Parigi: **Museo d'Orsay**
La trasformazione della Gare d'Orsay in museo del XIX secolo

Paris: **The Museum d'Orsay**
Transformation of the Gare d'Orsay into a 19th century museum

Pierluigi Nicolin

Dalla stazione al museo

"Entro il 1983 la stazione d'Orsay accoglierà il Museo del XIX secolo[1]. Punto di arrivo e di partenza, luogo di incontro, luogo di movimento, la stazione ha avuto nel cuore della città una vocazione pubblica che il museo preserverà[2]. Legame tra le città, legame tra le nazioni, legame tra gli individui, essa sarà anche un legame tra il passato e il presente."

Questo documento dell'Etablissement Publique d'Orsay, suggerendo il contenuto simbolico che dovrà caratterizzare il nuovo museo, sollecita gli architetti invitati al concorso per la conversione della stazione, dal 1978 classificata tra i monumenti nazionali, a sviluppare le analogie della continuità.

Esso figura anche come un richiamo implicito a non cercare elementi che possano individuare in questo programma una contraddizione intenzionale nei riguardi della precedente destinazione dell'edificio (nel senso di rendere esplicito un mutamento di carattere ideologico come nel caso di una chiesa trasformata in museo dell'ateismo in URSS).

Tuttavia non si può fare a meno di annotare una certa ironia della sorte che in questa occasione viene a colpire i movimenti iconoclasti dell'inizio del secolo, come se una legge del contrappasso a distanza di settantanni volesse smentire quelle fantasie sul progresso e il destino dei tempi nuovi, ed i focosi proclami di Marinetti, che proprio alle stazioni assegnavano il compito di sostituirsi ai musei come istituzioni consacrate al culto dell'arte...

Indubbiamente, pur non essendo la Gare d'Orsay il più emblematico degli edifici in ferro dell'800 francese, la grande navata trasformata in "galleria" potrà evocare i miti del socialismo utopistico (da Saint Simon a Fourier, a Proudhon): un aspetto che potrà corrispondere agli ideali della attuale amministrazione francese e forse presentare una particolare suggestione per i futuri visitatori del museo; inoltre, i precedenti della demolizione delle Halles, della prigione della Roquette, della grande scalinata della galleria Lafayette, e le polemiche che ne sono scaturite, alimentate dalla mediocrità dei succedanei, hanno accelerato una spinta alla conservazione che richiede una riflessione più approfondita sulle speciali condizioni contestuali del progetto per il Museo d'Orsay.

Gli stessi architetti parigini da qualche tempo osservano come "vada scomparendo questa architettura che fece di Parigi la capi-

From station to museum

"By 1983, Orsay station will house the Museum of the 19th century.[1] As a point of arrival and departure, a place of transit, the station in the heart of the city has had a public role which the museum will preserve.[2] A link between cities, a link between nations, a link between individuals, it will also be a link between past and present."

This document of the Etablissement Publique d'Orsay, suggesting the symbolic content which is to characterize the new museum, urges the architects invited to take part in the competition for conversion of the station (since 1978 classified as a national monument) to develop the analogies of continuity.

It also appears as an implicit warning not to emphasize features which might suggest an intentional contradiction in this project as compared with the building's previous function (as one might make explicit an ideological change in the Soviet Union by turning a church into a museum of atheism).

All the same, one can hardly help noticing a certain irony of fate on this occasion, involving the iconoclastic movements of the early 20th century, as if the whirligig of time seventy years later had wanted to give the lie to those fantasies about progress and the new age, as in Marinetti's fiery proclamations that stations were going to take over from museums as institutions consecrated to the cult of art...

Undoubtedly, though the Gare d'Orsay is not the most emblematic of the iron buildings erected in 19th century France, its great "nave" transformed into a sort of gallery might well evoke the myths of Utopian socialism (from Saint Simon and Proudhon to Fourier), a feature which may correspond to the ideals of the present French government and perhaps add a certain suggestiveness for future visitors to the museums; moreover, the precedents of the demolition of les Halles, of the prison of la Roquette, of the great staircase of the Lafayette gallery, and the controversy that surrounded these acts, fuelled by the failure to find worthy replacements for them, have quickened the impulse towards conservation and call for a deeper consideration of the special cultural conditions into which the plan for this museum has to fit.

Parisian architects themselves have for some time been observing that "the architecture which made Paris the capital of the 19th

2

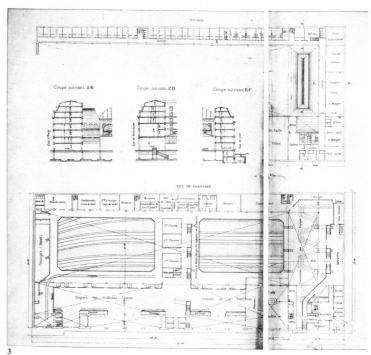

3

2. Costruzione della Gare d'Orsay (1898-1900).
3. V. Laloux: progetto di massima della Gare d'Orsay (1898-1900).

2. Construction of Gare d'Orsay (1898-1900).
3. V. Laloux: general design of Gare d'Orsay (1898-1900).

**La stazione-museo d'Orsay:
da un nome ad un altro**

Proust "mette in rilievo la cesura che i viaggi provocano nel corso della vita", perché essi "ci conducono da un nome ad un altro".

Teatro di quella cesura sono principalmente le stazioni, "quei luoghi speciali...i quali non fanno parte per dir così della città, ma contengono l'essenza della sua personalità, allo stesso modo che ne portano il nome su un cartello segnaletico" ... Senza tante parole, Proust paragona la stazione al museo...entrambi sono esponenti di un simbolismo della morte, la stazione dell'antichissimo simbolismo del viaggiare, il museo di quello che si riferisce all'opera, al nuovo cosmo caduco che è stato creato dall'artista.
(T.W. Adorno)

**Station-museum d'Orsay:
from one name to another**

Proust "expresses the hiatus in the course of one's life caused by travelling," because it "takes us from one name to another."

The theatre of this hiatus, more than anything else, is the station, "those special places...which do not, so to speak, form part of the city, but contain the essence of its personality, just a sign-post bears its name." In brief, Proust compares the station to the museum...both are the exponents of a symbolism of death, the station of the ancient symbolism of travelling, the museum of that which relates us to the work, to the new fleeting cosmos which has been created by the artist.
(T.W. Adorno)

4, 5. Vedute del Grand Nef.

4, 5. Views of the Grand Nef.

tale del XIX secolo'', lamentando che ''negli ultimi dieci anni è stato demolito o mutilato più del dieci per cento ''degli edifici classificati''[3]. Un sentimento, questo, accompagnato dalle incertezze del presente che impediscono la chiara proposizione di una tipologia museale in senso stretto, alimentate dalla superficialità con cui in Francia si è diffusa la voga dello stile ''retro'' e dalla consapevolezza che occorra circoscrivere entro riconoscibili configurazioni spaziali l'organismo museale a seguito delle perplessità suscitate dalla eccessiva indeterminatezza di una struttura ''flessibile'' come il Beaubourg.

La stazione d'Orsay fu inaugurata nel 1900, in occasione della Grande Esposizione, dalla compagnia Paris-Orléans che ottenne il permesso di spostare dalla posizione eccentrica della stazione di Austerlitz il terminal delle proprie linee ferroviarie proprio sul luogo su cui sorgeva la Corte dei Conti, bruciata sotto la Comune nel 1871, le cui rovine rimasero per trent'anni a testimonianza della guerra civile. Situata sulla riva sinistra della Senna lungo il Quai Anatole France nel tratto tra il ponte di Solferino e il Pont Royal, prospiciente ai giardini delle Tuilleries, dovette mascherare il suo aspetto di edificio industriale in considerazione della sua stessa vicinanza al Louvre del quale riprese, sulla facciata dell'ingresso dal lungofiume, i due alti padiglioni simmetrici che inquadrano il portico. L'opera di Victor Laloux[4], l'architetto che vinse il concorso nel 1898 e che la costruì a tempo di record in due anni, appare come un tentativo quasi disperato da parte dell'accademia di appropriarsi delle possibilità aperte dall'architettura industriale (la Galérie des Machines è del 1889). Ma il ferro, 12.000 tonnellate contro le 7.300 della torre Eiffel, è mascherato dalle facciate in pietra applicate all'ossatura metallica, resa obbligatoria dalla necessità di costruire la grande volta lunga 120 metri e larga 40, sotto la quale dovevano correre i binari. Destinata al servizio dei viaggiatori e beneficiando dello sviluppo della trazione elettrica (che tra l'altro consentì all'architetto di usare colori chiari e dorature nelle decorazioni) la stazione è composta essenzialmente da un vestibolo preceduto da un portico aperto e seguita dalla grande navata. Vestibolo e *grand nef* formano un unico invaso a due navate ineguali e parallele al Lungosenna che permette di far scorrere i binari al livello inferiore e di mantenere al piano terra i diversi servizi (biglietterie, bagagliai, sale d'attesa, buffets, uffici) conferendo all'impianto un carattere di assoluta novità per l'epoca.

Laloux non si accontentò di mascherare la struttura in modo che l'edificio ''non presentasse l'aspetto di un semplice edificio indu-

century is disappearing''. They complain that ''in the last ten years, over ten per cent of the buildings classified have been demolished or mutilated.''[3] This attitude is accompanied by the present uncertainties which preclude any clear proposal for a museum typology in the strict sense, fostered by the superficiality with which ''*le style retro*'' has spread in France and awareness that it is necessary to confine the museum complex within recognizable spatial configurations, after the bewilderment aroused by the excessive indeterminacy of a ''flexible'' structure such as that of the Beaubourg.

The Orsay station was inaugurated in 1900, on the occasion of the Great Exposition, by the Paris-Orléans rail company, which obtained permission to move its rail terminal from the out-of-the-way location of the Austerlitz station to the spot where the Court of Accounts used to stand, before being burnt down under the 1871 Commune, and where its ruins remained in witness to the civil war for thirty years.

Located on the left bank of the Seine on the Quai Anatole France between the Pont de Solférino and Pont Royal, looking towards the Tuilleries, its industrial appearance had to be masked because of its proximity to the Louvre, whose two tall symmetrical pavilions framing the portico it repeats on the entrance facade along the embankment. The design was the work of Victor Laloux,[4] the architect who won the competition in 1898 and had the station built in the record time of two years: it looks like an almost desperate attempt on the part of the Academy to take over the range of possibilities opened up by industrial architecture (the Galérie des Machines belongs to 1889). But the ironwork (12,000 tons of it as against the 7,300 of the Eiffel tower) is masked behind the stone facade applied over the metal framework, the latter being necessary to enable the great vault (120 metres long and 40 wide) to span the tracks. Intended to serve travellers and benefitting by the introduction of electrification (which enabled the architect to make use of light colours and gilding in the decor) the station consists essentially of a lobby preceded by an open porch and followed by a ''great nave''. The lobby and the nave form a single volume with two unequal spans running parallel to the Seine embankment, into which the tracks run on a lower level, while the various services (ticket-windows, luggage deposits, waiting rooms, buffet, offices and so on) were kept on ground level, making the plan absolutely new in its day.

Laloux, not content with masking the structure so that ''it would not look like a

6

7

8

9

V. Laloux
6. Stazione ferroviaria di Tours (1895-1898).
7, 8. Varianti del progetto della Gare d'Orsay.
9. Veduta dalla Senna.

V. Laloux
6. Railway Station in Tour (1895-1898).
7, 8. Design proposals for Gare d'Orsay.
9. View of the Seine.

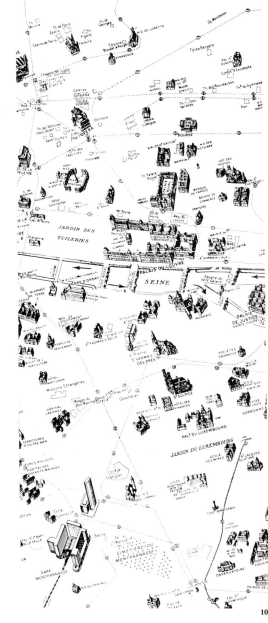

10

11

striale'', ma, approfittando del programma che prevedeva di installare anche un hotel, risolse di collocare la facciata dell'albergo verso la Rue Bellechasse, una strada che sbocca sul quai nei pressi del ponte di Solférino, evitando di chiudere bruscamente la volta con una vetrata che sarebbe stata vista dall'esterno. Inoltre, girando la pianta dell'hôtel, impedì anche la vista laterale della volta, dalla parte della Rue de Lille, affiancandovi un corpo di fabbrica profondo circa 10 metri che conteneva le camere, in modo che dal quartiere dell'università apparisse l'uniforme facciata di un lungo edificio rivestito in pietra[5].

Il centro della città come museo

La creazione del Museo d'Orsay non è una iniziativa isolata. Fa parte di un programma museografico assai ambizioso che interessa il cuore della città di Parigi, essendo collegato alla ristrutturazione del Louvre e al rinnovo dell'Orangerie da cui provengono le collezioni degli impressionisti inserite nel nuovo museo. Una volta ristrutturati, gli edifici d'Orsay accoglieranno oltre al museo, la Direzione dei Musei Francesi e la Réunion des Musées Nationaux e, inoltre, un insieme di servizi amministrativi e tecnici che occuperanno una superficie di circa 10.000 metri quadrati di uffici.

Del resto, fu il presidente francese G. Pompidou, prima ancora del presidente V. Giscard, a immaginare questo insieme di musei come una cittadella capace di conferire al centro della capitale quel valore e quella attrattività che nessun'altra istituzione sarebbe oggi in grado di rappresentare. "Fu lui, nel '71 a bloccare definitivamente la costruzione del grande albergo,'' che doveva sorgere sul luogo della stazione. "Anche Pompidou era consapevole del fatto che mancava un museo che colmasse il periodo tra il romanticismo e il cubismo''[6]. E, con Giscard, il progetto prende motivazioni quasi imperiali che superano le ambizioni del suo predecessore che con Beaubourg aveva voluto il suo "centro di cultura moderno''. "Non era lecito allora per lui, Giscard, sognare un *bateau ivre* che dal Grand e Petit Palais spostasse i visitatori lungo la Senna fino a Orsay, sulla sponda opposta, per poi ritraghettarli al Louvre? Sì, questo sarebbe stato il grande Centre Giscard...''[7]

Le nuove iniziative culturali dell'amministrazione Mitterand (tra le quali il parco e il museo della Villette, il nuovo teatro dell'Opera nei pressi della Bastiglia, la Esposizione Universale del 1989 lungo la Senna, nella parte occidentale della città) hanno introdotto qualche modifica anche nel programma museografico coordinato da Michel Laclotte, il conservatore del Louvre. Ad esempio lo spazio a disposizione del museo d'Orsay verrebbe ampliato a seguito del trasferimento negli edifici del Louvre della Direzione dei Musei Francesi che occuperà il posto lasciato libero dal Ministero delle Finanze trasferito alla Défense, mentre nell'ordinamento del museo verrà inserita una parte riguardante la storia e la cultura "materiale'' del periodo trattato.

In ogni caso non possiamo dimenticare come dietro questi ambiziosi programmi culturali ci siano le trasformazioni strutturali in corso nella forma metropolitana di Parigi con i processi divergenti che determinano i nuovi caratteri della sua articolazione globale: il decentramento estensivo di funzioni materiali e l'accentramento selettivo di funzioni terziarie. Cosicché questa rianimazione del centro cittadino e di altri punti significativi non impedisce che da quando la città e i suoi manufatti più significativi non sono più in grado di corrispondere alle motivazioni strutturali cui devono la propria esistenza, assistiamo alla trasformazione dell'ambiente urbano in un mondo di simulacri in cui, secondo alcuni, siamo ormai completamente collocati. Una scomparsa del mondo "vero'' che comporta un annuncio minaccioso e l'emergere del nichilismo. Una situazione in cui, per le sue peculiarità, la realtà italiana risponde attraverso un processo di disseminazione, di decentramento, di mescolanza di referenti alti e bassi, accettando "la pietas per queste rovine''[8] e limitando la propria iniziativa al "disordine'' delle collezioni per rinuncia o impotenza a costruire nuovi ordini, laddove la realtà francese risponde — in opposizione alle inquietudini introdotte dai suoi stessi gruppi intellettuali — organizzando attraverso una solida classe burocratica nuovi ordinamenti forti. Nel Museo d'Orsay un intero periodo della storia francese viene ordinato ed esposto in una istituzione ad hoc e il "magnifico caos'' del museo viene inserito nell'involucro monumentale di una stazione in disuso. Così, a Parigi, sembra di assistere ad un concentramento di strategie di intervento urbano in alcuni punti rilevanti, lasciando subire al resto un inarrestabile sgretolamento.

Non a caso, a fronte di questa pratica selettiva operata nel cuore della città, gli architetti parigini dell'IFA propongono, con "L'Atlas des formes urbaines prima di Haussmann'', la più grande carta archeologica del mondo, ridisegnando sul catasto attuale di Parigi le tavole di Vasserot. Una cartografia che viene offerta come supporto ad esercizi progettuali e ad "analisi urbane'' da effettuare nei prossimi anni, prima della grande esposizione prevista per il 1989...[9]

mere industrial building," took advantage of the clause providing for the installation of a hotel to set the facade of the latter towards the Rue Bellechasse, a street that comes out onto the quai near the Pont de Solférino, and so avoided having to close the vault abruptly with a glazed surface that would have been visible from outside. Moreover, by giving the hotel and L-shaped layout, he also concealed the vault from being seen laterally from Rue de Lille, flanking it with a wing about 10 metres deep containing the bedrooms, so that all one sees from the university district is the uniform facade of a long stone-clad building.[5]

The city centre as museum

The creation of the museum of Orsay is not an isolated project. It fits into a very ambitious programme of museum planning involving the heart of the city of Paris, linked with the restructuring of the Louvre and the renewal of the Orangerie, from which comes the collection of Impressionists, to be housed in the new museum. Once restructured, the Orsay buildings will house, in addition to the museum, the headquarters of the French museum service and the Réunion des Musées Nationaux, and also a complex of administrative and technical services that will occupy a surface of about 10,000 square metres of office space.

It was president Pompidou, even before Giscard d'Estaing, who envisaged this group of museums as a citadel capable of endowing the centre of the capital with that value and power of attraction that no other institution would be capable of doing today. "He it was, in 1971, who definitively shelved the construction plans for a great hotel" supposed to rise on the station site. "Even Pompidou was aware that what was lacking was a museum that would bridge the period between Romanticism and Cubism."[6] And with Giscard the project acquired almost imperial motivations, going beyond the ambitions of his predecessor, who had envisaged the Beaubourg as his "Centre of modern culture." "Was it not lawful for him, Giscard, to dream of a *bateau ivre* taking visitors from the Grand and Petit Palais along the Seine to Orsay, on the opposite bank, and then ferrying them on the Louvre? Yes, this was to be the great Centre Giscard..."[7]

The Mitterand administration's new cultural initiatives (including the park and museum of La Villette, the new theatre of the Opéra near the Bastille, the 1989 "universal exposition" along the Seine in the west of the city) have also involved changes to the museum programme being co-ordi-

nated by Michel Laclotte, the Louvre's curator. For instance, the space available in the Orsay museum will be increased following the transfer to the Louvre of the French Museum's Directorate, to occupy the space left free by transfer of the Finance Ministry to the Defence Ministry buildings, while the museum will be made to include a section on the history and material culture of the period.

We cannot forget that behind these ambitions lay the dynamics of metropolitan form with its extensive decentralization of material functions and selective centralization of tertiary functions. So this reanimation of the city centre and other significant points cannot obscure the fact that ever since the city and its most significant creations have become incapable of corresponding to the structural motives to which they owe their existence, we have been witnessing the transformation of the urban environment into a world of simulacra in which — so some observers feel — we have become wholly placed. This constitutes a disappearance of the "real" world which bears with it a grim foreboding and the emergence of nihilism. A situation to which, because of its peculiar features, the Italian reality responds through a process of dissemination, of decentralization, of merging of higher and lower referents, accepting "the *pietas* of these ruins"[8] and limiting its initiative to the "disorder" of collections through renunciation or helplessness to construct new orders, whereas the French reality responds — in opposition to the disquiet introduced by its own intellectual groups — by organizing new strong orderings through its solid bureaucratic class. In the Orsay museum a whole period of French history is ordered and exhibited in a special institution by inserting the museum's "magnificent chaos" in the monumental wrappings of a disused station. What we have in Paris looks like a concentration of urban planning on a few focal points, while the rest of the city is left to suffer an unarrestable decay.

It is no accident that, faced with this selective praxis carried on in the heart of Paris, Parisian architects of the IFA are proposing, with the "Atlas of urban forms before Haussmann", the largest archaeological map in the world, redrawing Vasserot's plates over the present cadastral map. A cartographical work that is put forward as the backing for exercises in design and urban analysis to be carried out over the next few years, before the great exposition envisaged for 1989...[9]

Metamorphosis of architecture and general museographical bearings

"The Orsay museum will display the output of the period between the mid-nineteenth

12

10. Il centro di Parigi con l'indicazione dei monumenti principali.
11. Veduta della Gare d'Orsay verso la Senna.
12. Rilievo tipologico del "lotissement des Capucins" (dall' "Atlas des formes urbaines avant Haussmann" Institut Français d'Architecture, Parigi, 1892).

10. Center of Paris showing the principal monuments.
11. View of Gare d'Orsay towards the Seine.
12. Typologic relief of "lotissement des Capucins" (from "Atlas des formes urbaines avant Haussmann", Institut Français d'Architecture, Paris, 1892).

Metamorfosi dell'architettura ed orientamento museografico generale

"Il museo d'Orsay presenterà la produzione del periodo compreso tra la metà del XIX secolo e i primi anni del XX secolo, soprattutto in Francia ma anche in alcuni centri artistici occidentali, in modo da illustrare il periodo compreso tra quelli trattati rispettivamente dal Louvre (fino al Romanticismo incluso) e dal Museo Nazionale d'Arte Moderna (a partire dal Fauvismo e dal Cubismo). Nel museo figureranno o saranno evocate tutte le forme di espressione delle arti visive: pittura, scultura, disegno, arti grafiche, fotografia, arti decorative (décor interno, mobilio, oggetti d'arte), architettura e urbanistica, cinema"[10].

Le collezioni saranno presentate in sale *molto diversificate* lungo un *percorso* generale di carattere essenzialmente *cronologico*. Sarà offerta la possibilità di scegliere, all'interno di questo percorso, di visitare soltanto sezioni particolari seguendo anche un ordine diverso. Ambienti destinati ad esposizioni temporanee inseriti in più punti del circuito principale permetteranno di organizzare piccole mostre dedicate alle arti grafiche e a temi particolari, mentre un gruppo di sale indipendenti di circa 1.000 metri quadrati e con accesso distinto permetterà di organizzare mostre più ampie[11].

Verrà demandato ad un concorso di architettura di risolvere il problema di inserire un programma così dettagliato negli spazi della Gare d'Orsay. Il progetto vincitore, opera degli architetti Colboc, Bardon e Philippon del gruppo ACT, è caratterizzato dalla trasformazione della grande navata in una via fiancheggiata da ateliers e dispone le varie sezioni dell'ordinamento cercando di trar partito dalla diversità dei volumi interni esistenti senza intaccare le strutture formali dell'edificio sottoposto a tutela.

"Trasformare la stazione-hotel d'Orsay — essi scrivono — implica una riflessione preliminare sul significato e la modalità della conversione, in museo del XIX secolo, di un edificio la cui architettura e funzioni originarie sono dello stesso secolo: a quale *re-travail* architettonico si presta questo edificio? Creazione di un contrasto spettacolare ottenuto attraverso una architettura volontariamente contraddittoria? Ricostituzione secondo il modello del pastiche attraverso una architettura che mescola il nuovo nel vecchio? Sulla base di una analisi dell'edificio e del programma, ACT ha scelto la continuità e la reinterpretazione." In effetti essi propongono di conservare la modulazione e la geometria dell'edificio e di ricomporre con franchezza i volumi intervenendo sulle scale in modo da ottenere una successione logica di spazi diversificati.

Progetto ACT
R. Bardon, P. Colboc, J.P. Philippon
(L'ipotesi del riuso)

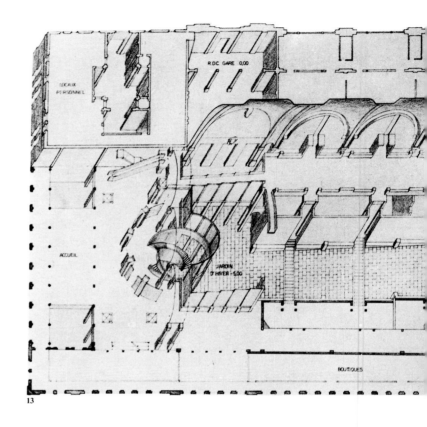

13. Spaccato assonometrico.
14-16. Schizzi degli interni.
17. Modello.
18-20. Schizzi degli interni.
21. Sezione longitudinale.

13

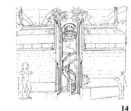  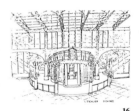 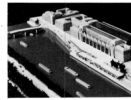

14   15   16   17

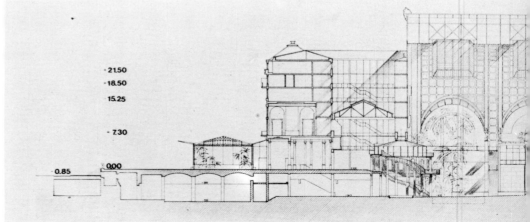

21

ACT Project
R. Bardon, P. Colboc, J.P. Philippon
(Hypothesis of reuse)

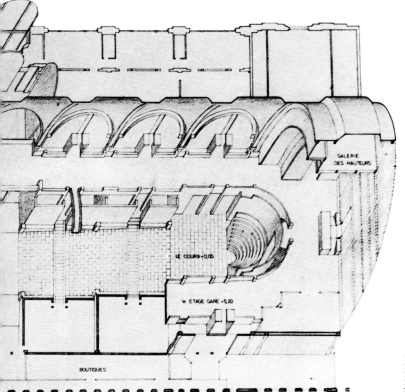

13. Axonometric cutaway.
14-16. Sketches of the interior.
17. Model.
18-20. Sketches of the interior.
21. Longitudinal section.

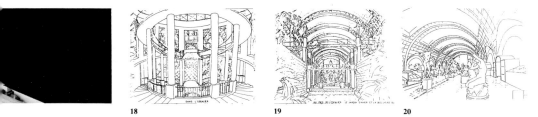

18   19   20

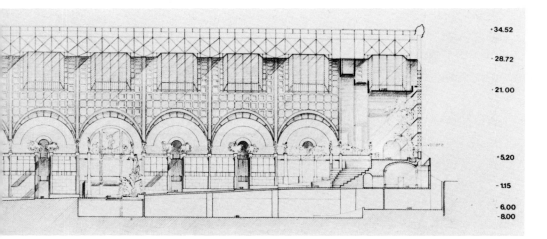

century and the early years of the twentieth, mainly in France but also in a number of other Western art centres, so as to illustrate the period that falls between those dealt with by the Louvre (down to and including Romanticism) and the National Museum of Modern Art (starting with Fauvism and Cubism). The museum will represent or evoke all forms of expression in the visual arts: painting, sculpture, drawing, graphics, photography, decorative arts (interior decoration, furnishings, art objects), architecture and town planning, the cinema."[10]

The collections will be presented in *highly diversified* rooms, arranged along a general layout essentially *chronological* in nature. Within this arrangement, it will be possible to choose to visit only certain sections by following different routes. Temporary exhibition areas arranged at various points on the main circuit will make it possible to mount smaller exhibitions devoted to the graphic arts and specific themes, while a set of independent rooms, with a surface area of about 1,000 square metres and separate access, will permit the organization of fuller exhibitions.[11]

The problem of implementing such a detailed programme on the premises of the Gare d'Orsay was settled by an architectural competition. The winning entry, the work of the architects Colbec, Bardon and Philippon of the ACT group, is noteworthy for the way the great nave is transformed into a mall flanked by ateliers, and by the arrangement of the various elements (called for by the terms of the competition) so as to highlight the varying volumes of the interior without spoiling the formal structures of the protected building.

"The transformation of the station-hotel of Orsay," they have written, "involves preliminary reflection on the significance and the methods of conversion, in a 19th century museum, of a building whose original architecture and functions belonged to the same century. To what architectural re-working (*re-travail*) does such a building lend itself? The creation of a spectacular contrast through wilfully contradictory architecture? Using the method of pastiche through a mingling of the new architecture and the old to effect a reconstitution of the building? On the basis of an analysis of the building and the programme laid down, ACT has opted for continuity and reinterpretation." Essentially they propose to preserve the modulation and geometry of the building and to recompose in a forthright manner its volumes by altering its scales in such a way as to obtain a logical succession of diversified spaces.

Il progetto, orientando gli spazi principali verso la navata centrale inondata di luce, "trasforma il carattere originariamente estroverso indotto dall'uso originario — la stazione — in un carattere più introverso"; suggerisce con l'idea della via centrale fiancheggiata da atelier e terrazze, del giardino d'inverno, lo spirito delle passeggiate urbane e delle esposizioni universali del secolo scorso; cerca di creare una relazione di comprensione familiare tra il visitatore e gli oggetti esposti e lo spazio attraverso un'architettura che accompagna le opere e stimola l'avvicinamento alla società che le ha prodotte.

Abbandonando l'ingresso dal Quai A. France, il progetto introduce un *parti* longitudinale, individuando come accesso il parvis Bellechasse con la *marquise* che faceva da protezione all'ingresso dell'hotel. Di qui il visitatore, attraversati gli ambienti di ricezione corrispondenti alla hall ed alla corte interna dell'albergo, discenderà da una scala monumentale al livello delle vecchie banchine della ferrovia da dove scoprirà la grande vetrata con la via centrale. Percorso questo grande spazio "urbano", potrà raggiungere, attraverso le risalite che si trovano alla estremità opposta della "via", sia il livello del piano terra, che dalle terrazze si affaccia sulla passeggiata centrale, sia il primo piano dove si troveranno le grandi sale di esposizione ricavate nei volumi del "portico" e del "vestibolo" della stazione; mentre sul lato opposto, in corrispondenza del corpo di fabbrica lungo la rue de Lille, sono ricavate, dalle stanze dell'albergo i *cabinets*. Da qui si potrà accedere anche ai grandi saloni e alla sala da pranzo dell'albergo, trasformata in ristorante del museo. All'ultimo piano, entro le strutture metalliche che sorreggono le volte del vestibolo, è ricavata una galleria di esposizione con luce naturale zenitale per le collezioni degli impressionisti.

In una ricerca collettiva dedicata alla "metamorfosi" dell'oggetto architettonico, Jean Paul Philippon, uno degli architetti vincitori del concorso ed attualmente impegnati a realizzare il progetto, aveva scritto alcune interessanti considerazioni a proposito del *retravail* di una forma architettonica[12].

In questa ricerca, pubblicata nel 1979, lo stesso anno del concorso, si distinguevano tre modalità di fronte al problema di intervenire con un processo creativo su un'opera già improntata da una esistenza unitaria:
— la assimilazione del nuovo lavoro con l'unità esistente (es. la prosecuzione della Sagrada Familia dopo la morte di Gaudí);
— la individuazione del nuovo lavoro come unità distinta; concetto questo espresso nelle seguenti varianti: a) distinzione fondata tra opera e oggetto, tra creazione e lavoro (il

22

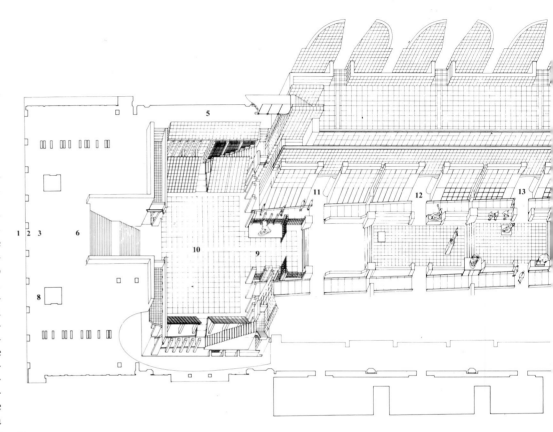

1. Marquise; 2. Ingresso-Biglietteria; 3. Accueil; 5. Libreria e ingresso alle esposizioni temporanee; 6. Ex cortile dell'Hotel — sistema di discesa e salita; 8. Plateaux des enfants; 9. Controllo ed inizio del percorso; 10. Hall; 11. Sala Daumier; 12. Sala Millet; 13. Sala Ecole de Barbizon; 14. Sala Courbet; 15. Sala Manet; 16. Sala Monet; 17. Passaggio; 18. Terrazza Rodin; 19. Terrazza Bourdelle; 20. Transetto; 36. Torre: architettura dell'Art Nouveau; 37. Torre: architettura delle esposizioni; 38. Sala Carpeaux; 40. Scale mobili.

22. Assonometria della sistemazione interna.
23. Veduta della navata principale durante i lavori del cantiere, 1982.

22. Axonometric of interior arrangement.
23. Building yard of the main nave, 1982.

23

G. Aulenti, I. Rota project
(Architecture of the museum)

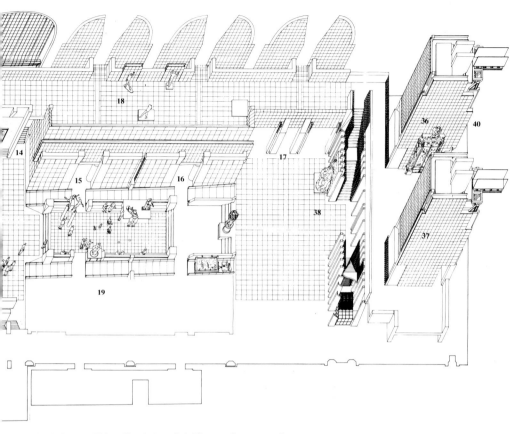

1. Marquise; 2. Entrance-Ticket office; 3. Accueil; 5. Library and entrance to the temporary exhibitions; 6. Former Hotel courtyard-system of ascension and discension; 8. Plateaux des enfants; 9. Check point and beginning of the route; 10. Hall; 11. Daumier Room; 12. Millet Room; 13. Ecole de Barbizon Room; 14. Courbet Room; 15. Manet Room; 16. Monet Room; 17. Passage; 18. Rodin Terrace; 19. Bourdelle Terrace; 20. Transept; 36. Tower: Art Nouveau architecture; 37. Tower: architecture of exhibitions; 38. Carpeaux Room; 40. Escalators.

Musée d'Orsay: "amenagement interieur"

Progetto di / Project by Gae Aulenti, Italo Rota
Piero Castiglioni (Illuminotecnica/Lighting technique)
con/with Pietro Ghezzi, Jean Marc Ruffieux,
Monique Bonadei, Colette Chehab, Emanuela
Brignone, André Friedli

Maître d'ouvrage

Etablissement Public du Musée du XIXème Siècle

Maîtrise d'oeuvre

ACT Architecture - R. Bardon, P. Colboc,
J.P. Philippon
Geriac structures - Strutture / Structures
B.E.F.S. - Coordinazione tecnica / Technical
coordination
Ducroux & Marty - Economia della costruzione /
Economics of the construction
Commins B.B.M. - Acustica / Acoustics
Preventec - Sicurezza / Security
Copibat OPC. - Pilota planning
CEP - Controllo e prevenzione / Control
and prevention

The plan, by orientating the principal spaces towards the central "nave" flooded with light, "transforms the originally extrovert character that followed from its original use — a station — into a more introverted character"; through the idea of the central mall flanked by ateliers and terraces, and the winter garden, it suggests the spirit of the urban walks and universal exhibitions of the last century; it seeks to create a relationship of sympathetic familiarity between the visitors and the objects displayed and the space by means of an architecture that matches the works and stimulates a feeling of closeness to the society that produced them.

Giving up the entry from the Quai A. France, the plan introduces a *parti* set longitudinally and fixing the entrance on the parvis Bellechasse with the awning that used to shelter the hotel entrance. From here the visitor crosses the reception areas corresponding to the hall and inner courtyard of the hotel before descending by a monumental staircase to the level of the old rail platforms, where he will see the great window with the central mall. Having walked through this "urban" space, he will go up the ascent facilities at the far end of the mall and be able to reach both ground level, which faces onto the central passage from the terraces, and the first floor, where the large exhibition rooms are located, set into the volumes of the "portico" and "vestibule" of the station, while on the opposite side, level with the body of the building along the Rue de Lille, the *cabinets* are set in the hotel rooms. This also provides access to the great halls and the dining hall of the hotel, transformed into the museum restaurant. On the top floor, inside the metal structures supporting the vaulting of the vestibule, is set a gallery with natural overhead illumination for the Impressionist collection.

In a collective research devoted to the "metamorphosis" of the architectural object, Jean Paul Philippon, one of the winning architects in this competition, produced some interesting observations about the proposal for a *re-travail* of an architectural form.[12] In this research, published in 1979, the year of the competition, three methods are set out for dealing with the problem of effecting a creative intervention on a work already characterized by a unified existence:
— the assimilation of the new work to the existing unity (e.g. the continuation of the Sagrada Familia after Gaudi's death);
— the individuation of the new work as a distinct entity. This concept can be expressed in the following variants: a) distinction founded on the difference between opus and

"labor" e il "work" di Annah Arendt interpretato qui come distinzione di elementi di supporto dalle parti più strutturali di un edificio); b) nuova opera entro la precedente (es.: il caso di inclusione come il teatro collocato all'intero della borsa di Manchester); c) collage intenzionale;

— la trasformazione in una nuova unità (non chiedersi che cosa avrebbe fatto l'ideatore originario di un edificio per continuare la sua opera nella sua epoca, ma che cosa farebbe oggi). È il procedimento che gli autori attribuiscono agli architetti che chiamano "contestuali"; coloro che indurrebbero nuove pratiche a partire dallo spazio urbano e dalla storia, che considerano come "contemporaneo" l'insieme del patrimonio che la città ci ha consegnato (p.e. Aldo Rossi nella scuola di Broni, Giorgio Grassi al castello di Abbiategrasso, James Stirling all'Università di St Andrews, ecc.).

Il progetto del gruppo ACT si prefigge di conservare il senso dell'oggetto originario, perpetuarne, per così dire l'"aura", compiere una metamorfosi ma nello stesso tempo non eliminare del tutto quella unicità dell'oggetto architettonico che si fonda su un rituale che fu all'origine del suo antico valore d'uso.

Riferendoci al quadro concettuale sopra delineato potremmo osservare il prevalere dell'atteggiamento descritto nella variante a) del secondo caso, e cioè della distinzione del "lavoro" dall'"opera". In altri termini il progetto compie una scelta per la quale tutti quegli interventi che si rendono necessari per adattare il nuovo edificio alla nuova destinazione dovrebbero manifestarsi come semplice lavorio senza produrre intenzionalmente niente più che i supporti che rendono praticabile l'edificio alle nuove funzioni. Non siamo di fronte perciò alla metamorfosi di un tipo, ma ad una vera e propria pratica di riuso di un edificio nel quale oltre agli interventi di consolidamento delle strutture del sottosuolo e di immissione di nuovi impianti tecnici di controllo ambientale o funzionali al circuito museografico, si introduce un processo di risignificazione degli spazi attraverso un gioco che fa corrispondere ambienti esistenti con parti del programma museale: spazi che sono sottoposti anche ad un'opera di rianimazione attraverso elementi che hanno lo scopo di vivacizzare gli ambienti più rappresentativi (si veda il giardino d'inverno e la gradinata semicircolare introdotti nel *grand nef*).

In tutto questo, potremmo rilevare l'impatto del progetto con tre punti problematici:

— le difficoltà per l'intero organismo architettonico di convertire il proprio orientamento secondo la sola direzione longitudinale e il carattere non strutturale di una metamorfosi compiuta attraverso la metafora urbana della via centrale;

— l'affiorare, nel gioco dell'attribuzione dei vari spazi alle funzioni del programma museale, di un bricolage che la specificità dei materiali esposti nel museo non permetterebbe;

— la superficialità di una netta distinzione tra *aménagement intérieur* e progetto generale che deriva dal costume architettonico francese.

Dal progetto alla realizzazione: frammenti tipologici

Sembra dunque che l'eccezionalità del tema difficilmente consentirà di appaesare le questioni in gioco entro le pratiche che usualmente afferiscono alla nozione di "riuso". Certamente, il semplice cambiamento d'uso operato all'interno di un edificio il cui significato simbolico permane per la città di Parigi è già, per essenza, un modo di renderne più complessa l'informazione. Ma questo non basta. Ulteriori elementi qualitativi emergono soltanto considerando le fasi più avanzate del programma di intervento. La analogia, richiamata all'inizio, tra il ruolo della stazione d'Orsay e quello del nuovo museo non potrà esaurirsi nel traslato viaggiatori versus visitatori.

Con l'emergere di esigenze sempre più specifiche legate alla natura del museo, l'organismo architettonico dovrà essere sottoposto a maggiori "aperture" attraverso uno sviluppo del progetto che dovrà far emergere un'autentica creazione formale da quella attitudine cripto-architettonica finora eccessivamente perseguita, forse anche come riflesso dei condizionamenti indotti dalla logica di un concorso di architettura che non poteva non tener conto dell'ideologia della amministrazione pubblica che — come lucidamente è stato scritto[13] — non può che essere il luogo di convergenza delle diverse pratiche dominanti della riconversione.

In questa prospettiva, il ruolo di Gae Aulenti, cui è stato assegnato il progetto dell'*aménagement intérieur*[14] potrà risultare decisivo proprio per la facilità con cui il progetto sembra promettere la coincidenza tra gli spazi esistenti e le necessità del museo.

Lo slogan di sapore venturiano ("questo edificio è diverso ma sembra perfettamente identico") potrà soddisfare solo una parte delle esigenze dei committenti. Spetta così all'aménagement intérieur di Aulenti di diventare un progetto nel progetto, esulando dal compito limitativo che la tradizione francese gli assegnerebbe.

Il ricordo del teatro-tenda di Barrault, collocato in una zona della grande navata, e le esperienze teatrali del Laboratorio di Prato potrebbero aver suggerito ad Aulenti alcuni provvedimenti. La tenda di Barrault, a concepire con nettezza la separazione tra parti di nuova concezione ed edificio esistente. Le torri recentemente introdotte al termine della grande via, sul lato opposto all'ingresso, concepite come architetture autonome, edifici nell'edificio, che espongono analiticamente gli elementi costitutivi del proprio linguaggio. Esse sono in definitiva inclusioni, per richiamare il tema caro a O.M. Ungers che ne ha offerta una versione radicale nel progetto per il museo dell'architettura di Francoforte. L'esperienza teatrale di Prato per dare nuovi significati al percorso museografico. In particolare, penso alla rappresentazione delle Baccanti di Euripide all'istituto Magnolfi, un edificio seicentesco "sfigurato" dal peregrinare di spettatori che seguono una sola attrice che, assumendosi il compito di trasmettere l'intera scrittura della tragedia, si muove per stanze, corridoi, ambulacri, porte, cercando una corrispondenza tra la morfologia dei luoghi e quella del testo. Indagine che alla fine rivelerà "le qualità apparenti dei manufatti che hanno storicamente svolto una funzione ma che oggi sono solo frammenti"[15]. Entro questi frammenti, le attività teatrali del laboratorio di Prato sperimentavano "nuovi collegamenti concettuali" fino a proporsi nella proiezione finale di uno spettacolo teatro-territorio, ambiziosamente dilatato alla scala del paesaggio, in uno schema di viaggio-visita-ritorno. Queste indagini compiute nella esperienza teatrale potranno riverberare, all'interno dei circuiti della visita museale, nuovi approfondimenti. Intuizioni soltanto adombrate, tensioni presenti in un lavoro ancora in corso ma destinate a spostare, su un piano più concettuale, le generiche metafore urbane cui il progetto generale fa ricorso.

Infine, la difficoltà di separare l'aménagement intérieur dall'insieme del progetto è dovuta non solo alle caratteristiche eccezionali dell'intera operazione, come sopra abbiamo cercato di delineare, ma anche alle implicazioni introdotte da un metodo, quello di Aulenti, che si pretende erede della tradizione museografica italiana di Franco Albini, Ignazio Gardella, Carlo Scarpa, BBPR. Una tradizione che ha prodotto attraverso innumerevoli esempi un complesso e raffinato approccio ai manufatti esistenti, che ha elaborato una particolare declinazione dell'architettura contemporanea che chiamerei "analitica" una sorta di scomposizione, frammentazione ed estetizzazione dell'architettura moderna che ne ha legittimato l'ingresso negli "antichi edifici". Anticipando, con questo, due importanti aspetti del dibat-

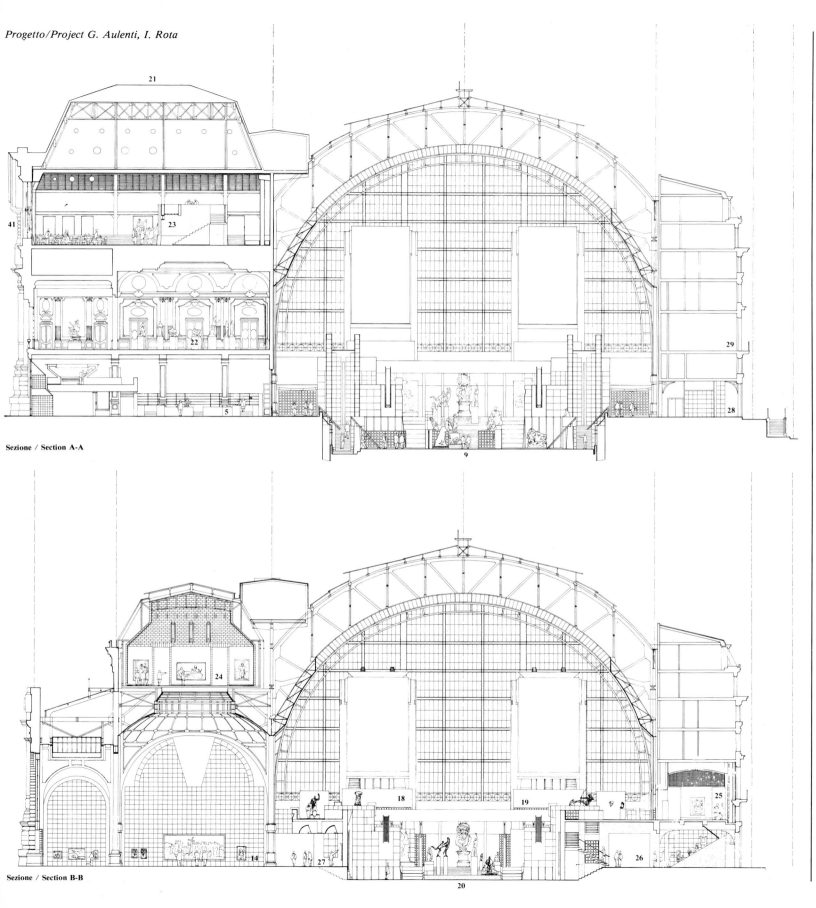

Progetto/Project G. Aulenti, I. Rota

Sezione / Section A-A

Sezione / Section B-B

5. Libreria e ingresso
alle esposizioni
temporanee
9. Controllo ed inizio
del percorso
14. Sala Courbet
18. Terrazza Rodin
19. Terrazza Bourdelle
20. Transetto
21. Pavillon Aval
22. Galleria della
scultura ufficiale della
III Repubblica
(ex Salone delle Feste
dell'Hotel)
23. Café des Hauteurs
(Toulouse Lautrec)
24. Galleria degli
Impressionisti
25. "Sources" del XX
secolo
26. Sala d'arte
decorativa
27. Gallerie di pittura
28. Uscita su rue de
Lille
29. Uffici dei Musei di
Francia
41. Orologio

5. Library and entrance
to the temporary
exhibitions
9. Check point and
beginning of the route
14. Courbet Room
18. Rodin Terrace
19. Bourdelle Terrace
20. Transept
21. Aval Pavilion
22. Gallery of official
sculpture from the
Third Republic (former
Banqueting Hall of the
Hotel)
23. Café des Hauteurs
(Toulouse Lautrec)
24. Impressionist
Gallery
25. "Sources" of the
20th century
26. Decorative Arts
Room
27. Picture Gallery
28. Exit on Rue de Lille
29. French Museums
offices
41. Clock

Progetto/Project G. Aulenti, I. Rota

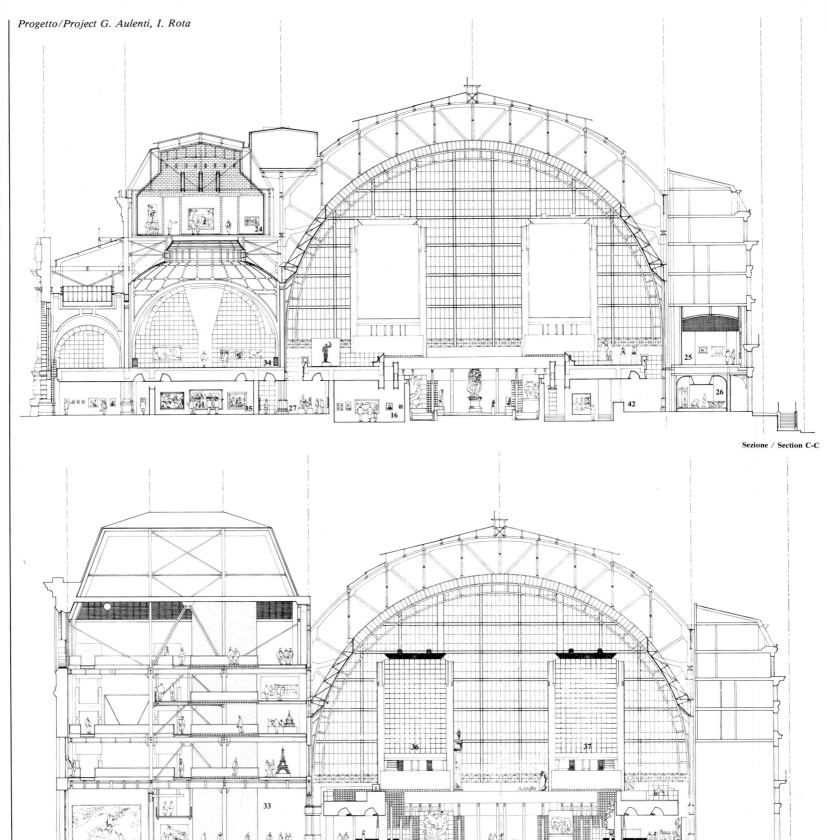

16. Sala Monet
24. Galleria degli Impressionisti
25. ''Sources'' del XX secolo
26. Sale d'arte decorativa
27. Gallerie di pittura
33. Pavillon Amont (Museo dell'architettura e dell'urbanistica)
34. I Salons (pittura ufficiale del XIX secolo)
35. Pittura en plein air
36. Torre: architettura dell'Art Nouveau
37. Torre: architettura delle esposizioni
38. Sala Carpeaux
42. Puvis de Chavannes, G. Moreau ecc.

16. Monet Room
24. Impressionist Gallery
25. ''Sources'' of the 20th Century
26. Decorative Arts Rooms
27. Picture Gallery
33. Amont Pavilion (Architecture and Townplanning Museum)
34. Salons (official painting of the 19th Century)
35. En plein-air pictures
36. Tower: Art Nouveau architecture
37. Tower: architecture of the exhibitions
38. Carpeaux Room
42. Puvis de Chavannes, G. Moreau etc.

Sezione / Section C-C

Sezione / Section D-D

object, between creation and work (Hannah Arendt's "labor" and "work", interpreted here as a distinction of secondary elements from the more structural parts of a building); b) a new work within the old one (e.g. as in the case of an inclusion, like the theatre placed inside the Manchester exchange); c) intentional collage.

— the transformation into a new unity (don't ask yourself what the original conceiver of a building would have done if he was carrying on with his work in his own age, but what he would do nowadays). This is the procedure that the authors ascribe to the architects they term "contextual"; those who would achieve new procedures by starting from the urban space and from history, who consider the whole legacy that the city has handed down as "contemporary" (e.g. Aldo Rossi in the Broni school, Giorgio Grassi in Abbiategrasso castle, James Stirling at the University of St. Andrew's etc.).

The ACT group's design aims to retain the sense of the original object, perpetuating its "aura", so to speak, achieving a metamorphosis but at the same time without eliminating all that uniqueness of the architectural object which is based on a ritual that underlay its ancient use value.

With reference to the conceptual scheme outlined above: we might observe the prevalency of the attitude described in variant b) of the second category, namely the distinction between "labor" and "work." In other words, the design implements an act of choice in which all those interventions necessary to adapt the new building for the new use should appear as mere routine operations without intentionally producing anything more than the secondary features that make a building serviceable in terms of its new functions. We are not, therefore, confronted with the metamorphosis of a type but a true praxis of the reuse of a building in which, in addition to the work of reinforcing structures below ground and insertion of new technical plant for environmental control or functional purposes related to the museographical circuit, there is a process of resignification of its spaces through an interplay that relates existing interiors to parts of the museum programme: spaces that are also subjected to a process of reanimation through elements having the aim of bringing to life the most representative interiors (see the winter garden and the semicircular steps set in the *grand nef*).

In all this, we can note the impact of the plan at three problematic points:
— the difficulty, with regards to the entire building, of converting its orientation so as to conform to the longitudinal direction alone, and the non-structural character of a metamorphosis achieved through the urban metaphor of the central mall;
— the emergence, in the interplay of the attribution of various spaces to functions in the museum's programme, of a *bricolage* which clashes with the specificity of the materials displayed in the museum;
— the superficiality of any clear-cut distinction between *aménagement interieur* and the general plan which stems from French architectural procedure.

From the plan to its realization: typological fragments

So it seems unlikely that the exceptional nature of the subject will make it possible to bring out the issues at stake in the practices normally involved in the concept of "reuse." Certainly the mere fact of a change of use within a building which retains its symbolical significance for the city of Paris is already, in itself, a way of making what it expresses more complex. But this is not sufficient. Further qualitative elements emerge, but only when the more advanced phases of the project are considered. The analogy mentioned earlier on, between the role of the Gare d'Orsay and that of the new museum, do not lie merely in the parallel between travellers and museum-visitors.

With the emergence of increasingly specific requirements bound up with the nature of the museum, the architectural complex will have to be subjected to greater "openings" through a development of the plan to bring an authentic formal creation out of that crypto-architectural attitude hitherto all too eagerly pursued, perhaps partly as a reflex of restrictions induced by the logic of a competition which could not help taking into account the ideology of the public administration, which — as has been lucidly commented[13] — is inevitably the point of convergence of the various different prevailing approaches to reconversion.

Seen in this perspective, the role of Gae Aulenti, who has been assigned the design of the *aménagement interieur*,[14] could well prove decisive, precisely on account of the facility which the design seems to promise in making the existing spaces coincide with the requirements of the museum. The slogan with its suggestion of Venturi ("this building is different but it looks identical") will only be able to satisfy a part of the client's needs. Aulenti's interiors will thus be faced with the task of producing a design within the design, going beyond the limited role which the French tradition tends to assign it.

The memory of Barrault's theatre-marquee, set in the area of the great nave, and the theatrical experiences of the Prato theatre workshop may have provided Aulenti with certain ideas. Barrault's big-top may have suggested the clear-cut separation between the newly-conceived sections and the existing building. The towers recently introduced at the termination of the great mall, opposite the entrance side, conceived as autonomous pieces of architecture, buildings within the building, analytically expounding the constituent elements of their own language, are basically inclusions, bringing us back to the theme cherished by O.M. Ungers, who presented a radical version of it in his plan for the Frankfurt architectural museum. The past experience of the Prato theatre workshop has been drawn on to give new significances to the museographical course. I'm thinking particularly, here, of the performance of Euripedes *Bacchae* at the Istituto Magnolfi, a 17th century building "disfigured" by the wanderings of the audience who follow a single actress whose task is to put across the entire script of the tragedy, moving through rooms, corridors, passages and doorways, seeking a correspondence between the morphology of these places and that of the text. This quest ultimately reveals "the apparent qualities of these artefacts which have historically performed a function but which today are mere fragments".[15] Set in these fragments, the theatrical activities of the Prato theatre workshop involved experiments with "new conceptual link" which came to involve the final projection of a theatre-territory performance, ambitiously expanded to the scale of the landscape, in a scheme of journey-visit-return. These studies carried out within the theatrical experience will reverberate with deeper insights within the circuits of museum-visiting. Perceptions half-glimpsed, tensions present in a work still in progress but destined to transfer onto a more highly conceptual level the general urban metaphors to which the overall plan relates.

Finally, the difficulty in separating the *aménagement intérieur* from the project as a whole is due not only to the exceptional features of the whole operation, as we have tried to show above, but also by the implications of Aulenti's method, which seeks to carry on the Italian museographical tradition of Franco Albini, Ignazio Gardella, Carlo Scarpa and the BBPR. A tradition that has created, through numerous examples, a complex and refined approach to existing buildings, elaborating a particular version of contemporary architecture which I think could be termed "analytical:" a sort of breakdown, fragmentation and estheticiza-

1. Marquise
2. Ingresso — Biglietteria
3. Accueil
4. Preparazione alla visita
6. Ex cortile dell'Hotel — sistema di discesa e salita
7. Ponte di accesso alle terrazze
8. Plateaux des enfants
9. Controllo ed inizio del percorso
10. Hall
11. Sala Daumier
12. Sala Millet
13. Sala Ecole de Barbizon
14. Sala Courbet
15. Sala Manet
16. Sala Monet
17. Passaggio
30. Ristorante
31. Galleria Bellechasse (Van Gogh, Nabis, Ecole de Pont Aven)
32. Galleria vetrata (Galerie de la Presse, Galerie des Animalistes)
39. Garnier e l'Opera
40. Scale mobili
43. Sala convegni

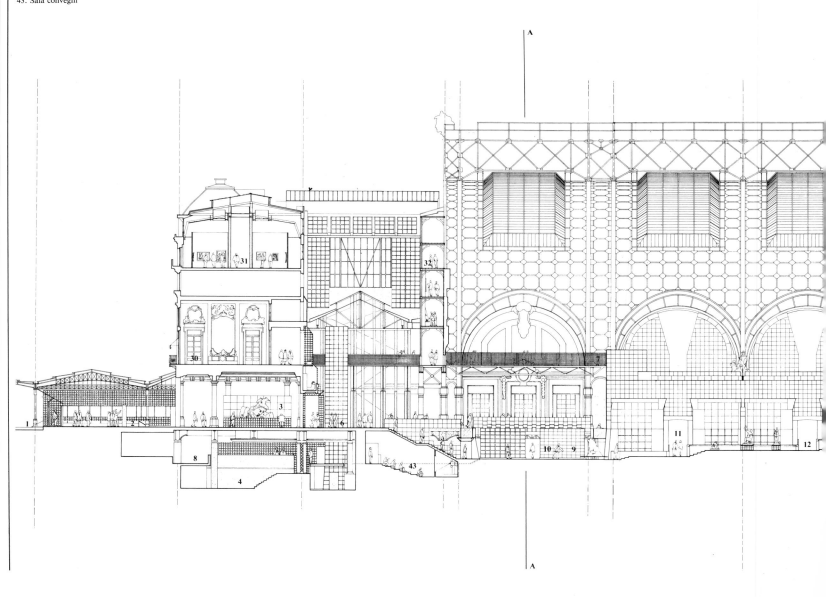

1. Marquise
2. Entrance-Ticket office
3. Accueil
4. Gathering point
6. Former Hotel courtyard - system of ascension and discension
7. Bridge access to the terraces
8. Plateaux des enfants
9. Check point and beginning of the route
10. Hall
11. Daumier Room
12. Millet Room
13. Ecole de Barbizon Room
14. Courbet Room
15. Manet Room
16. Monet Room
17. Passage
30. Restaurant
31. Galerie Bellechasse (Van Gogh, Nabis, Ecole de Pont Aven)
32. Glass Gallery (Galerie de la Presse, Galerie des Animalistes)
39. Garnier and Opera
40. Escalators
43. Meeting Hall

MUSEE D'ORSAY

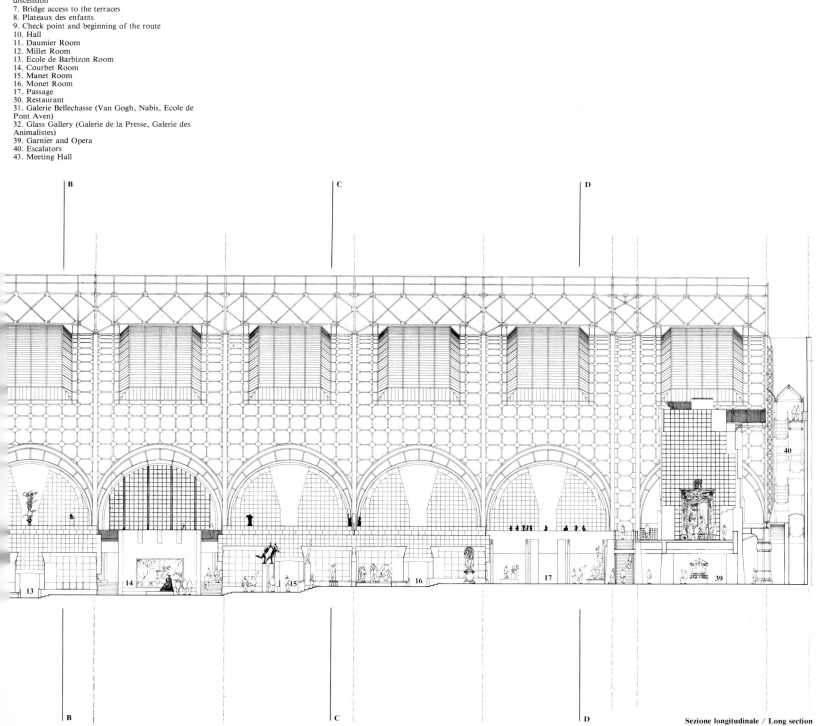

Sezione longitudinale / Long section

tito contemporaneo. Quello della relativizzazione della modernità, volendo transitare criticamente le utopie dell'avanguardia e mostrare la caducità delle sue figure forti. Insomma, quell'atteggiamento sfumato e possibilista — o poetico — che induce a desistere da un vero e proprio "impegno" per vivere la condizione di "oscillazione" come posizione caratteristica del pensiero contemporaneo. E, per secondo, quello della preservazione di un fondamentale rapporto con il mestiere, con il fare concretamente produttivo rispecchiato nella attenzione al dettaglio costruttivo, all'uso dei materiali, ad una particolare fusione tra pratiche artigianali e tecniche industriali.

Tutti strumenti che, negli esempi più riusciti (penso alle trasformazioni introdotte da Carlo Scarpa al Castelvecchio di Verona), hanno trovato un autentico rapporto tra il nuovo spazio e le opere d'arte esposte, un delicato equilibrio tra lo "straniamento", il "meraviglioso caos del museo" e le suggestioni di una nuova familiarità. Cosicché, consumato il rapporto tra il monumento preesistente e la nuova architettura, ottenuta la permeabilità dell'antica struttura al circuito museografico, gli architetti italiani cui si è fatto menzione hanno affrontato anche la più ardua delle prove: quella del confronto diretto del proprio strumento formale con le singole opere d'arte, aprendosi a tematiche che possono alterare sostanzialmente le impostazioni collegate alle correnti ideologie del "riuso".

Infine, nel lavoro di Aulenti per il museo d'Orsay l'analisi museografica è il presupposto di una concezione per tipologie spaziali strettamente collegate alle opere da esporre. La prevalenza che questo metodo assegna ai materiali del museo tende fatalmente a spostare in secondo piano le tematiche legate alla "conversione" vera e propria dell'edificio. Del resto, questa attenzione per la molteplicità e la differenza delle singole unità tipologiche differisce anche da quella tradizione italiana che abbiamo evocato, i cui esempi mostrano un'attenzione incentrata piuttosto sul rapporto tra percorso, fluidità e trasparenza dello spazio architettonico, opere esposte.

Questo elenco tipologico di spazi museali conseguente ad una riflessione sui vari raggruppamenti di materiali artistici introduce connotazioni che interferiscono con la concezione degli spazi del progetto generale. Possiamo fare qualche esempio. Persi i connotati "urbani", spogliata degli elementi legati al concetto della "rianimazione" (giardino d'inverno, scalinata semicircolare) la via centrale diventerebbe una sequenza di *sale all'aperto*, interrotta da una sala trasversale e da un *transetto* e conclusa dalle *torri* (che contengono le scale con la esposizione in verticale). La corte dell'hotel diventerebbe un *chiostro* a più piani, il *padiglione* Amont (museo dell'architettura) verrebbe recuperato nella sua unità spaziale.

[1] Ora Museo D'Orsay.
[2] Nel dopoguerra fu bandito un concorso di architettura che prevedeva di installare sul luogo della Gare d'Orsay un grande albergo. La decisione di creare il Museo del XIX secolo fu presa il 20 ottobre 1977 da un consiglio interministeriale a seguito dell'iniziativa del presidente Valéry Giscard D'Estaing.
[3] P. Chemetov, "Familièrement inconnues", introduzione a *Architectures. Paris 1848-1914*, P. Chemetov e B. Marrey, Dunod, Parigi, 1980.
[4] Nato nel 1850 a Tours, dove realizzò nel 1898 la stazione e il municipio, allievo di André (che fu successore di Labrouste all'Ecole des Beaux Arts ed ebbe come allievo anche H.H. Richardson) fu Grand Prix de Rome nel 1878. V. Laloux è un tipico rappresentante, con la sua maniera enfatica e pesante, dello stile ufficiale della sua epoca.
[5] Nel 1939 la stazione viene abbandonata e anche l'albergo perse la sua funzione. Sfumato il proposito di demolirla per far posto ad un grande albergo la stazione ha ospitato da allora attività di associazioni, movimenti, partiti politici, che vi tennero riunioni, banchetti e manifestazioni varie. Fu nel grande salone dorato dell'albergo che il generale De Gaulle tenne, nel maggio del 1958, la prima conferenza stampa con cui annunciava la sua intenzione di occupare la più alta carica dello stato. Nel 1973 l'albergo venne abbandonato, ma la stazione ospitò, in una parte della grande hall, il teatro Jean Louis Barrault-Madeleine Renard.
[6] Jean Jenger, direttore dell'Etablissement Publique du Musée d'Orsay.
[7] E. Regazzoni, in *L'Europeo*, 1982.
[8] G. Vattimo, in AAVV, *Avanguardia e Transavanguardia*, Electa, Milano, 1982, p. 142.
[9] La fonte principale per la costituzione dell'Atlante parigino delle forme urbane pre-haussmann è il corpus delle tavole elaborate da Vasserot e Bellanger dal 1808 al 1855. Si tratta di piani catastali (il cui inizio risale all'Ancien Régime) che non si limitano a rappresentare le strade, gli edifici pubblici e le parcelle, ma anche i volumi costruiti e le piante al livello del piano terra di tutti gli edifici, compresi quelli privati. In particolare questo lavoro si basa sulla seconda serie delle tavole di Vasserot e Bellanger disegnata tra il 1810 e il 1836 che rappresenta, a scale variabili (tra 1:200 e 1:500 circa) la città per isolati.
[10] Documento del Museo d'Orsay "Orientamento Museografico Generale" del 17 marzo 1982. Inoltre: "Il fondo del museo sarà costituito dalle collezioni nazionali riguardanti questo periodo attualmente esposte al Louvre, al Museo Jeu de Paume (Museo dell'Impressionismo) e al Museo D'Arte e d'Essai del Palais de Tokyo ('Prefigurazione del museo d'Orsay'); vi si aggiungeranno altre collezioni appositamente acquisite per il nuovo museo... uno sforzo particolare sarà necessario per rappresentare convenientemente le arti decorative, l'architettura e la fotografia".
[11] Il museo comprende (riassunto):
1. *Piano terra* (dal 1848 al 1880 circa): introduzione storica; scultura monumentale alla metà del secolo; dal Romanticismo, all'Eclettismo al Simbolismo (Ingres, Delacroix, Chasseriau, Regnault, Puvis de Chavannes, G. Moreau, Degas ecc); il Realismo (Daumier, Corot, paesaggisti di Barbizon, Millet, Courbet ecc.); Manet e gli esordi dell'Impressionismo; Fotografia ed arti grafiche 1840-1880; Carpeaux. Gli scultori del Secondo Impero; L'Opera di Parigi.
2. *Pavillon Amont*: La Parigi di Haussmann; l'architettura, arte e industria; le esposizioni universali.
3. *Quarto piano: Galerie des Hauteurs:* (l'Impressionismo con Manet, Monet, Sisley, Pissarro, Renoir, Degas ecc., Cézanne, Van Gogh); *Pavillon Aval* (Café des Hauteurs: il post-impressionismo con Seurat, Toulouse-Lautrec, Redon ecc.); *Ala Bellechasse* (seguito del post impressionismo con Gauguin, l'Ecole de Pont-Aven, i Nabis prima del 1900, fotografia e arti grafiche 1880-1914).
4. *Dal quarto al primo piano:* la stampa, il manifesto, l'arte ufficiale sotto la Terza Repubblica.
5. *Primo piano:* tendenze naturaliste simboliste e accademiche; Rodin; l'Art Nouveau (W. Morris, Horta, Guimard, l'Ecole de Nancy ecc.); scultura all'inizio del XX secolo (Maillol, Bourdelle, Bernard); Klimt, nascita del fauvismo; nascita del cinema, ecc.
[12] Rapporto di ricerca presso il Comité de la Recherche et du Developpement en Architecture (CORDA): *Metamorphoses de l'object Architectural*, Jean-Paul Philippon, Francine Aginski, Pascal Amphoux, Claire Thierry, ACUA, CORDA, Parigi, 1979.
[13] ibidem.
[14] A seguito di un concorso vinto nel 1980: progetto elaborato con la collaborazione di Italo Rota e Piero Castiglioni.
[15] Gae Aulenti, "Teatro e territorio, il Laboratorio di Prato", in *Lotus international*, n. 17, 1977.

tion of modern architecture which has legitimated its entry into ancient buildings. In doing so, it has anticipated two important aspects of the contemporary debate. Firstly, the relativization of the modern, seeking to pass critically through the utopias of the avantgarde and reveal the ephemeralness of its strong figures. It is, in short, that subtle and flexible — or poetic — attitude which shies away from all-out commitment and instead exists as a state of "oscillation" as the distinctive character of contemporary thought. And secondly, the preservation of a fundamental rapport with one's craft, with concretely productive work reflected in concern with constructional detail, the use of materials, a special fusion of craftsmanship with industrial techniques.

These are all instruments that, in their most successful cases (think of the transformations introduced by Carlo Scarpa at Castelvecchio in Verona), have established an authentic rapport between the new space and the works of art on display, a delicate equilibrium between "alienation effect," the "marvellous chaos of the museum" and suggestions of a new familiarity. In this way, by fulfilling the relation between the pre-existing monument and the new architecture, enabling the old structure to be "permeated" by the museum circuit, the Italian architects mentioned above have also measured themselves against the most testing of tasks: that of the direct confrontation of one's formal instrument with individual works of art, leading into themes that can substantially alter approaches linked with current ideologies of "reuse."

Finally, analysis of the museum's form and functions is the premise underlying Aulenti's work and its concept of spatial typologies closely linked to the works to be exhibited. The prominence this method gives to the materials of the museum tends inevitably to push the implications of actual conversion of the building into the background. Moreover, this concern with the multiplicity and differences of the separate typological units, also differs from the Italian tradition we have mentioned and whose achievements reveal a concern rather with the relation between circuit, fluidity and transparency of the architectural space, and the works exhibited.

This typological listing of the museum's spaces, stemming from reflection on the various groups of artistic materials, introduces features that interfere with the concept of spaces in the general plan. We can cite some examples. Having lost the urban features and been stripped of those elements bound up with the concept of "reanima-tion" (winter garden, semicircular steps), the central mall would become a sequence of *unroofed rooms*, broken into by a transverse rooms and by a *transept* and terminating in the *towers* (containing staircases and a vertical display). The hotel courtyard will become a multi-storey cloister, the Amont *pavillion* (museum of architecture) will recover its spatial unity.

[1] Now the Orsay Museum.
[2] After the war, a competition was held for the erection of a big hotel on the Gare d'Orsay site. The decision to create the Museum of the 19th century was made on 20 October 1977 by an interministerial council on the initiative of president Valéry Giscard D'Estaing.
[3] P. Chemetov, "Familièrennes inconnues", introduction to *Architectures. Paris 1848-1914*, P. Chemetov and B. Marrey, Dunod, Paris 1980.
[4] Born in 1850 in Tours, where he designed the station and town hall in 1898. The pupil of André (Labrouste's successor at the Ecole des Beaux Arts; his students included H.H. Richardson). Awarded the Grand Prix de Rome in 1878. V. Laloux was typical of the official style of the age, with his heavy-handed and rhetorical manner.
[5] In 1939 the station fell into disuse as did the hotel. The proposal to knock it down and erect a "grand hotel" fell through, and since then the station has been used by various societies, political parties and other bodies for meetings, dinners and various other functions. It was in the great gilt hall of the hotel, in 1958, that De Gaulle announced his intention of taking over the leadership of the state. In 1973, the hotel was disused but part of the hall served to house the Jean Louis Barrault-Madeleine Renard theatre.
[6] Jean Jenger, director of the Etablissement Publique du Musée d'Orsay.
[7] E. Regazzoni, in l'Europeo, 1982.
[8] G. Vattimo in AAVV, *Avanguardia e Transavanguardia*, Electa, Milan, 1982, p. 142.
[9] The main source for the creation of the Parisian Atlas of pre-Haussmann urban forms is the corpus of plates produced by Vasserot and Bellanger from 1808 to 1855. These are cadastral plans (going back to the Ancien Régime) which go beyond the recording of roads, public buildings and fields: they also give the volumes of buildings and all their ground-floor plans, including private buildings. The atlas is based particularly on the second series of plates by Vasserot and Bellanger between 1810 and 1836, representing the city block by block on a range of scales varying between 1:200 and about 1:500.
[10] Document of Orsay museum, "General museographical orientations", 17 March 1982. It goes on to say: "The museum's endowment will be constituted by the national collections containing works of this period at present in the Louvre, the Jeu de Paume (post-Impressionist museum) and the Musée d'Art et d'Essai of the Palais de Tokyo ("Foreshadowings of the Orsay museum"); to these will be added other collections purchased specially for the new museum. A special effort will be needed to represent the decorative arts, architecture, and photography adequately."
[11] The museum comprises (in summary):
1. *Ground floor* (1848-1880 circa): historical introduction; monumental sculpture of the mid-century; from Romanticism to Eclecticism to Symbolism (Ingres, Delacroix, Chasseriau, Regnault, Puvis de Chavannes, G. Moreau, Degas etc.); Realism (Daumier, Corot, the Barbizon school of landscape, Millet, Courbet etc.); Manet and the beginnings of Impressionism; Photography and the graphic arts 1840-1880; Carpeaux. Sculptors of the Second Empire; The Paris Opéra.
2 *Pavillon Amont*: Haussmann's Paris; Architecture, art and industry; universal expositions.
3. *Fourth floor*: Galerie des Hauteurs — Impressionism with Manet, Monet, Sisley, Pissarro, Renoir, Degas etc., Cézanne, Van Gogh; *Pavillon Aval* — (Café des Hateurs: post-Impressionism with Seurat, Toulouse-Lautrec, Redon etc.); *Bellechasse wing* (post-Impressionism with Gauguin, l'Ecole de Pont-Aven, the Nabis before 1900).
4. *From the fourth to the first floor*; the print, the poster, official art under the Third Republic.
5. *First floor*: Naturalist, Symbolist and Academic trends; Rodin; Art Nouveau William Morris, Horta, Guimard, l'Ecole de Nancy etc.); Sculpture at the start of the 20th century (Maillol, Bourdelle, Bernard); Klimt, birth of Fauvisme; birth of the cinema, etc.
[12] Survey for the Comité de la Recherche et du developpement en Architecture (CORDA): *Metamorphoses de l'objet Architectural*, Jean-Paul Philippon, Francine Aginski, Pascal Amphoux, Claire Thierry, ACUA, CORDA, Paris, 1979.
[13] ibidem.
[14] After winning a competition in 1980: design drawn up with the assistance of Italo Rota and Piero Castiglioni.
[15] Gae Aulenti, "Teatro e territorio di Prato", in *Lotus international*, no. 17, 1977.

Modelli d'architettura
La nascita del museo di architettura in Francia all'epoca della Rivoluzione

Dominique Poulot

Nelle sue impressioni di viaggio riguardanti i Pirenei, Victor Hugo cita una battuta di Napoleone di fronte alla cattedrale di Auch: ''Vi sono cattedrali che si vorrebbe poter mettere nei musei''[1]. Benché tipica di un'epoca, questa frase riassume perfettamente il dilemma che caratterizza ogni museo di architettura.

Il museo immaginario degli architetti nel XVIII secolo

A vero dire, il termine di ''museo di architettura'' sembra, di primo acchito, paradossale, a meno di non intenderlo in senso figurato. Malraux si fa portavoce dell'opinione comune quando scrive, nella *Métamorphose des dieux*, che ''il museo immaginario aggiunge a ogni vero Museo ... la cattedrale, il sepolcro, la caverna che nessun altro potrebbe possedere''. L'era della riproducibilità tecnica ci ha fatto dimenticare i secoli di penuria e di difficoltà degli esami di opere architettoniche. Il viaggio — specialmente il viaggio in Italia — è, a quei tempi, una tappa obbligata nella formazione dell'apprendista architetto. Alla fine del XVIII secolo, la nascita dei programmi di attrezzature pubbliche esige da parte degli ingegneri un'analoga procedura di indagini comparative, di questionari, di viaggi, messa a punto poco alla volta. A tali esperienze, estetiche o tecniche, realizzate in situ si aggiunge o si sostituisce la lettura delle raccolte, piante o incisioni lasciate da altri viaggiatori, nonché lo studio dei calchi, di particolari, o addirittura di plastici. I Signori preferiscono a queste mediazioni il godimento diretto dei monumenti; i giardini inglesi alla fine del secolo dei Lumi sono altrettante collezioni pittoresche di architetture di ogni tempo e di ogni luogo. Le dotte ricerche dei professori, le grandi raccolte neoclassiche di esplorazioni architettoniche, i lavori dei professionisti, i padiglioni eretti nei parchi paesaggistici secondo un gusto già eclettico che subisce il fascino dell'esotico, del naturale e dell'originario, sembrano avere, almeno sociologicamente, l'unico scopo di isolare dai rispettivi siti ed epoche, frammenti e tipi architettonici.

Lo strumento di una pedagogia dell'architettura

Da che mondo è mondo, senza dubbio, i direttori dei lavori e poi gli esperti hanno isolato determinati edifici come modelli da ammirare, capire, imitare, trasmettere. Ma è soltanto nel XVIII secolo, parallelamente all'idea di una perfezione dell'arte da cercarsi nel passato, che l'insegnamento dell'architettura si fonda su di un ''museo'' ideale. Per illustrare i corsi di architettura, scienza del costruire e arte dell'ornamento, si ricorre all'ausilio di ''macchine'' e di plastici — talvolta grandi al vero[2] — e di calchi di ornamenti antichi. Ben presto, le scuole di architettura prevedono vere e proprie sale da museo destinate ad accogliere i particolari dei più begli edifici dell'antichità. Parallelamente, al di fuori dell'ambito propriamente scolastico, l'architettura diviene, nella cerchia mondana dei licei, degli atenei, delle accademie, una scienza alla moda. Si tende a vedere nell'architettura degli antichi il segreto della loro vita virtuosa e l'inscindibile cornice della città ideale. All'ordinamento (pedagogico) dei particolari architettonici si accompagna un raffronto (''filosofico'') degli edifici antichi e moderni che intende fornire una chiave della storia e dell'amministrazione umane[3]. La socializzazione rivoluzionaria, nei suoi vari aspetti — apertura al pubblico del parco Monceau, confisca di collezioni, ... —, riprende e sviluppa tutti questi temi, al servizio di un progetto pedagogico generalizzato in cui l'interesse per i *mezzi* finisce con l'escludere qualsiasi riflessione sui *fini*.

Fino alla Rivoluzione, il materiale d'insegnamento dell'architettura rimane appannaggio esclusivo delle accademie e delle scuole ad esse connesse. Simbolicamente

il nuovo potere, dopo la soppressione delle corporazioni, sostituisce all'ex accademia di architettura, i cui allievi non avevano accesso né alla collezione né alla biblioteca, il museo di architettura, parte integrante del Musée Central des Arts. Grazie a una lettera di Dufourny, ex allievo dell'accademia, professore di architettura e membro della direzione del Louvre, possiamo avere un'idea del museo di architettura ideale: ''una sessantina di modellini in rilievo dei monumenti antichi della Grecia, della Sicilia e dell'Italia, già appartenenti al Musée Central, e alcuni frammenti di calchi di pezzi antichi''; il tutto completato da: 1) tutti i calchi di ornamenti e particolari architettonici dell'antica Atene fatti eseguire da Choiseul-Gouffier; 2) i calchi dei grandi capitelli e altri monumenti dell'antica Roma conservati nella ex chiesa della Madeleine; 3) infine la collezione di ornamenti antichi e moderni raccolti in Italia dal cittadino Dufourny ..., per esempio i bei fregi di Villa Medici, i rilievi del piedestallo della Colonna Traiana ... L'amministrazione si propone inoltre di aggiungere in seguito quanto sarà necessario affinché il museo sia completo (i migliori ornamenti eseguiti a Parigi, in Francia, da Jean Goujon e altri abili artisti)''[4]. A tale museo, destinato in realtà all'educazione dei futuri specialisti, se ne aggiungono altri riservati invece a un pubblico più vario, e nei quali l'architettura funge soltanto da sfondo o da complemento degli oggetti esposti. Così, diversi progetti per il Musée Central des Arts accordano diritto di cittadinanza all'architettura, specialmente sotto forma di plastici.

Il museo dei plastici

Nelle sue *Idées sur la disposition, l'arrangement et la décoration du Museum*, l'esperto J.B.P. Lebrun propone, nell'anno III, un modello di museo di antichità la cui prima sezione è dedicata ai monumenti egizi.

L'efficacia dimostrativa attribuita al plastico — siamo nel secolo del sensualismo —, la sua apparente facilità di utilizzazione, nonché la moda stessa dell'oggetto — al Salon del 1817 si espongono ancora ''modellini in rilievo dei più celebri monumenti dell'Antichità''[5] — spiegano il ricorso generalizzato, e incoraggiato a livello ufficiale, a questo tipo di museologia. Nell'anno VII il ministro François de Neufchâteau raccomanda alla seconda Commissione per le Arti e le Scienze in Italia ''di fare dei modellini in sughero, e secondo una scala comune, dei principali monumenti antichi d'Italia. Questa collezione di modelli in scala uniforme, in cui sarà stato imitato perfino il colore degli oggetti, sarà particolarmente adatta a darne un'idea precisa e potrà fornire un ausilio efficace per gli studi degli artisti e degli antiquari.''[6] Le operazioni militari (presa di Milano da parte di Suvorov nell'aprile 1799) impedirono la realizzazione di tale programma, ma il teatro citato rimane nondimeno un documento indicativo di una prassi, di un sapere e dei suoi strumenti. L'esempio più rappresentativo di questo spirito è indubbiamente costituito dalla Galerie d'Architecture di Louis-François Cassas, aperta al pubblico nel 1806[7]. *L'Atheneum* del 1807 la descriveva nei termini seguenti: ''Vi sono esposti i più bei monumenti dell'Antichità, sotto forma di modellini eseguiti con la massima precisione. Il signor Cassas non ha trascurato nulla per dare un'idea completa ed esatta dei monumenti che adornano la sua galleria. Li ha fatti modellare tutti in talco finissimo o in argilla, riproducendone accuratamente i perfetti restauri, e alcuni in sughero, per meglio imitare le loro condizioni di deterioramento; ogni modellino, infine, è corredato da bellissimi acquerelli illustrami la natura del suolo e lo stato attuale del monumento in questione''. Come scrive J.G. Legrand,

Galleria d'architettura di L.F. Cassas

Architectural models
The birth of the museum of architecture in France during the Revolution

In his travel observations regarding the Pyrenees, Victor Hugo quoted a witty remark made by Napoleon in front of Auch Cathedral: "There are Cathedrals one would like to be able to put in museums."[1] Although being typical of an epoch this sentence perfectly summarizes the dilemma which characterizes every architectural museum.

The imaginary museum of the architects of the 18th century

To tell the truth, the term "architectural museum" at first sight seems to be paradoxical, unless one intends it in a figurative sense. Malraux becomes the spokesman of common opinion when in *Métamorphose des dieux* he writes that "the imaginary museum adds the Cathedral, the Sepulchre and the cave which no one else could possess ... to every real Museum." The age of technical reproducibility has made us forget the centuries of the scarcity and difficulty of examining architectonic works. The journey — and especially the trip to Italy — was then an obligatory stage in the formation of the apprentice architect. At the end of the XVIII century the creation of programmes of public works on the part of the engineers necessitated an analogous procedure of comparative investigation, questionnaires, trips and up-dated adjustment. These aesthetic or technical experiences, realised *in situ*, were added to or substituted by the reading of the collections, the plans and engravings left by other travellers, as well as the study of the casts of the details or even of the plastics. The Gentlemen preferred the direct enjoyment of the monuments to these mediations; the English Gardens at the of the Age of Enlightenment are also picturesque collections of the architectures of every age and every place. The erudite research of the Professors, the large neo-Classical collections of architectonic exploration, the works of the professional architects, the buildings erected in the landscape gardens according to an already eclectic taste which undergoes the fascination of the exotic, of the natural and of the original, all seem to be united — at least sociologically — in such a way as to isolate architectonic fragments and types from their respective sites and epochs.

The instrument of a pedagogy of architecture

Without doubt, from time immemorial the directors of works and then the experts have isolated certain buildings as the models to admire, understand, imitate and hand down. However, it is only in the XVIII century, parallel to the idea of a perfection of art to be looked for in the past, that the teaching of architecture is based upon an ideal "museum." In order to illustrate the courses of architecture, the science of building and the art of ornamentation recourse is made to the help of plastics — sometimes life-size[2] — and casts of ancient ornaments. Very soon the schools of architecture provided real museum rooms which were destined to house the details of the most beautiful buildings of Antiquity. Parallel to this, architecture, outside of the precisely scholastic ambit — in the mundane circle of the *Lycées*, the *Universités* and the *Académies* — became a fashionable science. In the architecture of the Ancients one tended to see the secret of their virtuous life and the inseparable frame of the ideal city. Accompanying the (pedagogical) ordering of the architectonic details there was a ("philosophical") comparison of ancient and modern buildings which was meant to supply a key of human history and administration.[3] The revolutionary socialization, under its various aspects — the opening to the public of the Monceau Park, the confiscation of collections, ... — took up and developed all of these themes and in the service of a generalized pedagogical project in which the interest for the *means* finished by excluding whatever reflection concerning the *ends*.

Up until the Revolution the material of architectural teaching remained the exclusive prerogative of the Academies and the schools connected to them. Symbolically, the new power, after the suppression of the corporations, substituted the ex-Academy of Architecture whose students had access to neither the collection nor the library, with the museum of architecture, which was an integral part of the Musée Central des Arts. Thanks to a letter by Dufourny who was an ex-student of the Academy, Professor of architecture and member of the Louvre, we are able to get an idea of the ideal museum of architecture: "Sixty relief models of the ancient monuments of Greece, Sicily and Italy, which already belonged to the Musée Central, and some fragments of casts of ancient pieces"; the whole is completed by: 1) all the casts of architectonic ornaments and details of ancient Athens which were made for Choiseul-Gouffier; 2) the casts of the large capitals and other monuments of ancient Rome preserved in the ex-Church of the Madeleine; 3) finally the collection of ancient and modern ornamentations collected in Italy by Citizen Dufourny..., the beautiful friezes for example of Villa Medici, the reliefs of the plinth of the Trajan Column... The Administration moreover proposes to later add what is necessary in order to make the museum complete (the best ornamentations carried out in Paris, in France, by Jean Goujon and other capable artists)."[4] To this museum which in reality was destined for the education of future specialists here are to be added others which were instead reserved for a larger public, in which the architecture only acts as a backdrop or as the complement of the objects exhibited. In this way various projects for the Musée Central des Arts grant the right of the citizen with regard to achitecture, especially under the form of plastics.

The museum of plastics

In Year III the expert J.P.B. Lebrun in his *Idées sur la disposition, l'arrangement et la décoration du Museum* proposed a model museum of Antiquity, the first part of which is dedicated to Egyptian monuments. The demonstrative efficaciousness attributed to the plastic — we are in the century of sensualism — its apparent facility of use, not to mention the fashion itself of the object — the Salon of 1817 still exhibited "small models in relief of the most celebrated monuments of Antiquity"[5] — explain the generalized recourse, and encouraged at an official level, to this type of museum science. In Year VII the Minister François de Neufchâteau recommended the Second Commission for Arts and Sciences in Italy "to make small models in cork, and going by a common scale, of the principal ancient monuments of Italy. This collection of models in uniform scale, in which even the colour of the objects will have been imitated, will be particularly suitable for giving a precise idea and will be able to provide an effective help for the studies of artists and antiquarians."[6] The military operations (the taking of Milan by Suvoroff in April 1799) impeded the realisation of this programme, although the text quoted nevertheless remains a document which is indicative of a praxis, of an awareness and its instruments. The most representative example of this spirit is undoubtedly supplied by the *Galerie d'Architecture* which belonged to Louis-François Cassas and which was opened to the public in 1806.[7] *L'Atheneum* of 1807 described it in the following terms: "Exhibited

l'architetto autore della guida pubblicata nel 1806 con il titolo di *Collection des chefs-d'oeuvre de l'architecture des différents peuples*, l'insieme "potrebbe divenire un museo di architettura completo, se vi si includesse l'interessante raccolta di calchi di ornamenti antichi, nonché di frammenti di pezzi originali, costituita in Italia con estrema cura e gusto sicuro da Léon Dufourny". La separazione, netta a livello del corso di studi, fra i due aspetti — tecnico e ornamentale — dell'arte architettonica trova in certo qual modo un corrispettivo nell'incompiutezza di ogni collezione.

La disposizione dei modellini si conforma alla vulgata storiografica. *L'Atheneum* ricorda che la successione degli imperi ritma i progressi dell'arte di costruire, nata nell'antico Egitto — "L'Egitto è considerato generalmente la culla dell'architettura" — e decaduta durante il medioevo: "Tre monumenti medievali concludono questa ricca e interessante collezione: la torre di Pisa, una fortezza situata nei pressi di Cesarea, e infine un monumento trionfale di cui esistono ancora le rovine vicino a Tortosa. Il ruolo di tali edifici nella collezione è analogo a quello delle ombre in un quadro. Essi completano infatti il corso di architettura, mostrando la decadenza dell'arte".

I musei di questo tipo sono retti dall'economia della sineddoche e della metonimia: il frammento simboleggia l'opera, il segno sta al posto della cosa. L'architettura è sempre rappresentata più che mostrata, il che è contrario al principio stesso della museologia. L'altra alternativa presuppone che sia stata risolta in qualche modo la coincidenza fra il monumento e il suo museo. O l'opera viene smontata e poi ricostruita all'interno del museo stesso, oppure è quest'ultimo a impiantarsi in loco; o ancora si ricorre a un calco dell'insieme, realizzando così l'ideale di ubiquità architettonica. La Francia degli inizi del XIX secolo presenta due tipi di musei opposti ma originati entrambi da una medesima reazione al "vandalismo": il Museo di Monumenti Francesi realizzato nel Convento Petits-Augustins, (descritto da S. Bann in un articolo pubblicato in questo numero n.d.r.) incentrato sull'architettura francese dal medioevo al classicismo e fondato su di un imponente e ineguagliato trasferimento di monumenti, e i progetti di musei di antichità situati fra le più belle rovine galloromane.

Il museo-monumento

A Parigi, il Palais des Thermes, celebrato come il più bel monumento antico della capitale, sembrava particolarmente adatto ad accogliere un museo di architettura. In pochi anni si passa dall'idea di conservare su di una pianta una traccia delle rovine, all'idea di conservare l'edificio stesso. Idea moderna, quella di scegliere come sede di un museo di architettura un monumento che è, esso stesso, un modello dell'arte di costruire; idea da professionista, un professionista, però, esperto nell'insegnamento, nella volgarizzazione cioè della sua disciplina. Non possiamo che sottolineare l'importanza di Legrand in tutti questi progetti di musei, un Legrand che è al tempo stesso architetto, pubblicista e conferenziere al Lycée républicain. Più in generale, la creazione di un museo all'interno di un monumento già esistente permette di conciliare il rispetto del contesto architettonico con la necessità pedagogica e con il carattere di grandiosità indispensabile a qualsiasi ambiente destinato a museo. È in questo senso che le *Lettres sur le préjudice de déplacer les monuments des arts de l'Italie*, pubblicate nel 1796 da Quatremère de Quincy, in nome del "vero museo di Roma" composto "sì di statue, colossi, templi, obelischi, ... ma anche "di luoghi, paesaggi, montagne, cave, strade antiche, tradizioni locali, usi ancora

esistenti, paralleli e accostamenti che si possono fare soltanto nel paese stesso", caldeggiano tuttavia la creazione di un museo francese di arte antica[8], dedicato esclusivamente ai reperti archeologici, cioè all'arte romana in Gallia, e che avrebbe dovuto essere sistemato nell'anfiteatro di Nîmes. L'architettura del museo diviene allora parte integrante del museo di architettura. Il Monumento-Museo sembra risolvere simbolicamente le contraddizioni insite nel museo di monumenti; il monumento viene conservato in loco, ma sottoposto a un progetto pedagogico che ne annulla il significato originario; l'aureola estetica o sentimentale di cui è cinto il contesto o il sito dell'opera raddoppia l'efficacia pedagogica dell'istituzione. Anche se rispetta il monumento in quanto tale, questo museo, agli occhi della critica contro-rivoluzionaria, presenta i caratteri dell'iconoclastia istituzionale. La severità di taluni giudizi, per esempio la condanna espressa dallo scultore Deseine nell'*Opinion sur les musées* — opera peraltro tanto moderna —, dimostra chiaramente quale novità assolutamente rivoluzionaria costituissero le istituzioni di questo tipo.

Problemi e figure del museo di architettura

Deseine intende dimostrare che i "monumenti di architettura non si possono trasferire; al contrario di quanto succede, invece, per una statua o un quadro: entrambi possono essere collocati ovunque, purché il locale sia adatto alle loro dimensioni e al loro soggetto". Il motivo di tale inamovibilità è che "tutti i monumenti delle arti traggono, per la maggior parte, il loro splendore dai luoghi che li hanno visti nascere e dai quali non li si possono togliere senza farli morire, o senza privarli del loro significato storico, morale e politico. Il monumento va ammirato sul luogo stesso in cui è stato innalzato; e lì che lo storico fedele verrà a interrogarlo sulle cause che ne hanno determinato la costruzione". Da tali premesse deriva la critica alla confusione dei generi e dei periodi architettonici, critica il cui oggetto, a vero dire, non è tanto l'operato di un determinato conservatore — nella fattispecie Lenoir — quanto piuttosto i principi stessi di qualunque museologia. "È forse per insegnarci le regole della bella architettura che si è provveduto a innalzare uno sopra all'altro tre ordini architettonici di carattere e proporzioni diversi?". Il libello passa quindi a dimostrare una duplice tesi: il museo non fornisce agli studiosi e agli artisti nulla di cui essi già non dispongano nelle sedi tradizionali del sapere; il progetto stesso di mettere in mostra opere architettoniche in un unico luogo è irrealizzabile. Deseine pone a confronto le fonti d'informazione e i metodi di lavoro degli specialisti con lo spettacolo offerto dal museo: "Chi potrà riconoscere, in quel portale, la forma, l'insieme e i mezzi di costruzione del castello di Anet? La facciata di un edificio è meno difficile da capire che non la pianta: è dalla pianta che si giudica il valore di un architetto. Non esiste in Francia, e neppure in Europa, un monumento, per antico che sia, di cui le pubbliche biblioteche non possiedano i disegni, grazie ai quali si possono riconoscere i monumenti stessi fin nei minimi particolari". Questi argomenti prettamente reazionari richiamano alla mente il carattere innovatore dell'istituzione, che oltre un secolo di consuetudine ci impedisce ormai di discernere, e pongono in questione il significato stesso dell'impresa.

Tutte queste contraddizioni, inerenti a qualunque progetto di un museo di architettura, per un lungo periodo sembrarono trovare una soluzione nella riproduzione mediante il calco, prassi che, poco studiata in quanto tale, può essere considerata una tappa essenziale nella progressiva museificazione dell'architettura[9]. L'ulteriore evoluzione, contrassegnata dalla perdita di fidu-

cia nei confronti dell'efficienza museologica e dalla passione per il pezzo autentico, condusse alla tutela dei monumenti storici. Oggi che la copia dall'antico è divenuta insopportabile, i musei di calchi tendono logicamente a sparire. La rivoluzione dei trasporti insieme alle possibilità pressoché infinite di riproduzione tecnica hanno fatto sì che al vecchio museo centralizzatore si sostituisse una fitta rete di monumenti, di cui si assicurano la conservazione e la custodia, e che il pubblico può visitare. È questa un'altra forma, più sofisticata, della museificazione dell'architettura? Può darsi, tanto più che il progetto di Quatremère o di Legrand ha fatto scuola: molti musei archeologici non sono altro che la raccolta, attorno o all'interno di un monumento pressoché intatto, di svariati frammenti architettonici. Una museificazione spezzettata subentra a poco a poco alle grandi istituzioni pedagogiche del XIX secolo.

[1] Hugo, "*Alpes et Pyrénées*", *En Voyage II*, 1843, p. 426.
[2] Cointereaux, ad esempio, propagandista dell'argilla battuta, costruì a Vincennes una casa completa per illustrare il proprio corso di architettura rurale. Cfr. "*La formation architecturale au dix-huitième siècle en France*", a cura di L. Pelpel, Corda, 1980.
[3] Boullée propone di esigere "soprattutto lo studio dell'architettura da parte degli uomini che aspirano alle alte cariche dello Stato". I "philosophes", dal canto loro, non sono da meno degli architetti: "Vi è un ambito del sapere completamente trascurato da coloro che sono a capo dell'amministrazione: l'architettura" (Diderot).
[4] Cfr. P. Lacombe: "*Une lettre de Dufourny...*", *Bulletin de la Société de l'Histoire de Paris*, 1888.
[5] *Explication des ouvrages... d'architecture... exposés au Salon*, Parigi, 1817. Nel 1798, il ministro degli Interni indisse un concorso per la progettazione di monumenti "degni di nota per un particolare stile architettonico" destinati ad abbellire gli Champs-Elysées, concorso che ebbe grande successo.
[6] Cfr. F. Boyer: "*Le monde des arts en Italie et la France de la Révolution*", Torino, 1970, p. 88.
[7] Per Cassas, si veda H. Boucher, *Gazette des Beaux-Arts*, 1926, II, pp. 27-53 e 209-230; B. Lossky, *Bulletin de la Société de l'Histoire de l'Art Français*, 1954, pp. 114-123; *G.B.A.*, ottobre 1981, pp. 21-22.
[8] *IIIe Lettre*, p. 28 dell'edizione del 1815.
[9] Per questo tema, si veda L. Courajod: "Le moulage", *Revue des Arts Décoratifs*, 1887-1888, t. VIII; G. Brière, in *B.S.H.A.F.*, 1911, pp. 16-25.

are the most beautiful monuments of Antiquity in the form of small models carried out with the greatest precision. Monsieur Cassas has neglected nothing in order to give a complete and exact idea of the monuments which adorn his gallery. He has had them all modelled in the best quality talc or else in clay, accurately reproducing the perfect restoration of them, and some in cork in such a way as to better imitate their condition of deterioration; each little model, moreover, is accompanied by beautiful water colours illustrating the nature of the ground and the present state of the monument in question.'' As the architect J.G. Legrand wrote in his public presentation of 1806, entitled *Collection des chefs-d'oeuvre de l'architecture des différents peuples*, it ''could become a complete museum of architecture if one included the interesting collection of casts of ancient ornaments, not to mention fragments of original pieces put together in Italy with extreme care and secure taste by Léon Dufourny.'' The clear separation on the level of course of study between the two aspects — technical and ornamental — of architectonic art in a certain way found an element of compensation in the incompleteness of each collection.

The disposition of the models conformed to the historiographical vulgate. *L'Atheneum* recalled that the succession of the Empires gives progression to the art of building, born in ancient Egypt — ''Egypt is generally considered as the cradle of architecture'' — and which declined during the Middle Ages: ''Three medieval monuments conclude this rich and interesting collection: the Tower of Pisa, a fortress situated near Caesarea and, lastly, the triumphal monument of which the ruins still exist near Tortosa. The rôle of these edifices in the collection is analogous to that of shade in a painting. In fact, they complete the course of architecture showing the decadence of art.''

But museums of this type are sustained by the economy of the synecdoche and the metonymy: the fragment symbolizes the work, the sign is in the place of the thing. Architecture is always represented more than it is shown which is contrary to the very principle of museum science. The other alternative presupposes that in some way the coincidence between the monument and its museum has been resolved. Either the work is dismantled and then reconstructed inside the museum or else it is the latter which is placed *in loco*; or else one makes use of a cast of the whole thereby realising the ideal of architectonic ubiquity. France at the beginning of the 19th century presented two types of museum which were opposed, although both originated by the same reaction to ''vandalism:'' the Musée des Monuments français of the Petits-Augustins, (described by S. Bann in an article published in this issue here. n.) which was centred around French architecture from the Middle Ages up until Classicism and based on an impressive and unequalled tranfer of monuments; and the projects of museums of antiquity situated amidst the most beautiful Gallic-Roman ruins.

The museum-monument

The Palais des Thermes in Paris — celebrated as the most beautiful ancient monument of the capital — seemed particularly suitable for the housing of an architectural museum.

In only a few years one passed from the idea of preserving a trace of the ruins on a plan to the idea of preserving the edifice itself. The idea of choosing a monument which was itself a model of the art of building as the seat of a museum of architecture was a modern idea: a professional idea; of someone professionally involved, however, and who was an expert in teaching, in the popularization, that is, of his own discipline. We must underline Legrand's importance in all these museum projects. He was simultaneously an architect, journalist and lecturer at the *Lycée républicain*. More generally speaking, the creation of a museum within an already existing monument permitted the reconciliation of the respect for the architectonic context with the pedagogical necessity and with the character of grandiosity, indispensable for any environment destined to become a museum. It is in this sense that the *Lettres sur le préjudice de déplacer les monuments des arts de l'Italie*, published in 1796 by Quatremère de Quincy in the name of the ''real museum of Rome'' made up of ''statues, colossi, temples, obelisks,...'' but also ''of places, landscapes, mountains, quarries, ancient roads, local traditions, still existing customs, parallels and comparisons which can only be made in the country itself'' favours, nevertheless, the creation of a French museum of ancient art[8] dedicated exclusively to archeological remains — that is, to Roman in Gaul — which should have been arranged in the amphitheatre at Nîmes. The architecture of the museum thus became an integrating part of the architectural museum. The Monument-Museum seemed to symbolically resolve the contradictions inherent in the museum of monuments: the monument is preserved *in loco* but undergoes a pedagogical project which annuls its original meaning; the aesthetic or sentimental aureole with which the context or the site of the work is surrounded doubles the pedagogical efficacy of the institution. Even if, with respect to the monument as such, this museum showed the characteristics of the institutional iconoclasty in the eyes of counter-revolutionary criticism. The severity of some judgements — for example, the condemnation expressed by the sculptor Deseine in *Opinion sur les musées*, which is moreover so modern a work — clearly shows to what extent institutions of this type were an absolutely revolutionary novelty.

Problems and forms of the museum of architecture

Deseine wished to demonstrate that ''monuments of architecture cannot be transferred; this is not so, instead, for a statue or a painting: both can be collocated anywhere, provided that the room is suitable to their size and their subject matter.'' The reason for this immovability was that ''all monuments of the arts for the most part obtain their splendour from the places which witnessed their creation and from which it is not possible to remove them without causing them to die, or without depriving them of their historic, moral and political meaning. The monument is to be admired in the same place in which it was erected; it is there that the faithful historian will go in order to interrogate it concerning the causes which determined its construction.'' There derived from these premises that criticism regarding the confusion of *genres* and architectonic periods the object of which — in reality — was not so much the work of any one curator — Lenoir in this particular instance — as rather the principles themselves of any kind of museum science. ''Is it, perhaps, in order to teach us the rules of fine architecture that the raising of three architectonic orders of different character and proportions, the one above the other, has been decided?'' The pamphlet then passes on to demonstrate a two-fold thesis: the museum supplies scholars and artists with nothing which they do not already dispose of in traditional seats of learning; the project itself of exhibiting architectonic works in a single place is unrealizable. Deseine confronts the sources of information and the work methods of the specialists with the spectacle of the museum: ''Who in that portal can recognise the form, the entirety and the means of construction of Anet Castle? The facade of a building is less difficult to understand than the plan: it is from the latter that one judges the value of an architect. There does not exist a monument — no matter how old — in either France or Europe of which the public libraries do not possess the designs, thanks to which it is possible to recognise the monuments themselves down to the smallest detail.'' These merely reactionary arguments bring to mind that innovatory character of the institution, which more than a century of habit by this time prevents us from discerning, and also question the very meaning of the undertaking.

All of these contradictions, which were inherent in any project of a museum of architecture, for a long period seemed to find a solution in the reproduction by way of the cast which was a practice which, although very little studied in its own right, can be considered an essential stage in the progressive integration of architecture in the idea of museum science.[9] The further evolution, which was marked by the lack of confidence with regard to museum efficiency and by the passion for authentic pieces, led to the protection of historic monuments. Given that today the copy from the ancient piece has become unbearable, the museums of casts logically tend to disappear. The transport revolution — and especially the diffusion of the motor car — together with the more or less infinite possibilities of technical reproduction have given rise to the substitution of the old, centralizing museum by a dense network of monuments the preservation and guardianship of which are assured, and which the public may visit. Is this another form — more sophisticated — of the integration of architecture in the museum? Perhaps. And to the extent that the project by Quatremère or that by Legrand have provided a lesson: many archeological museums are nothing other than the collection — around or within an all but intact monument — of various architectonic fragments. A division in the integration of the idea of museum science little by little replaced the large pedagogical institutions of the 19th century.

[1] Victor Hugo, *Alpes et Pyrénées, En Voyage II*, 1843, p. 426.

[2] Cointereaux, for example, who propagandized the use of clay, built a complete house at Vincennes in order to illustrate his course of rural architecture. Cfr. *La formation architecturale au dix-huitième siècle en France*, directed by L. Pelpel, Corda, 1980.

[3] Boullée proposed demanding ''above all the study of architecture on the part of those men who aspired after high State office.'' The ''philosophes,'' on their part, are up with the architects: ''There is a field of knowledge which is completely neglected by those who are at the head of administration: architecture.'' (Diderot).

[4] Cfr. P. Lacombe: ''Une lettre de Dufourny...,'' *Bulletin de la Société de l'Histoire de Paris*, 1888.

[5] *Explication des ouvrages... d'architecture... exposés au Salon*, Paris, 1817. In 1798 the Minister of the Interior announced a competition for the planning of monuments, to be ''worthy of notice due to a particular architectonic style'' destined to the embellishing of the Champs Elysées, which had a great success.

[6] Cfr. F. Boyer: *Le monde des arts en Italie et la France de la Révolution*, Turin, 1970, p. 88.

[7] For Cassas see: H. Boucher, *Gazette des Beaux-Arts*, 1926, II, pp. 27-53 and 209-230; B. Lossky, *Bulletin de la Société de l'Histoire de l'Art Français*, 1954, pp. 114-123; G.B.A., October, 1981, pp. 21-22.

[8] *IIIe Lettre*, p. 28 of the 1815 edition.

[9] For this theme see: L. Courajod, ''Le moulage,'' *Revue des Arts Décoratifs*, 1887-1888, Tome VIII; G. Brière, in: *B.S.H.A.F.*, 1911, pp. 16-25.

Testo storico e oggetto storico
La poetica del Museo di Cluny

Stephen Bann

Questo aneddoto è raccontato dallo storico d'arte inglese Lord Clark. Al tempo in cui soggiornava nella villa fiorentina di Berenson, I Tatti, ogni sera, prima di andare a letto spostava una statuetta di bronzo rinascimentale di alcuni pollici dalla sua posizione originale. Alla mattina, scendendo a colazione, notava che essa era stata rimessa a posto con grande precisione, proprio nello stesso punto esatto in cui era prima. Questo episodio illustra, ben di più che una semplice mania per l'ordine domestico. Per Berenson, senza dubbio — se non per Lord Clark — il bronzo non era semplicemente un oggetto che si potesse spostare qua e là senza recar danno al suo intrinseco significato estetico. Era un termine in un sistema, il cui esatto rapporto con gli altri termini doveva essere costantemente mantenuto, man mano che, per fasi impercettibili, casa Berenson si trasformava nel Museo Berenson. Pure, quando, alla morte di Berenson, quel processo fu completato, ci si chiede quanto di quest'ordine originale si sia in realtà conservato per i posteri. Dato che la posizione originaria di ogni oggetto entro una precisa serie di continuità era invero il risultato delle sue intenzioni, possiamo chiederci se queste intuizioni fossero comunicabili ai nuovi amministratori della sua raccolta, sotto forma di un sistema preciso. Se così non è, accantonata la possibilità di un rapporto intuitivo oltre tomba, dobbiamo necessariamente considerare l'inevitabilità del collasso del museo in una forma di anomia. Attingendo alla terminologia della linguistica, potremmo dire che, essendo il piano sistematico impedito dall'assenza di Berenson, il piano sintagmatico (l'organizzazione di oggetti nello spazio reale) perderebbe inevitabilmente la sua coerenza. Se il museo continuasse a comunicare, sarebbe al tempo stesso afflitto da afasia cronica. Connessioni e rapporti che costituivano un tempo la dimostrazione visibile di una visione totale dell'arte e del mondo sarebbero ridotti a pure contiguità e sovrapposizioni.

Ho voluto iniziare quest'articolo con un esempio contemporaneo — nel complesso ipotetico — per sottolineare la fragilità del tipo di comunicazione che descriverò. Nessuno che abbia familiarità coi rudimenti della semiologia negherà, però, che gli oggetti possano essere portatori di significati, cioè che essi possano venire assiemati in una struttura para-linguistica in modo da stabilire un significato. Né si potrà seriamente confutare che gli oggetti raccolti da un collezionista, che vengano o meno perpetuati in un museo, rientrino in linea di massima in questa definizione. Ma si potrebbe ragionevolmente obiettare che l'entropia che influenza un siffatto insieme col passar del tempo sia di tale livello da non potersi, in pratica, mai recuperare l'integrità del sistema o codice originario. Si potrà forse contestare che un siffatto recupero sia auspicabile, in quanto gli oggetti stessi dovrebbero esere emancipati, mediante l'incorporazione in nuovi significati, dalla paranoia di un sistema onnicomprensivo. Ma ciò che può valere per la prosperità dei musei non esclude la fertilità di un'altra linea di argomentazioni, orientate alla comprensione del rapporto fra musei e collezionisti e la dottrina dei loro tempi. Con l'uso del sottotitolo "Poetica del museo", ammetto che sia possibile, in determinate circostanze, ricostruire le procedure e i principi formativi che determinano la tipologia di un particolare museo e, insieme, porli in relazione coi presupposti epistemologici del periodo. Certo, non vi è legge la quale affermi che, in tale o talaltro periodo, un museo o una raccolta dimostrino un livello di organizzazione sistematica che giustifichi l'uso del termine poetica. Si può pensare che la lunga preistoria del British Museum, dalla donazione Sloane del 1753 fino all'inaugurazione delle attuali strutture espositive

nel 1851, sia straordinariamente incoerente sotto quest'aspetto, non foss'altro per il carattere di ripiego dell'esposizione a Montagu House. Come ben comprese il Conte di Elgin dopo aver trascinato per Londra i suoi scomodi marmi, non occorre che una collezione di oggetti raggiunga l'omeostasi entro un pre-esistente schema concettuale o spaziale. Ma le fasi di formazione del Musée de Cluny offrono, a mio avviso, un brillante contraltare. Nella sequenza di avvenimenti che portarono alla sua accettazione ufficiale da parte dello Stato francese nel 1843, abbiamo un modello esemplare di formazione di un museo e, ciò che più conta, una prova preziosa per lo sviluppo del discorso e del senso storico in epoca romantica.

È in questa prospettiva globale di spostamenti del discorso storico entro il periodo che questo studio dovrebbe situarsi. Nelle mie conclusioni ritornerò ad alcune considerazioni più generali che derivano dal considerare il museo come un esempio specifico della trsformazione degli atteggiamenti romantici nei confronti del passato. Il mio punto di partenza sarà tuttavia quello di rimettere in discussione, in base alla testimonianza contemporanea, il convenzionale assunto per cui il discorso storico sarebbe essenzialmente, per non dire esclusivamente, confinato a testi storici nel più stretto senso del termine. In *Les Arts au Moyen âge*, la cui pubblicazione ebbe inizio nel 1838, Alexandre Du Sommerard — il fondatore del Musée de Cluny — contestò quest'assunto qual era riflesso nel troppo spesso citato passaggio su Sir Walter Scott, riportato da Augustin Thierry in *Lettres sur l'histoire de France*. Du Sommerard suggerisce un canale alternativo attraverso il quale può essere stimolato tale "ardore" per il periodo medioevale: "Loin de là, l'ardeur pour le moyen âge s'est étendue chez nous du prestige historique aux objets matériels qui contribuèrent tant à l'inspiration du grand peintre écossais zélé collecteur en ce genre. Les mêmes moyens, une collection méthodique des brillantes dépouilles de nos aieux, ajouteraient un vif intérêt à la lecture de nos chroniques."[1].

Du Sommerard implica, quindi una sorta di priorità dell'oggetto storico sul testo storico. Una raccolta di tali oggetti non sarà semplicemente passiva rispetto alla visione del medioevo rivelata da Scott o dai cronisti. Con una serie di percezioni antecedenti consentirà invece di ravvivare la lettura dei testi originali. A questo proposito è giusto ricordare come lo stesso Scott dedicasse grande attenzione alle vestigia del passato, vide in quest'ottica assai evidente nel resoconto di Washington Hirving della sua visita ad Abbotsford e di tale fattura per cui i meccanismi psicologici e retorici risultano essere del più alto interesse[2]. Du Sommerard si rendeva ben conto che era una sorta di fedeltà a Scott l'andare oltre il testo scritto dimostrando come fosse possibile risvegliare il senso del passato mediante la percezione non mediata di oggetti — purché, naturalmente, gli oggetti fossero organizzati in una "raccolta metodica".

A questo punto è necessario dare alcuni cenni biografici sul nostro protagonista. Fu, la sua, essenzialmente la vita di un collezionista, poiché, come scrisse il figlio Edmond alla morte del padre, è a questa collezione che egli sacrificò tutto, "fortuna, salute e la stessa vita"[3]. Alexandro Du Sommerard nacque nel 1779. La famiglia apparteneva a quell'ampia classe di *noblesse de robe* di provincia che svolgeva funzioni giudiziarie e finanziarie sotto la Corona. Egli non emigrò, ma servì come volontario in sei campagne delle armate rivoluzionarie, culminate nella campagna italiana del Bonaparte nel 1800. La fondazione dell'Impero gli permise di ottenere un posto permanente nella Cour des Comptes, compiendo così proprio quel tipo di carriera alla quale egli avrebbe aspi-

1. Il Museo dei Petits-Augustins di A. Lenoir, veduta della sala d'introduzione (dipinto di Vanzelle.
2. Veduta della sala d'introduzione con la tomba di "Blanche de Castille" (dipinto di Vanzelle).

1. The Petits-Augustins Museum by A. Lenoir, view of the entrance hall (painting by Vanzelle, 1812).
2. View of the entrance hall with the tomb of "Blanche de Castille" (painting by Vanzelle).

Historical text and historical object
Poetics of the Musée de Cluny

The story is told by the British art historian Lord Clark that, in the days when he used to stay at Berenson's Florentine villa, I Tatti, he would try the experiment of moving a small Renaissance bronze a few inches from its original position each evening on retiring to bed. Each morning, as he came down to breakfast, he was able to note that it had been restored with great precision to its former location. This story illustrates, of course, more than a mere mania for domestic order. To Berenson, no doubt — if not to Lord Clark — the bronze was not simply an object which could be moved here and there without detriment to its intrinsic aesthetic significance. It was a term in a system, whose exact relationship to other terms had to be maintained as, by imperceptible stages, Berenson's home became the Berenson Museum. Yet when, with Berenson's death, that process had become complete, we may well wonder how much of this original order was in fact preserved for posterity. Given that the original placing of each object within a defined series of contiguities was indeed the result of his intentions, we might ask if these intentions were likely to be communicated to the new stewards of his collection in the form of a precise system. If not, discounting the possibility of an intuitive rapport beyond the grave, we would be bound to envisage the inevitability of the museum collapsing into a form of anomie. Borrowing the terminology of linguistics, we would say that the systematic plane being barred by Berenson's absence, the syntagmatic plane (the ordering of objects in real space) would inevitably lose its coherence. If the museum continued to communicate, it would at the same time be afflicted with a chronic aphasia. Connections and relationships which were once the visible demonstration of a total view of art and the world would have been reduced to mere contiguities and juxtapositions.

I choose to begin this article with a contemporary example — in the main hypothetical — in order to stress the fragility of the type of communication which I shall be describing. No one acquainted with the rudiments of semiology would deny, I imagine, that objects can signify — that they can be assembled in a para-linguistic structure in such a way as to establish meaning. Nor would it be seriously open to challenge that the objects assembled by a collector, whether perpetuated in a museum or not, belong in principle within this definition. But it might reasonably be argued that the entropy which affects any such assembly with the passing of time is of so high a degree that we can never in practice recover the integrity of the original system or code. Perhaps it might be contended that such a recovery is not even desirable, since the objects themselves should be emancipated, through being incorporated into new meanings, from the paranoia of an all-embracing system. But what may well be the case for the well-being of museums does not exclude the fertility of another line of argument which is directed toward understanding the relation of museums and collectors to the knowledge of their age. In using the subtitle "Poetics of the Museum," I am assuming both that it is possible, in certain circumstances, to reconstruct the formative procedures and principles which determined the type of a particular museum, and to set them in relation to the epistemological presumptions of the period. Certainly there is no law which states that, in this or any other period, a museum or a collection will demonstrate the degree of systematic ordering which justifies the use of the term poetics. One imagines that the lengthy prehistory of the British Museum, from the Sloane legacy of 1753 to the opening of the present premises in 1851,

would be exceedingly incoherent in this respect, if only because of the makeshift character of the display in Montagu House. As the Earl of Elgin discovered while humping his inconvenient marbles around London, there is no necessity for a collection of objects to reach homeostasis within an existing conceptual, or spatial, scheme. But the stages of the formation of the Musée de Cluny offer, in my opinion, a brilliant counter-example. In the sequence of events which led up to its official acceptance by the French state in 1843, we have an exemplary pattern of the formation of a museum and, what is more, invaluable evidence for the development of historical discourse and the historical sense in the Romantic epoch.

It is within the overall perspective of the shifts in historical discourse within the period that this study should be placed. In my conclusions I shall return to some more general considerations that arise from looking at the museum as a specific example of the transformation in Romantic attitudes to the past. My starting point must be, however, to question from the basis of contemporary testimony the conventional assumption that historical discourse is essentially, or indeed exclusively, confined to historical texts in the narrower sense of the term. In *Les Arts au moyen âge*, whose publication began in 1838, Alexandre du Sommerard — the founder of the Musée de Cluny — challenged this assumption as it was reflected in Augustin Thierry's much quoted passage on Sir Walter Scott, in the *Lettres sur l'histoire de France*. Du Sommerard suggests an alternative channel through which such "ardor" for the medieval period can be stimulated: "Loin de là, l'ardeur pour le moyen âge s'est étendue chez nous du prestige historique aux objets matériels qui contribuèrent tant à l'inspiration du grand peintre écossais zélé collecteur en ce genre. Les mêmes moyens, une collection méthodique des brillants dépouilles de nos aieux, ajouteraient un vif intérét à la lecture de nos chroniques."[1]

Du Sommerard thus implies a kind of priority of the historical object over the historical text. A collection of such objects will not be simply parasitic upon the vision of the Middle Ages revealed by Scott or the chroniclers. It will allow a host of antecedent perceptions to enliven the reading of the original texts. And he is surely right to mention Scott's own concern with the material vestiges of the past in this connection — a concern amply evident in Washington Irving's account of his visit to Abbotsford, and one whose psychological and rhetorical mechanisms are of the highest interest.[2] Du Sommerard well appreciated that it was a kind of fidelity to Scott to go beyond the written text and show how the sense of the past could be aroused by the unmediated perception of objects — always provided, of course, that the objects were arranged in a "methodical collection."

A brief biographical sketch of our protagonist is necessary at this stage. It portrays, essentially, the life of a collector, for, as his son Edmond wrote after his death, it was to his collection that he sacrificed everything, "fortune, health and [his very] existence."[3] Alexandre du Sommerard was born in 1779, a member of the extensive class of provincial *noblesse de robe* which performed judiciary and financial functions under the crown. He did not emigrate, but in fact served as a volunteer in six campaigns of the revolutionary armies, culminating in Bonaparte's Italian campaign of 1800. The establishment of the Empire allowed him to take up a permanent post in the Cour des Comptes — very much the type of career which he could have looked forward to had there been no revolution. But even at this early point, much of his energy was devoted to the

3

4

3, 4. Vedute della Sala del XIII secolo (dipinti di Vanzelle).

3, 4. Views of the 18th century Room (paintings by Vanzelle).

rato se non vi fosse stata una rivoluzione. Ma anche allora gran parte delle sue energie erano rivolte al mecenatismo delle arti, che egli incoraggiava sia col collezionismo, sia tenendo un salotto frequentato da artisti. Con l'avvento della Restaurazione, divenne membro della ricostituita Société des Amis des Arts e fu in quegli anni — secondo le notizie riportate nel suo necrologio — che iniziò la raccolta di oggetti medioevali e rinascimentali, in contrapposizione alla vigente arte francese classica.

"Una raccolta metodica": si possono in realtà tracciare in retrospettiva alcune delle fasi attraverso le quali venne progressivamente introdotto un certo metodo nella follia collezionistica di Du Sommerard. Nei primi anni della Restaurazione, sembra che il materiale storico da lui raccolto servisse essenzialmente agli artisti di sua conoscenza che erano autorizzati a esaminarlo e a disegnarlo. Attorno al 1825, però, questo ruolo ancillare — che ben armonizzava con la dottrina classicistica dell'imitazione e con la tradizionale pratica degli studi d'arte — venne abbandonato. Du Sommerard stesso è il soggetto di un dipinto completato in quell'anno da Renoux: egli è raffigurato seduto accanto ad un interlocutore nel suo Cabinet d'Antiquités, circondato dai pezzi della sua collezione.

Il titolo non potrebbe non ricordare l'influenza di Scott — *L'Antiquaire* — l'antiquario. Fu l'anno successivo che Du Sommerard si spogliò di gran parte della sua collezione, che consisteva di disegni, soprattutto di scuola francese moderna. Il catalogo d'asta descrive l'anonimo collezionista come un "amateur passionné et insatiable"[4], e racconta come per qualche tempo gli fosse stato difficile conciliare il possesso di queste opere con altre parti della sua collezione, soprattutto con la proliferante sezione di "antiquités nationales". Il catalogo dell'asta afferma trattarsi soprattutto di un problema di mancanza di spazio, ma si può sospettare che si trattasse anche di un'esigenza di ordinamento sistematico. Il ritratto *L'Antiquaire* mostra infatti un insieme caotico di oggetti, con armature ed armi da fuoco che coprono il tappeto. Du Sommerard risolse il problema dello spazio e dell'ordine, quando, nel 1832, divenne proprietario della dimora tardo-gotica degli Abati di Cluny, attigua al Palais des Thermes all'incrocio fra Boulevard St. Germain et Boulevard St.Michel. Il giornalista Jules Janin, così motiva il trasloco: "Quant il eut bien agrandi sa collection, M. Du Sommerard pensa qu'il était temps de la mettre en ordre, et, comme complément à sa passion dominante, il imagina de la transporter tout simplement dans le plus vieux palais que possède la France, ruine imposante encore... Comme il n'était pas assez riche pour acheter le palais des Thermes tout entier, ou seulement pour occuper l'hôtel de Cluny, il avait imaginé d'en louer, sa vie durant, la partie la plus pittoresque et la mieux conservée"[5].

Janin sembra suggerire che Du Sommerard avrebbe preferito vivere nell'Hôtel de Cluny, organizzando al tempo stesso la sua collezione nelle vaste sale del Palais des Thermes. Ma le sue risorse non gli consentivano un lusso simile e ciò fu probabilmente un bene. Nel 1834, Emile Deschamps descrive le carrozze che affollavano il piccolo cortile dell'Hôtel de Cluny una volta che fu aperto al pubblico e non lascia dubbi che lo stesso Du Sommerard, come nel ritratto dell'Antiquario, facesse parte integrante dell'esperienza di chi esaminava la raccolta. "Ameublements, tentures, vitraux, vaisselle, armures, utensiles et joyaux, tout a été miraculeusement retrouvé et conservé: vous marchez au milieu d'une civilization disparue; vous êtes comme eveloppés de bons vieux temps chevaleresques, et la cordiale hospitalité du maître complète l'illusion."[6]

Ovviamente, in quest'iniziale catena sintagmatica — mobili, arazzi, vetri colorati, terracotte, armature, utensili, gioielli — c'è qualcosa di più della minaccia del caos, della sovrapposizione senza senso. Ma la retorica della guida s'impone trionfalmente. L'ordine del sistema è elaborato attraverso l'alibi dei "bons vieux temps chevaleresques", e il proprietario stesso è lì a rafforzare il potere dell'illusione.

Prima di passare a una più dettagliata analisi che indaghi le obliquità della descrizione contemporanea, vorrei sottolineare un punto cruciale che forse fino ad ora non è stato evidenziato. La raccolta di Du Sommerard, quale venne esposta nell'Hôtel de Cluny dall'inizio degli anni 1830, era non solo uno spettacolo impressionante, ma anche un'esperienza nuova. O, meglio, la sua capacità di colpire i contemporanei di Du Sommerard era funzione diretta della sua novità. Poiché tale carattere di innovazione può essere valutato solo mediante un confronto diretto col sistema preesistente, vorrei presentare e analizzare tale sistema, il cui rapporto con quello di Du Sommerard è lungi dall'esser contingente. Ma voglio anche dimostrare che il rapporto tra questi due tipi di discorso storico presuppone uno schema analogo a quello definito da Michel Foucault in *Les mots et les choses*. Esso presuppone l'esistenza di un epistema, o totalità epistemologica, all'interno della quale i vari discorsi di un'età trovano la loro espressione: e anche che un sistema di discorso apparentemente unificato, ad esempio il discorso storico, è, in realtà, spezzato dalla *coupure* o frattura che concretizza lo spostamento da un epistema a un altro. Ciò che mi interessa di dimostrare sul lungo, appassionato e completo progresso di Du Sommerard verso "una raccolta metodica delle spoglie brillanti dei nostri avi" sta in ciò che esso rivela in modo esemplare: la frattura epistemologica del discorso storico che caratterizza il periodo romantico. Lo spazio storico nel quale Deschamps e il pubblico parigino degli anni '30 sono avviluppati non è lo spazio storico del XVIII secolo, l'età classica di Foucault.

Abbiamo un esempio che chiarisce questa differenza. Quando, nel 1843, il Musée de Cluny entrò sotto la tutela dello Stato francese, esso comprendeva non solo la raccolta di Du Sommerard, ma anche l'ampia collezione di antichità francesi che era stata raccolta durante la Rivoluzione da Alexandre Lenoir e installata nell'exconvento dei Petits-Augustins sulla Rive Gauche[7]. Inutile sottolineare che una tale collezione era stata messa insieme in circostanze affatto diverse e in rapporto a principi che non avevano niente in comune con quelli di Du Sommerard. In realtà, Lenoir, più che collezionare, salvava ciò che poteva esser salvato dalla dilapidazione e dalla incombente distruzione dei monumenti nazionali francesi che accompagnarono la confisca delle proprietà della chiesa ad opera del governo rivoluzionario. Le opere che egli riuscì a portare in salvo comprendevano tesori di considerevole importanza, come la fontana scolpita da Jean Goujon proveniente dal Château d'Anet di Diane de Poitiers. Erano sostanzialmente frammenti e spesso frammenti mutilati, che testimoniavano eloquentemente la rimessa in discussione della storia e delle istituzioni francesi durante l'epoca rivoluzionaria. Ma Lenoir non si limitò a porle in salvo. Presentò al pubblico gli oggetti recuperati entro una cornice cronologica globale che, per quanto ne so, era senza precedenti. Il diario di Lord John Campbell, che visitò la Francia durante il breve periodo della Pace di Amiens, ci dà una descrizione breve ma lucida: "Ci recammo a visitare il ci-devant convento degli Augustins nel quale sono depositate le tombe e i monumenti sfuggiti alla furia dei rivoluzionari (sono disposti in chiostri e appartamenti diversi) contenenti ciascuno esemplari di arte statuaria e di scultura di un secolo, a iniziare dai primi periodi dell'arte, e che ricevono luce da finestre di vetro colorato press'a poco della stessa epoca. Tra di essi vi sono... alcuni esemplari molto belli e curiosi."[8]

La testimonianza di Lord John dà un'idea un po' semplicistica dell'organizzazione del museo. C'era una notevole "Salle d'Introduction", con dipinti a soffitto originali dell'inizio del XVIII secolo, nella quale era esposto un completo ventaglio storico di pezzi scolpiti, dall'antichità al XVII secolo. Ciò nonostante, è sicuramente significativo che egli abbia indicato come effetto del massimo impatto, l'ordine cronologico per secoli nell'allestimento degli oggetti di Lenoir, in cinque sale separate del museo. Comunque, in questa sezione, la storia di Francia era illustrata in forma chiara, paradigmatica, dal XIII secolo fino all'epoca Luigi XIV. Nel 1816, Lenoir fu costretto a chiudere il museo, in parte anche per l'irriducibile ostilità manifestata nei suoi confronti da Quatremère de Quincy, che era stato nominato Intendant général des arts et monuments publics dal nuovo governo borbonico. Ma, fino a tale data, il pubblico francese e straniero ebbe la possibilità di esser testimone, nei Petits-Augustins, di una forma di rappresentazione storica che sicuramente non aveva uguali.

Naturalmente, il modello adottato da Lenoir aveva anche i suoi limiti. L'unità di un "secolo" è una nozione schematica e si è tentati di concludere che un tale concetto legasse tra loro gli oggetti in un modo ben blando. In realtà, il termine di Lord John "esemplari" sembra più appropriato. Nello scenario di ciascun "secolo" il frammento "esemplare" rappresenterebbe metonimicamente il tutto dal quale esso era stato staccato, l'abbazia o il castello della localizzazione originaria. In rapporto agli altri esemplari, esso non poteva avere collegamenti associativi se non quelli impliciti nella loro contiguità o sovrapposizione. A differenza del caso sovraccitato del Musée de Cluny non vi era effetto di illusione, né concezione globale di un ambiente storicamente autentico alla luce del quale i frammenti potessero integrarsi. Ma dobbiamo guardarci dal sottolineare questo contrasto, come se Lenoir presentasse una versione rudimentale e imperfetta del più tardo successo di Du Sommerard. In realtà, come suggerisce il primo riferimento a Foucault, il problema non è quello di situare i due collezionisti in punti diversi di un unico schema evolutivo, ma di stabilire come i loro tipi diversi di discorso rientrino in totalità epistemologiche diverse. I musei stessi non sono forse sufficienti a stabilire questo punto. Ma possiamo aggiungere l'affascinante testimonianza su Lenoir di una notevole lettera scritta di suo pugno al Conservateur des monuments publics in una prima fase della Restaurazione. È una lettera che venne pubblicata nel 1880 col commento indignato dell'editore, un tale M. Guiffrey che ci dà chiaro intendimento di voler svelare lo scandalo epistemologico.

Secondo Guiffrey, Lenoir avrebbe deciso, in una fase iniziale della vita del suo museo, di completare la sua raccolta di opere di grandi artisti francesi con busti degli stessi e dei grandi personaggi storici dei quali non era riuscito ad ottenere immagini originali. Emerge un punto interessante. Evidentemente Lenoir non si faceva scrupolo di mescolare il frammento autentico col busto contemporaneo, arcaicizzante. Ma vi è un particolare ancor più sorprendente. Perché potessero completare i nuovi busti, furono dati ad alcuni scultori contemporanei della cerchia di Lenoir dei "débris de marbre" presi dalla collezione storica. Come osserva Guiffrey: "Combien de fragments précieux ont dû périr, grâce à cette transaction étrange à laquelle, d'ailleurs, personne ne trouvait alors à redire, et dont Lenoir fait lui-même l'aveu avec une franchise qui prouve la tranquillité de sa conscience".[9]

Come Guiffrey fa capire, l'"ammissione" di Lenoir dimostra come egli non avesse una concezione elevata dell'autenticità storica, per la quale i "débris de marbres" sarebbero stati *automaticamente* più preziosi di qualsiasi opera uno scultore contemporaneo avesse potuto ricavare da essi. Analogamente, le stesse esclamazioni d'orrore di Guiffrey alla barbarie dell'età classica mostrano come egli stesso avesse tale concezione. Ma ecco il vero *lapsus* rivelatore di Lenoir. Nella stessa lettera, con franchezza casuale e sbalorditiva, Lenoir dice di aver fornito allo scultore De Seine lo stesso cranio di Héloise, come fosse uno dei tanti *débris* inutili, in modo che egli si potesse rifare ad esso nello scolpire un busto per il museo della sfortunata signora. Lenoir parla con assoluta freddezza dell'Héloise di De Seine, "qu'il a modelé d'après les os de la tête de cette femme intéressante que je lui ai fournis"[10]. Conclude, con tranquillo orgoglio: "Ce buste mérite des éloges".

Si è certo giustificati nel vedere come una manifestazione analoga all'*afasia* di Jacobson il discorso che mette il busto di M. Du Seine di Héloise in un posto d'ono-

patronage of the arts, which he encouraged both by forming a collection and by holding a salon which was frequented by artists. With the coming of the Restoration, he became an active member of the reconstituted Société des Amis des Arts, and it was in these years (according to his obituary notices) that his collection of medieval and Renaissance objects, as opposed to classical and contemporary French art, began to be formed.

"A methodical collection" — one can in fact trace in retrospect some of the stages through which method was progressively introduced into Du Sommerard's collector's madness. In the early years of the Restoration, the historical materials seem to have been utilized primarily as a convenience for the artists of his acquaintance, who were allowed to examine them and draw them. Around 1825, however, this ancillary role — which harmonized well with the classicist doctrine of imitation and with conventional studio practice — had been superseded. Du Sommerard himself was the subject of a painting completed in this year by the artist Renoux: he is shown seated beside an interlocutor in his cabinet d'Antiquités, surrounded by items from his collection, and epitomized by a title that could not fail to recall the influence of Scott *L'Antiquaire*. Significantly, it was in the succeeding year that Du Sommerard divested himself of the large part of his collection which consisted of drawings, mainly from the modern French school. The published auction catalogue describes the anonymous collector as being an "amateur passionné et insatiable,"[4] and recounts how for some time he has had difficulty in reconciling the possession of these works with the other aspects of his collection, notably the proliferating section of "antiquités nationales." The problem is characterized by the auction catalogue as one of lack of space, but we may suspect that it was also a question of the need for systematic order. The portrait of *L'Antiquaire* shows a chaotic assemblage of objects, with armor and firearms invading the carpet. Du Sommerard finally solved the problem of space and order when, in 1832, he managed to become tenant of the late-Gothic townhouse of the Abbots of Chuny, adjacent to the Palais des Thermes at the crossing of the Boulevards St-Germain and St-Michel. The journalist Jules Janin explains the move in the following terms: "Quand il eut bien agrandi sa collection, M. Du Sommerard pensa qu'il était temps de la mettre en ordre, et, comme complément à sa passion dominante, il imagina de la transporter tout simplement dans le plus vieux palais que possède la France, ruine imposante encore... Comme il n'était pas assez riche pour acheter le palais des Thermes tout entier, ou seulement pour occuper l'hôtel de Cluny, il avait imaginé d'en louer, sa vie durant, la partie la plus pittoresque et la mieux conservée."[5]

Janin seems to imply that Du Sommerard would ideally have wished to live in the Hôtel de Cluny, while arranging his collection in the vast halls of the Palais des Thermes. But his resources did not allow him this luxury, and this was probably a good thing. Emile Deschamps, writing in 1834, describes the carriages which thronged the small courtyard of the Hôtel de Cluny once it was opened to the public, and he leaves us in little doubt that Du Sommerard himself, as in the portrait of the Antiquary, was a necessary part of the experience of viewing the collection: "Ameublements, tentures, vitraux, vaisselle, armures, utensiles et joyaux, tout a été miraculeusement retrouvé et conservé; vous marchez au milieu d'une civilisation disparue; vous êtes comme enveloppés de bons vieux temps chevaleresques, et la cordiale hospitalité du maître complète l'illusion."[6]

Obviously, in that initial syntagmatic chain — furnishings, hangings, stained glass, crockery, armor, utensils, jewelry — there is more than a threat of chaos, of senseless juxtaposition. But the rhetoric of the guidebook triumphantly asserts itself over this threat. The orderliness of the system is celebrated through the alibi of the "bons vieux temps chevaleresques," and the master himself is there to reinforce the power of illusion.

In anticipation of the more detailed analysis which penetrates the obliquities of contemporary description I would emphasize a crucial point which may not have been apparent up to now. Du Sommerard's collection, as displayed in the Hôtel de Cluny from the early 1830s, was not only a striking spectacle, but a new experience. Or rather, its capacity to impress Du Sommerard's contemporaries was a direct function of its novelty. Since this novelty can only be assessed by direct comparison with a pre-existent system. I intend to introduce and analyze such a system — one which has a far from contingent relationship to Du Sommerard's own. But I should also explain that the relation which I shall suggest between these two types of historical discourse presumes a scheme similar to that defined by Michel Foucault in *Les Mots et les choses*. It presumes that there is such a thing as an episteme, or epistemological totality, within which the various discourses of an age find their expression: also that an apparently unified system of discourse, for example historical discourse, is in effect fractured by the *coupure* or break which concretizes the shift from one episteme to another. What I am concerned to demonstrate about Du Sommerard's long, passionate, and exhausting progress toward "une collection methodique des brillantes dépouilles de nos aieux" is that it reveals in an exemplary way the epistemological break in historical discourse which characterizes the Romantic period. The historical space in which Deschamps and the Parisian public of the 1830s are enveloped is not the historical space of the eighteenth century, Foucault's classic age.

Fortunately an example which clarifies this difference lies near to hand. When the Musée de Cluny was finally accepted as a responsibility of the French state in 1843, it comprised not only the collection of Du Sommerard, but also the extensive collection of French antiquities which had been assembled during the revolution by Alexandre Lenoir and installed in the former Convent of the Petits-Augustins on the Left Bank.[7] It hardly needs to be pointed out that such a collection had been gathered under quite different circumstances and in relation to quite different principles from those of Du Sommerard. In fact, Lenoir was not so much collecting as salvaging what could be salvaged from the dilapidation and threatened destruction of French national monuments which accompanied the confiscation of church property by the revolutionary government. The monumental objects which he succeeded in transporting to safety included treasures of considerable importance, such as the fountain by Jean Goujon from Diane de Poitiers' Château of Anet. But they were essentially fragments, often mutilated fragments, which testified eloquently to the putting in question of French history and institutions during the revolutionary epoch. But Lenoir did not simply salvage. He placed the retrieved objects on exhibition to the public within on overall chronological framework that, to my knowledge, was without precedent. The journal of Lord John Campbell, a visitor to France during the short-lived Peace of Amiens, provides a brief but lucid description: "we went to see the *ci-devant* Convent of the Augustins in which are deposited all the tombs and monuments which escaped the fury of the revolutionists, (they are arranged in different cloisters and apartments) each containing the specimens of statuary and sculpture during one century beginning with the earliest periods of the art, and receiving light through windows of coloured glass as nearly of the same antiquity as possible. Some very beautiful and curious specimens... are among them."[8]

Lord John's testimony gives a slightly over-simplified impression of the organisation of the museum. There was an impressive 'Salle d'Introduction,' with original early 18th century ceiling paintings, in which a full historical range of sculptural objects was displayed, from antiquity to the 17th century. Nonetheless, it is surely significant that he has singled out as the most striking effect Lenoir's distribution of objects according to centuries, which extended over five separate rooms of the museum. Within this section, at any rate, the history of France was illustrated in clear, paradigmatic form from the 13th century until the age of Louis XIV. Lenoir was eventually forced to close the museum in 1816, partly as a result of the inveterate hostility of Quatremère de Quincy, who had been appointed "Intendant general des arts et monuments publics" by the new Bourbon government. But up to this date, the French and foreign public had the opportunity of witnessing in the Petits-Augustins a form of historical representation which was surely unavailable in any other context.

They could experience the notion of the "century" made concrete by the successive installation of appropriate monumental fragments.

Of course the model which Lenoir had adopted also had its limitations. The unity of the "century" is a schematic notion, and one may very well be tempted to conclude that the objects were only weakly bound together by such a concept. Indeed, Lord John's term "specimen" seems exactly appropriate. Within each "century" set, the "specimen" fragment would represent metonymically the greater whole from which it had been detached, the Abbey or Château of its original location. In relation to the other "specimens," it could have no associative link except what was involved in the simple fact of contiguity or juxtaposition. Unlike the previously cited case of the Musée de Cluny, there would be no effect of illusion, no overall concept of an historically authentic milieu, in the light of which the fragments might achieve integration. Yet we should beware of pointing out this contrast as if Lenoir were presenting a rudimentary and imperfect version of Du Sommerard's later success. In fact, as the earlier reference to Foucault implies, the question is not one of placing the two collectors at different points in a single evolutionary scheme, but of establishing how their differing types of discourse belong within different epistemological totalities. The evidence of the museums themselves is perhaps not enough to establish this point. But there is fascinating additional testimony about Lenoir, which comes from a remarkable letter which he wrote to the Conservateur des monuments publics at an early stage in the Restoration. It is a published letter which is framed by the righteous indignation of its editor, a M. Guiffrey writing in 1880, who gives us every sign of uncovering an epistemological scandal.

According to Guiffrey, Lenoir determined at an early stage in the life of his museum to supplement his collection of works by great French artists by busts of those artists, as well as of a number of great historical personages for whom he had been unable to obtain contemporary effigies. An interesting point emerges. Lenoir evidently had no scruples about mixing the authentic fragment with the contemporary, archaizing bust. But there is an even more surprising detail to come. In order that they might complete the new busts, certain contemporary sculptors of Lenoir's acquaintance were given "des débris de marbre" from the historical collection. As Guiffrey remarks: "Combien de fragments précieux ont dû périr, grâce à cette transaction étrange à laquelle d'ailleurs personne ne trouvait alors à redire, et dont Lenoir fait lui-même l'aveu avec une franchise qui prouve la tranquillité de sa conscience."[9]

As Guiffrey implies, Lenoir's "avowal" testifies to the fact the had no overriding concept of historical authenticity, in accordance with which the "débris de marbre" would *automatically* be more worthwhile than whatever a contemporary sculptor might make of them. Equally, Guiffrey's own horrified reactions to the barbarism of the classic age show that he himself held to such a concept. But we have not reached the end of Lenoir's revealing *lapsus*. In the same letter, with casual and appalling frankness, Lenoir mentions that he supplied the sculptor De Seine with the very skull of Heloise, as so much useless debris, so that he could refer to it in preparing a bust of the unfortunate lady for the museum. Lenoir speaks with complete coolness about De Seine's Heloise, "qu'il a modelé d'après les os de la

5. Veduta della Sala del sec. XIII.
6. Tomba di Carlo V e Giovanna di Borbone nella sala del sec. XIV.
7. Sala del XIV secolo con cinque degli Apostoli della Sainte Chapelle.

5. View of the 18th century Room.
6. Tomb of Charles V and Jeanne de Bourbon in the 14th century room.
7. 14th century Room with five of the Apostles of St. Chapelle.

re, ma esclude — liquida anzi come insignificante se non per lo scopo della *mimesis* — i resti mortali di "quell'interessante signora". Sono, è ovvio, del tutto irrilevanti i nostri dubbi sull'autenticità di tali resti. Evidentemente Lenoir era convinto della loro autenticità, ma il fatto importante è che un tale giudizio di autenticità fosse di così poco conto nel suo schema di sistemazione degli oggetti del passato. Parimenti non dobbiamo commettere l'errore di un giudizio retrospettivo col supporre che l'organizzazione in secoli del museo di Lenoir denoti *necessariamente* la concezione di un ambiente storicamente integrato, di un *sistema* coerente. Questo non è certo il caso. Anzi, l'ordine stabilito da Lenoir viene a sembrare un esempio insolitamente puro di metonimia, la strategia retorica riduttiva per la quale la parte sta per il tutto in modo puramente meccanicistico, senza implicare riferimento alcuno a una totalità organica. Il busto contemporaneo di Héloïse come gli altri busti commissionati da Lenoir, entra in quest'ordine metonimico come un oggetto-parte attiguo ad altri oggetti-parti: in questo spazio storico, i resti mortali non hanno, molto semplicemente, uno status conoscitivo.

Chi abbia familiarità non solo con Foucault ma anche con l'illuminante articolo di Hayden White sul metodo foucaultiano, riconoscerà che il mio assunto si basa sul meccanismo di White di caratterizzare i postulati di Foucault in termini tropologici.[11] White suggerisce che, nello spostamento da quello che potrebbe venir definito un episteme classico a quello romantico, è implicito uno spostamento dall'uso predominante del tropo della metonimia a quello della sineddoche. mentre il rapporto parte-tutto nella metonimia è riduttivo e meccanicistico, quello della sineddoche è integrativo e organico. I due elementi sono "agganciati l'uno all'altro" come aspetti di un tutto maggiore della somma delle parti isolate (come nell'espressione: "Egli è tutto cuore.").[12] Tale è la strategia del Musée de Cluny di Du Sommerard, nel quale l'oggetto del passato diventa la base di una formazione integrativa di totalità storiche. Di fatto, quando lo storico Prospère de Barante parlava alla Camera dei Pari a favore dell'acquisto della raccolta da parte dello Stato francese, dava formulazione esplicita al principio che ogni oggetto ha in sé una carica sineddotica: ciascun oggetto dà accesso all'ambiente e ai caratteri storici coi quali era stato un tempo identificato, grazie a un processo che si basa, in ultima analisi, sul mito della resurrezione del passato: "L'épée d'un grand guerrier, les insignes d'un souverain célèbre, les joyaux d'une reine grande ou malheureuse, les livres où un écrivain traça quelques notes, sont autant de reliques qu'on aime à voir, et qui font une autre impression que la lettre morte du volume où nous lisons leur histoire."[13]

Dall'"esemplare" alla "reliquia": la scelta stessa del termine ci mette sull'avviso circa il cambiamento radicale nel modo di concepire il rapporto fra oggetto storico e passato. Naturalmente, non è cambiato solo il rapporto, ma anche il tipo stesso di oggetto. Mentre Lenoir raccoglieva frammenti monumentali, Du Sommerard raccoglieva ed esponeva — in un'epoca in cui ciò non veniva fatto in alcun altro luogo — l'intera gamma di oggetti preziosi e d'uso comune che erano sopravvissuti dalla fine del Medioevo e dal Rinascimento. Ed era per lui cruciale anche la distribuzione degli oggetti nelle sale separate. Ma il suo principio discriminatorio non era la divisione meccanicistica per secoli, come nel Musée des Petits Augustins: era invece una classificazione secondo la pre-esistente distribuzione delle sale dell'Hôtel de Cluny e secondo le associazioni in esse già presenti: "Dans la chapelle de l'Hôtel furent rangés avec ordre tous les objets qui avaient eu jadis une destination religieuse, tels les reliquaires, chasses, livres d'église, etc. Les coupes, les fayences, les poteries trouvèrent leur place dans la salle à manger, les objets d'ameublement tels que lits, sièges, tapis, candelabres, etc. du XVIe siècle servirent à orner de vastes chambres, qui, de l'époque même de ses meubles, prit le nom de François Ier. Enfin le salon et deux galeries formèrent une sorte de terrain neutre, ou furent accumulés des objets d'art de toutes les époques."[14]

È quasi con sollievo che notiamo l'esistenza di quel "terreno neutro", che mi ricorda il riferimento di Foucault all'enciclopedia cinese, con la sua inclusione di un'aberrante tassonomia. È chiaro che la distribuzione degli oggetti di Du Sommerard sfuggiva alla paranoia del sistema onni-inclusivo di Lenoir. E qui si potrebbe sostenere un argomento collaterale circa le chiare connessioni tra collezionismo e feticismo, quali sono tracciate, nel contesto storico, nello scritto di Proust su Ruskin[15], nonché nel contesto psicanalitico. La mania collezionistica di Du Sommerard era, secondo la testimonianza del figlio, assai prossima ad essere patologica. Comunque, almeno in termini proustiani, Du Sommerard avrebbe trasceso l'impulso apertamente feticistico della sua prima fase di collezionista, attraverso l'integrazione del frammento staccato in un ambiente globale. Se confrontiamo il ritratto dell'*Antiquario* con un'incisione contemporanea della cosiddetta "Chambre de François Ier", possiamo osservare la trasformazione avvenuta.[16] Nel primo gli oggetti sono in disordine. Gli accostamenti sono spesso assurdi, come il nudo in miniatura sul tavolo accanto a oggetti di uso comune, e l'armatura sul pavimento. Non v'è dubbio che l'antiquario debba intervenire in questo caos, scegliendo l'oggetto e narrandone la storia, come avviene visibilmente nel dipinto. D'altro lato, nella *Chambre de François Ier*, gli oggetti sono collocati al posto giusto. Non solo essi risalgono tutti allo stesso periodo, ma sono anche disposti secondo un'economia razionale e comprensibile: il tavolo centrale, benché assai carico, è coperto di oggetti pertinenti, come libri e dadi per gioco. L'armatura è stata coscienziosamente rimessa insieme e sembra addirittura che due armature complete stiano giocando a scacchi nella svasatura di una finestra. In questo nuovo contesto non occorre avere una guida: anzi, il ritratto storico, che rappresenta presumibilmente lo stesso Francesco I, sembra porre la stanza sotto la muta sorveglianza della figura che viene creata, sineddoticamente, dal riferimento unito di tutti gli oggetti qui accostati.

A questo punto val la pena di rappresentare, in un semplice diagramma, le differenze tra le sale "per secoli" di Lenoir e la Chambre de François Ier di Du Sommerard e anche tra una qualsiasi delle sue stanze "tematiche". Se noi assumiamo nei due casi gli oggetti come elementi di una catena sintagmatica, dobbiamo allora tener conto dei due vincoli "sistematici" che determinano il modo in cui questi sintagmi funzionano in quanto discorso: anzitutto il concetto organizzatore della stanza "secolo" o "religiosa", in secondo luogo il più ampio sistema al quale si collegano gli oggetti-parte, in quanto rappresentativi di una totalità esterna alle pareti del museo. Dati questi assunti, è chiaro che il museo di Lenoir è caratterizzato dalla misura della *disgiunzione* che interviene ad ogni fase della catena. Gli oggetti sono collegati semplicemente dalla nozione schematica di "secolo", che può accettare il busto moderno che *si riferisce* puramente al passato. Il legame fra la tomba, e la fontana e il suo contesto originale è quello riduttivo della parte al tutto, senza richiedere in alcun modo un legame immaginativo tra la serie di abbazie, castelli ed altri monumenti. Per contrasto, il museo di Du Sommerard usa le nozioni integrative di "vita di culto", "vita di cucina" e "Chambre de François Ier", per alludere a un sistema che è del tutto omogeneo. Al di là dell'operazione della sineddoche, che ci conduce dall'oggetto-parte all'utilizzatore storico — sia esso famoso o no — traspare il sistema mitico di Storia come "vissuto". È quest'assunto della realtà empirica della Storia che è prodotta dalla retorica e insieme l'annienta. La "Storia" si fa reale attraverso la finzione della trasparenza del discorso storico.

Le due collezioni di cui abbiamo trattato rappresentano quindi uno spostamento discernibile in termini di discorso storico. Nella loro opposizione formale, esse ci costringono ad ammettere l'esistenza di una "frattura epistemologica" del tipo formulato da Foucault e precisato con maggior esattezza da Hayden White come la sostituzione di un tropo dominante con un altro. È ben

tête de cette femme intéressante que je lui ai fournis."[10] He concludes, with quiet pride: "Ce buste mérite des éloges."

There is surely justification for seeing as an analogous manifestation to Jakobson's *aphasia* the discourse which admits M. De Seine's bust of Heloise to a place of honor, but excludes — indeed dismisses as insignificant except for the purpose of *mimesis* — the mortal remains of "that interesting lady." Our own doubts as to the authenticity of the remains are of course entirely irrelevant. Lenoir evidently believed the remains to be authentic, but the important fact is that such a judgement of authenticity weighed for so little in his scheme of mobilizing the objects of the past. Similarly, we must not make the mistake of hindsight in supposing that Lenoir's organization of the museum by centuries *necessarily* betokens the idea of an integrated historical milieu, a coherent *system*. That is surely not the case. Indeed the order which Lenoir established comes to seem a quite unusually pure example of metonymy, the reductive rhetorical strategy whereby the part does duty for the whole in a purely mechanistic way, without implying reference to any organic totality. The contemporary bust of Heloise, like the other busts commissioned by Lenoir, enters this metonymic order as a part-object contiguous to other part-objects: in this historical space, the mortal remains have, quite simply, no cognitive status.

Those who are acquainted not only with Foucault, but also with the illuminating article on Foucault's method by Hayden White, will recognize that my argument rests upon White's device of characterizing Foucault's postulates in tropological terms.[11] White suggests that, in the shift from what might be called the classic to the romantic episteme, there is implied a shift from the predominant use of the trope of metonymy to that of synecdoche. Where the part-whole relation in metonymy is reductive and mechanistic, that in synecdoche is integrative and organic. The two elements are "grasped together" as aspects of a whole that is greater than the sum of the parts in isolation (as in the expression: "He is all heart.").[12] Such is the strategy of Du Sommerard's Musée de Cluny, in which the object from the past becomes the basis for an integrative forming of historical totalities. Indeed, when the historian Prospère de Barante spoke in the Chambre des Pairs in favor of the purchase of the collection by the French state, he gave explicit formulation to the principle that each object held a synecdochic charge: each object gave access to the milieu and the living historical characters with whom it had once been identified, through a process that was ultimately grounded in the myth of the resurrection of the past: "L'épée d'un grand guerrier, les insignes d'un souverain célèbre, les joyaux d'une reine grande ou malheureuse, les livres où un écrivain traça quelques notes, sont autant de reliques qu'on aime à voir, et qui font une autre impression que la lettre morte du volume où nous lisons leur histoire."[13]

From "specimen" to "relic" — the very choice of terms alerts us to the radical change in the way of conceiving the relationship of the historical object to the past. And, of course, it is not only the relationship, but the type of the objects themselves which has changed. Where Lenoir assembled monumental fragments, Du Sommerard collected together and displayed — at a stage when this was being done nowhere else — the entire range of precious and utilitarian objects which had survived from the late Middle Ages and the Renaissance. He also made a crucial point of the distribution of the objects in their separate rooms. But his principle of discrimination was not the mechanistic division of centuries, as in the Musée des Petits-Augustins: it was a classification according to the existing distribution of rooms in the Hôtel de Cluny, and the associations which they already held: "Dans la chapelle de l'hôtel furent rangés avec ordre tous les objets qui avaient eu jadis une destination religieuse, tels les reliquaires, chasses, livres d'église, etc. Les coupes,

les fayences, les poteries trouvèrent leur place dans la salle à manger, les objets d'ameublement tels que lits, sièges, tapis, candelabres, etc. du XVIe siècle servirent à orner une vaste chambre, qui, de l'époque même de ses meubles, prit le nom de François Ier. Enfin le salon et deux galeries formèrent une sorte de terrain neutre, ou furent accumulés des objets d'art de toutes les époques."[14]

It is rather refreshing to note the existence of that "neutral terrain," which reminds me of Foucault's reference to the Chinese encyclopedia with its provision for aberrant taxonomy. Clearly Du Sommerard's distribution of objects avoided the paranoia of Lenoir's all-inclusive system. Indeed one might well pursue a side-argument here about the well-attested links between collecting and the phenomenon of fetishism, as discussed in the historical context in Proust's writing on Ruskin,[15] as well as in the psychoanalytic context. Du Sommerard's mania for collecting was, as his son's tribute testifies, not far short of pathological. Yet, in Proust's terms at any rate, Du Sommerard would be held to have transcended the overtly fetishistic impulse of his early life as a collector, through integrating the detached fragment within an overall milieu. If we compare the portrait of the *Antiquary* with a contemporary engraving of the so-called "Chambre de François Ier," we can observe the transformation which has taken place.[16] With the *Antiquary,* the objects are obviously in disorder. Conjuctions are often absurd, like the miniature nude sharing a table-top with household utensils and the armor cluttering up the floor. Doubtless the Antiquary himself must intervene in this chaos, by singling out an object and telling its story — as is visibly happening in the picture. In the "Chambre de François Ier," on the other hand, objects have been distributed into their respective places. Not only do they all come from one period, but they are disposed according to a reasonable and intelligible economy: the central table, though well covered, is covered with objects that belong on tables like books and gaming dice. The armor has been carefully reassembled, and it even appears that two suits of armor are playing draughts in the window embrasure. It is not necessary to have a learned guide in this new context: indeed the historical portrait, which is presumably one of François Ier himself, seems to put the room under the honorary, mute guardianship of the figure who is created, synecdochically, by the united reference of all the objects assembled there.

At this point it is worth tabulating, in a simple diagram, the differences between the "century" rooms of Lenoir and Du Sommerard's "Chambre de François Ier" or indeed any other of his "thematic" rooms. If we take the objects in both cases as elements in a syntagmatic chain, then we must reckon with two "systematic" constraints which determine the ways in which these syntagms function as discourse: first of all, the organizing concept of the "century" or "religious" room, and secondly the wider system to which the part-objects relate, insofar as they represent a totality outside the walls of the museum. Given these assumptions, it is surely clear that Lenoir's museum is characterized by the measure of *disjunction*, which intervenes at every stage in the chain. Objects are related simply by the schematic "century" notion, which can admit the modern bust that merely *refers* to the past. The link between the tomb, or fountain, and its original context is the reductive one of part to whole, without in any way necessitating an imaginative link between the series of abbeys, châteaux, and other monuments that lie beyond. By contrast, Du Sommerard's museum uses the integrative notions of "religious life," "kitchen life," and the "Chambre de François Ier" to gesture toward a system that is entirely homogeneous. Beyond the operation of the synecdoche, which leads us from the part-object to the living historical user — whether named or not — there lurks the mythic system of History as 'le vécu." It is this assumption of the experiential reality of History which is both produced by the rhetoric and an-

8. Progetto per la cappella sepolcrale di Abelardo e Eloisa.
9. Sala delle Terme romane del Museo di Cluny nel 1932.

8. Design for the sepulchral chapel of Abelard and Héloïse.
9. Hall of the Roman Baths, Cluny Museum, 1932.

noto che lo stesso Foucault non tenta di teorizzare l'effettivo processo di "frattura epistemologica" e che White è interessato soprattutto a rispondere a quanti obiettano che la discontinuità epistemica di Foucault è asistematica, piuttosto che a introdurre nuovi concetti che risolverebbero questo problema. Io, per parte mia, accetterei in larga misura la limitazione metodologica di Foucault al progetto di una "archeologia" e quel distacco del discorso dal "le vécu" che ne è la necessaria conseguenza.[17] Dopotutto, lo scopo di uno studio qual è il presente è esattamente quello di dimostrare che l'equazione di un certo sistema con il vissuto è un effetto del discorso, piuttosto che esserne una naturale corrispondenza, inaccessibile al metodo critico. Non di meno, credo che si possa proficuamente portare il nostro protagonista, Alexandre Du Sommerard, un po' più oltre lungo il cammino della ricerca. Questo, non per una preoccupazione di completezza biografica — mi accontenterei di lasciarlo in quel limbo di enigma psicologico che ci viene trasmesso dai documenti dell'epoca — ma per il mio interesse nei confronti della diversità e dell'interdipendenza dei tipi di discorso storico nel periodo romantico. Du Sommerard è un filo che unifica almeno in parte questa diversità sincronica.

In termini molto generali, lo studio della nuova "mentalità storica" del periodo romantico potrebbe convergere su tre concetti collegati che contribuiscono a spiegare la novità di questo fenomeno. Anzitutto, vi è l'aspirazione dello storico, o dello scrittore di storia di ritornare al "codice", al discorso neutro, incontaminato, che elimina il vuoto fra passato e presente. In primo luogo, ciò può essere inteso come puro gesto retorico: si pensi al riferimento alle "vecchie memorie di famiglia" come base del nuovo, che apre il *Quentin Durward* di Scott. Ma esso acquista ben maggior significanza in rapporto al secondo concetto; l'invenzione di un adeguato strumento tecnico per segnalare la purezza del codice storico. In terzo e ultimo luogo, il successo dell'effetto tecnico del discorso è esso stesso strettamente legato al modo d'essere delle aspettative pubbliche al momento in cui vengono recepite. Diamo due esempi contrastanti: lo storico Prospère de Barante, il cui scopo affermato di pervenire a una sorta di trasparenza ideale nel testo storico fu osannato dal pubblico francese nel 1824 e poi ampiamente svalutato dalle successive generazioni proprio perché l'espediente tecnico di scrivere una cronaca che sostituisse quelle mancanti, prese ad apparire spurio quando il pubblico venne a conoscenza delle vere cronache di recente pubblicazione.[18] E, lo storico-impresario Daguerre, che col nuovo diorama illuminato a gas, aggiunse un più drammatico effetto tecnico alla riformulazione dei codici di rappresentazione storica; anzi, egli andò poi oltre con l'invenzione del dagherrotipo che, secondo le parole di Barthes, annulla la distanza fra *Dasein e Dagewesensein*. In altre parole, ottenne nella rappresentazione fotografica proprio quanto Barante aveva cercato nella storiografia.

In questa compagnia Du Sommerard ha una posizione unica. Troviamo nelle sue opere pubblicate, nonché nei suoi risultati di collezionista e tassonomo, un'acuta coscienza delle mosse tecniche necessarie a stabilire o ad aiutare uno spostamento epistemico. La sua pubblicazione, *Vues de Provins*, pubblicata nel 1822, è esemplare sotto quest'aspetto. Essa inizia con un'introduzione il cui scopo centrale è quello di rifiutare il discorso ironico dei polemisti del XVIII secolo: "Nous n'ignorons pas, quoique étranger à Provins, que ses habitants sont divisés depuis plus de trois cent ans, sur la question de l'antiquité plus ou moins reculée de cette ville... La discussion a dès-lors perdu le caractère qu'elle aurait dû conserver, la polémique, empruntant le langage de la satire, a envenimé la discussion au lieu de l'éclairer."[19]

Du Sommerard annuncia risolutamente la liquidazione di queste dispute ancestrali ed offre invece il codice neutro: "Une simple description de monuments et ruines dans leur état actuel, présentés sous le rapport pittoresque". Che cosa può significare il termine "pittoresque"? Essenzialmente, sospettiamo, l'accettazione della dimensione pittoresca nella fruizione visiva di "monumenti e rovine" e la possibilità di ricavare un vantaggio da questa dimensione.

Come ci ricorda Prospère Merimée, l'interesse di *Vues de Provins* sta soprattutto nel fatto che si trattava di una delle prime applicazioni della nuova tecnica litografica alla topografia.[20] Lo stesso Du Sommerard si riferiva nell'introduzione a "l'effet... qu'on peut attendre, selon nous, depuis l'invention de la lithographie, de ces descriptions locales à la fois pittoresques et historiques, mises par la modicité de leur prix à la portée des fortunes médiocres".[21]

Che le nuove possibilità offerte dalla litografia non fossero apprezzate da Du Sommerard semplicemente per la loro economicità e comodità appare ampiamente dal fatto che egli continuò a lavorare coi più moderni e raffinati metodi di riproduzione offerti dalla tecnologia dell'epoca, spingendo la sua preoccupazione di ottenere una "descrizione" perfetta fino al punto da sembrar quasi ossessiva. Allorché nel 1838, egli pubblicò il primo volume di quello che costituisce il suo massimo sforzo letterario, *Les Arts au Moyen Age*, egli abbandonò il tema per sottolineare la combinazione senza precedenti di tecniche che erano state usate nella riproduzione dei luoghi e degli oggetti storici. L'opera ebbe successo "malgré les difficultés que nous nous sommes créés en soumettant, *pour la première fois* (il corsivo è di Du Sommerard), l'exécution de certaines planches à quatres opérations successives... (*réduction, gravure, transport de la gravure sur pierre, coloration et modelage du trait par le crayon lithographique*)"[22]. Il risultato, anche per un occhio moderno sazio di fotografia e di altri mezzi di riproduzione, è sensazionale. Ma è un effetto che deve essere compreso entro le strategie rappresentative dell'età romantica. Risulta evidente che Du Sommerard lavora in quello scomodo spazio della rappresentazione in cui la dottrina classica dell'imitazione non è più accettabile e in cui il vero si fa funzione di un crescente virtuosismo tecnico attraverso il quale va progressivamente restringendosi il vuoto fra originale e riproduzione. Si potrebbe asserire che il discorso storico in genere, all'inizio del XIX secolo, opera attraverso il riconoscimento implicito di quel punto di fuga mitico al quale — per citare il detto di Ranke — il passato viene rappresentato "quale fu realmente".

Pur essendo grande l'interesse delle raccolte documentarie e storiche di Du Sommerard, è il Musée de Cluny che costituisce il fulcro della sua opera. In presenza dei molteplici oggetti del passato, non v'era lacuna da colmare, nessun effetto tecnico da ricercare: solo la spinta a prefigurare un ordine sineddotico. In questa fase non dobbiamo perder di vista Alexandre Lenoir e le sue metonimie. Come ho già accennato, l'accettazione del Musée de Cluny da parte dello Stato francese prevedeva l'unione delle due raccolte formate da Lenoir e da Du Sommerard. La prima sarebbe stata distribuita negli imponenti resti delle terme romane, che ancor oggi sono collegate mediante una scalinata agli appartamenti medioevali dell'abbazia. Il figlio di Du Sommerard fu il primo curatore delle due collezioni riunite, mentre il figlio di Lenoir vi restò associato come architetto accreditato ufficialmente. La "poetica" del museo sta senza dubbio nella combinazione delle due strategie che ho tratteggiato: una combinazione brillantemente illustrata dal museo di Filadelfia, in cui i passaggi e le sale dedicati alla sequenza metonimica di scuole e secoli sono interrotti da sale più piccole "ricostruite" che offrono il tratto sineddotico di un *salon* proveniente dall'Ile Saint Louis, la sala da pranzo di una dimora giacobina. Ma forse la semplicità stessa del processo di alternanza fra questi due modi, che il visitatore di musei ha ormai visivamente acquisito, implica una successione moderna al museo metonimico e a quello sineddotico: il museo ironico, che si autodefinisce proprio dal suo equivocare e prender le distanze dai primi due.

[1] A. Du Sommerard, *Les Arts au moyen âge*, Parigi, 1838-1846, I vol.
[2] Cfr. "The author of 'The Sketch-Book' (cioè Washington Irving), *Ab-* botsford and Newstead Abbey (Londra, 1835), che si riferisce alla visita fatta nel 1816.
[3] *Les Arts au moyen âge*, I vol., Le notizie biografiche che seguono sono prese in larga misura dal necrologio di Du Sommerard, apparso nel *Bulletin de la Société de l'Histoire de France*, anno 1841 pp. 294-297.
[4] *Catalogue d'une belle collection de tableaux... provenant du Cabinet de M. Du Sommerard*, marzo 1826, 3.
[5] Citato in *Les Arts au moyen âge*, 5° cap. Evidentemente, per Du Sommerard, l'attrazione che l'Hôtel de Cluny esercitava stava nel suo compendiare la storia dell'architettura francese. Esso univa, sono parole sue, "des parties presque intactes des grands travaux des trois époques de l'histoire de l'art en France... Edifice à base et étais romains, élevé et décoré en partie par les dernières inspirations de l'architecture gothique... et bâti presque immédiatement sous la gracieuse influence du style dit de la *renaissance (Notice sur l'Hôtel de Cluny et sur le Palais des Thermes avec des notes sur la culture des Arts* Parigi, 1834, 6.).
[6] Ibid. p. 234 (Emile Deschamps, "Visite à l'Hôtel de Cluny", 1834).
[7] Circa le prime valutazioni dell'opera di Lenoir, si veda l'articolo biografico in Michaud, *Biographie universelle* (nuova edizione), vol. XXVI, p. 133; e anche l'anonimo *Paris à travers les âges* (Parigi, 1875-1882), vol. I, libro 5°, p. 40. Per un utile sommario della vita e dell'opera di Lenoir, si veda il contributo di Alain Erlande - Brandeburg al catalogo della mostra "Le Gothique retrouvé", Caisse des Monuments historiques, Parigi, 1979-1980, pp. 75-79. Si veda anche l'analisi di D. Poulot, in questo stesso numero di *Lotus international*.
[8] Diario di Lord John Campbell (Archivi del Castello di Inveraray), p. 12 (nota del 24 febbraio 1803).
[9] *Nouvelles archives de l'art français*, Deuxième série, vol. II (Parigi, 1880-1881), p. 378.
[10] Ibid., p. 381.
[11] Cfr. Hayden White, "Foucault Decoded: Notes from Undergrounds, *History and Theory*, pp. 12 (1973), 23-54.
[12] Cfr. White, *Metahistory* (Baltimora, Md., 1973), p. 35.
[13] Prosper de Barante, *Études littéraires et historiques* (Parigi, 1858), II, p. 421.
[14] *Bulletin de la Société de l'Histoire de France*, p. 296.
[15] Marcel Proust, cfr. "Journées de pélerinages" e "John Ruskin" in *Pastiches et mélanges* (Parigi, 1947).
[16] Riprodotto in *Les Arts au moyen âge*, Album, tav. X (Vue de la Chambre dite de François Ier) e XXXIX (L'Antiquaire, réunion d'objets mobiliers de diverses époques, constituant l'ancien cabinet de Mr. D.S.D. en 1825, époque où fut exécuté sur nature le Tableau de l'Antiquaire par M. Renoux).
[17] Cfr. Michel Foucault, *L'Archéologie du savoir*, Parigi, 1969, passim.
[18] Cfr. il mio articolo "A Cycle in Historical Discourse: Barante, Thierry, Michelet", *20th Century Studies*, 3 (1970), pp. 110-130.
[19] *Vues de Provins, dessinées et lithographiés, en 1822, par plusieurs artistes*, Parigi, 1822, n. 1-2.
[20] Edmond du Sommerard, *Musée des Thermes et de l'Hôtel de Cluny: Catalogue et description des objets d'art*, p. 681 (Nota di P. Merimée su A. du Sommerard).
[21] *Vues de Provins*, n. 37.
[22] *Les Arts au moyen âge*, I.

nihilates it. "History" becomes real through the fiction of the transparency of historical discourse.

The two collections which have been discussed therefore represent a discernible shift in the terms of historical discourse. In their formal opposition, they impel us to assume the existence of an "epistemological break" of the type formulated by Foucault and qualified more precisely by Hayden White as the substitution of one dominant trope for another. It is well known that Foucault himself does not attempt to theorize about the actual process of "epistemological break," and White is concerned with answering the objection that Foucault's epistemic discontinuity is unsystematic, rather than with introducing any new concepts that would solve this problem. I myself would broadly accept Foucault's methodological limitation to the project of an "archaeology," and the detachment of discourse from "le vécu," which is its necessary consequence.[17] After all, the purpose of a study such as this is precisely to show that the equation of a certain system with "le vécu" is an effect of discourse, rather than a natural correspondence which is inaccessible to critical method. Nevertheless, I feel that we can profitably take our protagonist, Alexandre du Sommerard, a bit further along the path of investigation. This is not because of any concern with biographical fullness — I am quite content to let him remain the psychological enigma which contemporary records convey — but because of my interest in the diversity and interdependence of types of historical discourse in the Romantic period. Du Sommerard is a thread that unifies at least a fraction of this synchronic diversity.

In very general terms, investigation of the new "historical-mindedness" of the Romantic period might converge upon three related concepts which help to explain the novelty of this phenomenon. Firstly, there is the aspiration of the historian, or historical writer, to return to the "code," the neutral, uncontaminated discourse which annihilates the gap between past and present. On one level, this can be seen as a mere rhetorical gesture, as with reference to "old family memorials" as the basis of the novel which opens Scott's *Quentin Durward*. But it acquires much greater significance in relation to the second concept: the invention of an appropriate technical means for signalling the purity of the historical code. Thirdly, and finally, the success of this technical effect of discourse is itself strictly relative to the state of public expectations at the time of its reception. To give two contrasted examples: the historian Prospère de Barante, whose stated aim of achieving a kind of ideal transparency in the historical text was acclaimed by the French public of 1824, was largely disregarded by later generations precisely because the technical device of writing a substitute chronicle, without authorial intervention, came to seem spurious on acquaintance with the actual, newly published chronicles.[18] On the other hand, the historical showman Daguerre, with his novel gaslit diorama, contributed a more dramatic technical effect to the task of reformulating the codes of historical representation: indeed he subsequently went on to invent the daguerreotype, which (in Barthes' phrase) annihilates the distance between *Dasein* and *Dagewesensein* — in other words, achieves in the visual representation of photography precisely what Barante had attempted in historiography.

Du Sommerard holds a unique place in this company. One finds throughout his published writings, as well as in his achievement as a collector and taxonomist, an acute awareness of the technical moves which were necessary for establishing or aiding the epistemic shift. His publication, *Vues de Provins*, which appeared in 1822, is exemplary in this respect. It begins with an introduction whose central purpose is to expel the ironic discourse of the eighteenth-century polemicist: "Nous n'ignorons pas, quoique étranger à Provins, que ses habitans sont divisés depuis plus de trois cents ans, sur la question de l'antiquité plus ou moins reculée de cette ville... La discussion a dès-lors perdu le caractère qu'elle aurait dû conserver; et la polémique, empruntant le langage de la satire, a envenimé la discussion au lieu de l'éclairer."[19]

Du Sommerard purposefully announces the liquidation of these ancestral disputes, and offers instead the neutral code: "une simple description de monuments et ruines dans leur état actuel, présentés sous le rapport pittoresque." What might the "pittoresque" mean? Essentially, one suspects, the acceptance of the pictorial format for viewing the "monuments and ruins," and the chance of turning this format to good account. As Prospère Merimée reminds us, the interest of *Vues de Provins* lies chiefly in the fact that it was one of the first applications to topography of the new technique of the lithograph.[20] Du Sommerard himself referred in his introduction to "l'effet... qu'on peut attendre, selon nous, depuis l'invention de la lithographie, de ces descriptions locales à la fois pittoresques et historiques, mises par la modicité de leur prix à la portée des fortunes médiocres."[21]

That the new possibilities of lithography were not valued by Du Sommerard simply for their cheapness and convenience is amply clear from the fact that he continued to work with the most modern and refined methods of reproduction offered by the technology of his period, pushing his concern with the perfect "description" to the point where it almost appears obsessional. When, in 1838, he published the first volume of his crowning literary achievement, *Les Arts au moyen âge*, he went out of his way to stress the unprecedented combination of techniques which had been used in the reproduction of historical sites and objects: the work has come to fruition "malgré les difficultés que nous nous sommes créées en soumettant, *pour la première fois* (Du Sommerard's italics), l'exécution de certaines planches à quatres opérations successives... (*réduction, gravure, transport* de la gravure sur pierre, coloration et modelage du trait par le crayon lithographique)."[22] The result, even for the modern eye satiated with photographic and other means of reproduction, is quite sensational. But it is an effect which needs to be relocated within the representational strategies of the Romantic age. To all evidence, Du Sommerard is working in that uneasy space of representation where the classical doctrine of imitation is no longer acceptable, and where truth becomes a function of the increased technical virtuosity through which the gap between original and reproduction is progressively narrowed. It would be a fair assertion to claim that historical discourse in general, in the early nineteenth century, works through the implicit acknowledgment of that mythic vanishing point at which — to quote Ranke's time-honoured saying — the past is represented "as it really happened."

Despite the interest of Du Sommerard's documentary and historical collections, it is of course the Musée de Cluny that is his own true monument. In the presence of the multifarious objects of the past, there was no gap to be bridged, no technical effect to be striven for — simply the inducement to prefiguring an order in the synecdochic mode. But we should not, at this stage, lose sight of Alexandre Lenoir and his metonymies. As I hinted previously, the acceptance of the Musée de Cluny by the French state anticipated the joining of the two collections formed by Lenoir and Du Sommerard, with the former distributed in the imposing remains of the Roman baths, which, still today, are connected by a stairway to the medieval apartments of the Abbot. Du Sommerard's son became the first director of the united collections, but Lenoir's son remained in association as the officially accredited architect. The "Poetics" of the museum lies doubtless in the combination of the two strategies which I have outlined: a combination brilliantly illustrated by a museum such as that of Philadelphia, where the passages and rooms devoted to the metonymic sequence of schools and centuries are interrupted by smaller, "reconstructed" rooms offering the synecdochic treat of a *salon* from the Ile St-Louis, a dining room from a Jacobean manor house. But perhaps the very simplicity of the process of shifting between these two modes, which the ordinary museum-goer has quite visibly acquired, implies a modern successor to the metonymic and the synecdochic museum: the ironic museum, which is defined precisely by its equivocation and its distance from both.

[1] A. du Sommerard, *Les Arts au moyen âge* (Paris, 1838-1846), I. vol.

[2] Cf. "The Author of 'The Sketch-Book'" (i.e. Washington Irving), *Abbotsford and Newstead Abbey* (London, 1835), which refers to visit made in 1816.

[3] *Les Arts au moyen âge*, I, vol. The biographical details which follow are largely taken from the obituary of Du Sommerard which appeared in *Bulletin de la Société de l'Histoire de France*, Année 1841, 294-297.

[4] *Catalogue d'une belle collection de tableaux... provenant du Cabinet de M. Du S.*, March, 1826, 3.

[5] Quoted in *Les Art au moyen âge*. Evidently, for Du Sommerard, the attraction of the Hôtel de Cluny lay in its unique condensation of French architectural history. It combined, in his words, "des parties presque intactes de grands travaux des trois belles époques de l'histoire de l'art en France... Edifice à base et étais romains, élevé et décoré en partie par les dernières inspirations de l'architecture gothique... et terminé presque immédiatement sous la gracieuse influence du style dit de la *renaissance*" (*Notice sur l'Hôtel de Cluny et sur le Palais des Thermes avec des notes sur la culture des Arts* [Paris, 1834], 6).

[6] Ibid., 234 (Emile Deschamps, "Visite à l'Hôtel de Cluny," 1834).

[7] For early estimates of Lenoir's work, see the biographical article in Michaud, *Biographie universelle* (nouvelle édition), Vol. XXIV, p. 133; also the anonymous *Paris à travers les âges* (Paris, 1875-1882), Vol, II, 5e livre, p. 40. For a useful summary of Lenoir's life and achievement, see Alain Erlande-Brandeburg's contribution to the catalogue of the exhibition "Le Gothique retrouvé," Caisse des Monuments historiques, Paris, 1979-80. pp. 75-79. See also D. Poulot's analysis in this issue of *Lotus international*.

[8] Journal of Lord John Cambell (Inveraray Castle Archives), p. 12 (entry for 24 February 1803).

[9] *Nouvelles archives de l'art français,* deuxième série, Vol. II (Paris, 1880-1881) p. 378.

[10] Ibid., 381.

[11] Cf. Hayden White, "Foucault Decoded: Notes from Underground," *History and Theory* 12 (1973), 23-54.

[12] Cf. White, *Metahistory* (Baltimore, Md., 1973), p. 35.

[13] Prospère de Barante, *Etudes littéraires et historiques* (Paris, 1858), II, p. 421.

[14] *Bulletin de la Société de l'Histoire de France*, p. 296.

[15] Cf. Marcel Proust, "Journées de pélerinage" and "John Ruskin" in *Pastiches et mélanges* (Paris, 1947).

[16] Reproduced in *Les Arts au moyen âge*, Album, plates X (Vue de la Chambre dite de François Ier) and XXXIX (L'Antiquaire réunion d'objets mobiliers de diverses époques, constituant l'ancien cabinet de Mr D.S.D. en 1825, époque où fut exécuté sur nature le Tableau de l'Antiquaire par M. Renoux).

[17] Cf. Michel Foucault, *L'Archéologie du savoir* (Paris, 1969), passim.

[18] Cf. my article "A Cycle in Historical Discourse: Barante, Thierry, Michelet," *20th Century Studies, 3* (1970), pp. 110-130.

[19] *Vues de Provins, desinées et lithographiés, en 1822, par plusieurs artistes* (Paris, 1822), n. 1-2.

[20] Edmond du Sommerard, *Musée des Thermes et de l'Hôtel de Cluny:Catalogue et description des objets d'arts*, 681 (Notice on A. du Sommerard by P. Merimée).

[21] *Vues de Provins*, n. 37.

[22] *Les Arts au moyens âge*, I.

La corte dei re
Progetto per una sala del Museo di Cluny

Con l'atto del 17 Brumaio dell'anno II della Rivoluzione Francese le statue dei re e i portali furono estirpati dalla facciata di Notre-Dame e furono destinate, secondo il suggerimento di Louis David a creare il basamento del monumento alla "Gloria della Rivoluzione". Ma poi misteriosamente scomparvero.

Nel 1839 alcuni frammenti dei portali furono scoperti in un deposito di carbone da Albert Lenoir, architetto figlio di Alexandre Lenoir, ma dei re nessuna traccia.

Eugène Viollet le Duc, in base a testimonianze, ma senza veri documenti lavorò per vent'anni, tentando la ricomposizione di quell'insieme che costituisce ancor oggi la facciata di Notre-Dame. Ma nel 1977 nel cortile dell'Hôtel Moreau durante normali lavori di manutenzione, e quindi per caso, si scoprirono i re seppelliti attentamente, con cura quasi religiosa.

Così Alain Erlande Brandenburg, conservatore del Museo di Cluny, ci ha coinvolto nel lavoro di sistemazione dell'insieme delle sculture di Notre-Dame de Paris nell'ex cortile, ora coperto, dell'Hôtel Cluny.

Following the act of the 17 Brumaire, during the second year of the French Revolution, the statues of the kings and the portals of the facade of Notre-Dame were removed at the suggestion of Louis David. They were destined to create the base of the monument to the "Glory of the Revolution", but then they mysteriously disappeared.

Fragments of the portals were unearthed in a coal deposit by Albert Lenoir (son of Alexandre Lenoir). No trace was still to be found of the kings.

According to testimonies Eugène Viollet le Duc, using these fragments, worked on the rebuilding of the facade of Notre-Dame for twenty years. This is the same facade that exists today. In 1977, during routine maintenance work on the courtyard of the Hôtel Moreau — and therefore by accident — the kings were discovered, carefully buried (with an almost religious care).

Alain Erlande Brandenburg, Keeper of the Cluny Museum, subsequently has involved us in the installation of the group of statues from Notre-Dame de Paris in the former courtyard — now covered — of the Hôtel Cluny.

1

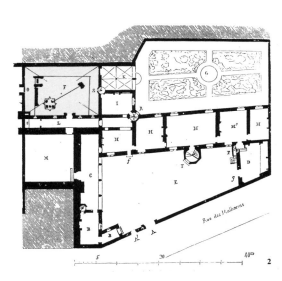

2

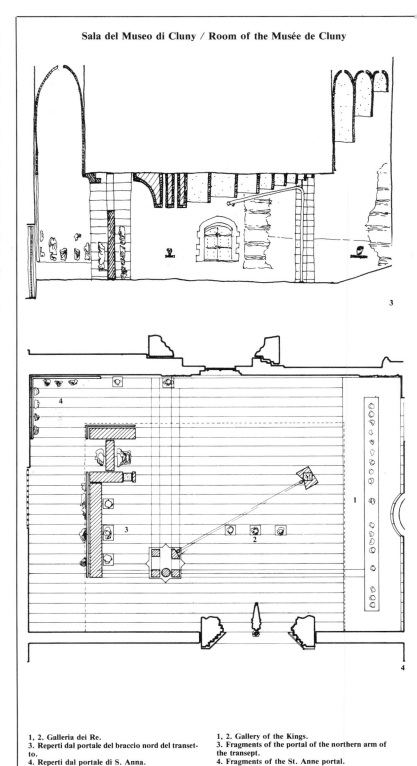

Sala del Museo di Cluny / Room of the Musée de Cluny

3

4

1, 2. Galleria dei Re.
3. Reperti dal portale del braccio nord del transetto.
4. Reperti dal portale di S. Anna.

1, 2. Gallery of the Kings.
3. Fragments of the portal of the northern arm of the transept.
4. Fragments of the St. Anne portal.

Kings' court
Design for a Room of the Musée de Cluny

1. Veduta dello stato attuale.
2. Pianta generale con l'indicazione dell'intervento.
3, 4. Sezione e pianta.
5-9. Schizzi.
10. Assonometria.

1. View of the present state.
2. General plan showing the project.
3, 4. Section and plan.
5-9. Sketches.
10. Axonometric.

Le macchine pensanti
Dall'Outlook Tower alla Città Mondiale

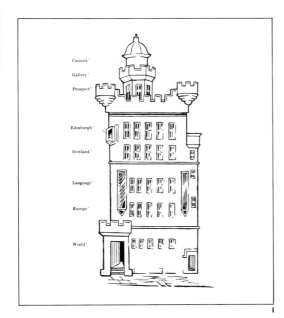

Nel 1895 in una lettera ad un amico, Patrick Geddes scriveva: "Io devo insegnare la costruzione graduale di Castelli in Aria dentro a Castelli di Pietra, di fluttuanti fantasie dentro a schemi culturali..."[1]. Il "castello di pietra" al quale il biologo-sociologo accenna qui, è l'Outlook Tower, che diverrà successivamente il museo della popolazione e della regione di Edimburgo, l'edificio simbolo di quella "Cittadella Nordica della Cultura" che egli aveva "così spesso sognato" di costruire. Gli "schemi culturali" sono le sue *thinking-machines*, le macchine pensanti che formano la base su cui si articola l'Index Museum, l'enciclopedia grafica delle arti e delle scienze, complemento dell'Outlook Tower[2].

La breve osservazione di Geddes sui "castelli in aria" e sulle "fluttuanti fantasie" ci offre senza dubbio la chiave per entrare in quei regni del fantastico e del kitsch che sono i musei geddesiani: "case delle meraviglie" di cui è possibile decifrare i segreti solo attraverso la guida dello stregone scozzese che, con una catena di neologismi, pretende di iniziare "scientificamente" il visitatore a una comprensione totale del mondo. Non è possibile altrimenti affrontare questi stravaganti edifici dove Geddes progetta di riunire macchinari esotici e strani strumenti: camere oscure, episcopi, simboli esoterici, globi terrestri e celesti, grafici, erbari, barometri, modellini funzionanti di geyser e di vulcani lunari, plastici di regioni, oceani in miniatura, acquari, panorami... Come nelle *Wunderkammer* medioevali e rinascimentali e nei "teatri di macchine," i musei geddesiani sembrano riunire le due sfere dei *naturalia* e degli *artificialia* nell'intento di acquisire valori cosmologici, di divenire sintesi e specchio dell'universo, raccolta sistematica dello scibile. Sono musei dei musei, compendi di cataloghi, indici di enciclopedie, in cui filosofia e natura vengono fatte coincidere nell'idea di evoluzione. Darwinismo quindi, ma non basta: sono altresì osservatori, laboratori del "darwinismo sociale", da cui indirizzare il futuro della razza e del pensiero. Gli oggetti, gli artefatti, i dati, le teorie, introdotti in queste grandi macchine "pensanti", vengono riassemblati, mescolati, fatti scontrare, posti in sempre mutevoli associazioni e relazioni in modo da fornire sempre nuove idee, intuizioni, interpretazioni del reale.

In questo senso, l'Outlook Tower e l'In-

dex Museum potrebbero felicemente venir menzionati nell'elenco proposto da Jorge Luis Borges in *Altre Inquisizioni*. Borges narra come nel XIII secolo Raimondo Lullo "si accinse a risolvere tutti gli arcani mediante un'armatura di dischi concentrici, disuguali e girevoli, suddivisi in settori con parole latine; John Stuart Mill, al principio del XIX, temette che si esaurisse un giorno il numero di combinazioni musicali e non ci fosse posto nel futuro per indefiniti Weber e Mozart; Kurd Lasswitz, alla fine del XIX, giocò con l'opprimente fantasia di una biblioteca universale che registrasse tutte le variazioni dei venti e più simboli ortografici, ossia quanto è dato esprimere in tutte le lingue." Questi tre esempi, riflette Borges, "possono essere materia di burla, ma esagerano una tendenza che è comune: fare della metafisica e delle arti, una sorta di giuoco di combinazioni"[3]. Pasigrafie, "centoventi giornate" e crestomazie: Geddes è indubbiamente l'ultimo rampollo degli utopisti della classificazione, da Sade, Fourier, Bentham... fino a Paul Otlet, il suo contemporaneo belga con cui organizzerà il "Congrès International des Villes" all'Esposizione Internazionale di Ghent nel 1913[4].

Index Museum e Outlook Tower funzionano secondo due sistemi combinatori. Il primo, come abbiamo già detto assume come base le thinking machines. Le parole, i concetti, le cose, le conoscenze, presentati in forma grafica e sintetica, vengono sistematicamente posti in relazione tra loro, in una matrice, dopo essere stati ordinati secondo il principio della classificazione delle scienze escogitato da Auguste Comte. In uno dei manoscritti di Geddes conservati a Glasgow, tale esercizio viene paragonato a un gioco di carte in cui le figure siano state sostituite da immagini rappresentanti tutte le nozioni esistenti e possibili, cosicché il numero delle carte, insieme al numero delle combinazioni possibili tra loro, tendono all'infinito[5]. L'Index Museum non venne mai realizzato in forma completa; ne esiste solo il progetto esposto in un dattiloscritto inedito. I suoi principi vennero comunque utilizzati da Geddes in ogni possibile occasione. Compaiono quindi, all'interno della stessa Outlook Tower, embrioni di Index Museum o Index Exhibit e la Torre viene a volte chiamata Index Museum del Mondo[6].

L'Outlook Tower, appunto, una torre di osservazione panoramica realizzata all'inter-

Thinking machines
From the Outlook Tower to the City of the World

In a letter to a friend Patrick Geddes in 1895 wrote: "I have got to teach the gradual building of Castles in the Air into Castles of Stone, of floating fancies into schemes of culture..."[1] The "Castle of Stone" to which the biologist/sociologist indicates here is the Outlook Tower which will later become the museum of the population and region of Edinburgh, the edifice symbol of that "Nordic Citadel of Culture" which he had "so often dreamt" of building. The "cultural schemes" are his *thinking machines* which form the basis upon which the Index Museum is articulated — that graphic encyclopedia of the arts and sciences which is the complement of the Outlook Tower.[2]

Geddes' brief observation regarding the "Castles in the Air" and the "fluctuating fancies" undoubtedly offers us the key for entering those fantastic and *kitsch* realms which are Geddes' museums: "Houses of wonders" of which it is only possible to decipher the secrets by way of the guide of the Scottish wizard who, by way of a chain of neologisms, claimed to "scientifically" initiate the visitor into a total comprehension of the world. It is not otherwise possible to approach these extravagant buildings where Geddes planned to group together exotic machinery and strange instruments: dark rooms, episcopes, esoteric symbols, terrestrial and celestial globes, graphs, herbaria, barometers, working models of geysers and lunar volcanoes, plastics of regions, oceans in miniature, aquaria, Panoramas... As in the Medieval and Renaissance *Wunderkammer* and in the "Machine Theatres," Geddes' museums seem to bring together the two spheres of the *naturalia* and *artificialia* in the intention of acquiring cosmological values, of becoming the synthesis and mirror of the universe, the systematic collection of the knowable. They are museums of museums, digests of catalogues, indices of encyclopedias, in which philosophy and nature are made to coincide in the idea of evolution. Darwinism, therefore, although this is not enough: they are likewise observatories, laboratories of "social Darwinism" from which to direct the future of thought and the race. The objects, the artifacts, the data, theories introduced into these great "thinking" machines are reassembled, mixed, made to clash, placed in continuously variable associations and relations in such a way as to supply increasingly new ideas, intuitions and interpretations of the real.

In this sense, Outlook Tower and the Index Museum could certainly be mentioned in the list proposed by Jorge Luis Borges in *Otras Inquisiciones*. Borges narrates how in the XIII century Raymond Lully "set about to resolve all of the primeval mysteries by way of a structure of concentric disks, unequal and revolvable, subdivided into sectors with Latin words; John Stuart Mill, at the beginning of the XIX century, feared that one day the number of musical combinations would be exhausted and that there would not be place in the future for indefinite Webers and Mozarts; Kurd Lasswitz, at the end of the XIX century, played with the oppressive fantasy of a universal library which recorded all the variations of the twenty and more orthographical symbols, that is, as much as it is possible to express in all Languages." Borges reflects that these three examples "may be joke material but they exaggerate a tendency which is common: that of making metaphysics and the arts a sort of game of combinations."[3] *Pasigraphies*, "One hundred and twenty days" and Chrestomathies: Geddes is undoubtedly the last descendant of the utopians of classification, from Sade, Fourier and Bentham... up to Paul Otlet, Geddes' Belgian contemporary with whom he organised the "Congrès International des Villes" at the Universal Exhibition of Ghent in 1913.[4]

The Index Museum and Outlook Tower function according to two combinatorial systems. The former, as we have already said, takes the thinking machines as its basis. The words, concepts, things, knowledge presented in graphic and synthetic form are systematically placed in relation among themselves, in a matrix, after having been ordered according to the principle of the classification of the sciences devised by Auguste Comte. In one of Geddes' manuscripts, preserved in Glasgow, this exercise is compared to a game of cards in which the figures have been substituted by images representing all existing and possible notions, so that the number of the cards, together with the number of possible combinations amongst them, tend towards the infinite.[5] The Index Museum was never realised in a complete form. There only exists the project of it laid out in an unpublished typescript. Its principles, however, were

3

4

3. Copertina di "The Interpreter's House", (prima guida all'Outlook Tower), J. Kelman, 1905.
4. "Lapis philosophorum" secondo Geddes (vetrata di uno dei pianerottoli della Outlook Tower.)

3. Front cover of "The Interpreter's House," (first guide of the Outlook Tower), J. Kelman, 1905.
4. "Lapis philosophorum" according to Geddes (large window of the Outlook Tower.)

no di un antico edificio nel centro di Edimburgo, acquistato quasi casualmente da Geddes, funziona, invece, secondo un sistema di piani sovrapposti[7]. L'autore, tuttavia, spiega che il museo della città e della sua regione potrebbe ugualmente essere composto da una serie di circonferenze concentriche. Ognuno di essi (o di esse) offre panorami, visioni globali e sintetiche, sempre più ampi. A partire dall'alto (o dalla circonferenza centrale), abbiamo dapprima la vista dalla torretta sulla regione circostante; poi, quella dalla camera oscura, una sorta di gigantesco apparato fotografico dove scene di vita di Edimburgo scorrono sulla superficie bianca di una tavola sospesa per mezzo di un sistema di corde. Più sotto, la vista dal belvedere in cui ogni aspetto del panorama urbano e regionale viene sottolineato da una serie di strumenti (barometri e termometri per la meteorologia, erbari per la botanica...) o dal commento della guida; dalla balconata del belvedere si rientra nella stanza ottagonale dove un episcopio permette di osservare il mondo intero, visto dalla prospettiva della torre e di misurare le distanze tra questa e il resto della terra... Da qui, si scendono le scale, attraversando piano per piano le stanze dedicate rispettivamente a: Edimburgo, la Scozia, l'Impero (o i paesi di lingua inglese), l'Europa e, infine, il mondo. In ognuna di esse, troviamo grafici, carte geografiche, simboli esoterici e nazionali, globi terrestri, celesti e botanici progettati da personaggi come l'astronomo-architetto Paul Louis Galeron, autore del gigantesco Globo Celeste costruito per l'Esposizione Universale di Parigi del 1900, o come Elisée Reclus, il geografo anarchico francese che, per la stessa esposizione proporrà assieme a Geddes, la realizzazione di un enorme globo terrestre, un panorama dei panorama. Il progetto prevedeva una struttura sferica in ferro di 62 metri di diametro, da collegarsi al Trocadero per mezzo di una passerella. Percorrendo una scala a spirale, i visitatori avrebbero contemplato i panorami di tutti i gradi di latitudine e longitudine.

Nel 1902, Geddes proporrà la riunione di tutti questi strumenti di osservazione e di sintesi in un grandioso progetto, mai realizzato, elaborato con un altro geografo scozzese, J.G. Bartholomew, per un National Institute of Geography in cui una torre, alta 83 metri con una base di 10, avrebbe dominato un complesso di edifici dove sarebbero stati sistemati i globi di Galeron e di Reclus e due anfiteatri, uno adibito a sala per conferenze e congressi e l'altro a panorama per l'esposizione dei paesaggi del mondo[8]. Sempre nello stesso anno, alla domanda ''che cos'è un museo?'', Geddes rispondeva: ''Il museo di

5

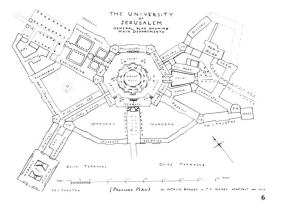

6

9

8

used by Geddes on every possible occasion. There therefore appear, within the same Outlook Tower, germs of the Index Museum or Index Exhibit, and the tower is at times called Index Museum of the World.[6]

Outlook Tower: a panoramic observation tower realised inside an old building in the centre of Edinburgh, almost casually bought by Geddes, works, instead, according to a system of superposed planes.[7] The author, however, explains that the museum of the city and its region could equally be composed of a series of concentric circumferences. Each of these offers panoramas, global and synthetic visions, which become increasingly wider. Starting from the top (or from the central circumference) we first of all have the view from the tower over the surrounding region; then, that from the darkroom, a sort of gigantic photographic apparatus where scenes of Edinburgh life glide over the white surface of a board suspended by means of a system of cords. Further down, the view from the belvedere in which every aspect of the urban and regional panorama is underlined by a series of instruments (barometers and thermometers for meteorology, herbaria for botany), or from the comment of the guide; from the gallery of the belvedere one re-enters the octagonal room where an episcope permits the observation of the whole world, seen from the perspective of the Tower, and the measuring of the distances between this and the rest of the Earth... From here one descends the stairs, floor by floor passing through the rooms dedicated respectively to: Edinburgh, Scotland, the Empire (or the countries using the English language), Europe and lastly the World. In each of these we find graphs, maps, esoteric and national symbols, terrestrial, celestial and botanical globes projected by people like the astronomer/architect, Paul Louis Galeron, author of the gigantic Celestial Globe constructed for the Paris Universal Exhibition of 1900, or like Elisée Reclus, the French anarchic geographer who, for the same Exhibition, proposed the realisation of an enormous Terrestrial Globe together with Geddes, a Panorama of Panoramas. The project foresaw a spherical structure in iron of a diameter of 62 meters to be connected to the Trocadero by means of a gangway. Passing through a spiral staircase the visitors would have contemplated the panoramas of every degree of latitude and longitude.

In 1902 Geddes proposed the grouping of all these instruments of observation and synthesis in a grandiose project which was never realised, elaborated with another Scottish geographer, J.G. Bartholomew, for a Na-

. Le Corbusier e P. Jeanneret, diorama della ''Cité Mondiale''; sullo fondo la città di Ginevra e le Alpi.
. P. Geddes, pianta generale dell'Università di Gerusalemme.
, 8. E. Reclus, Globo terrestre, veduta e sezione.
. Esposizione Universale di Parigi, 1900. Panorama generale delle rive ella Senna con al centro la ''Strada delle Nazioni''.

5. Le Corbusier and P. Jeanneret, diorama of the ''World City''; in the background, the city of Geneva and the Alps.
6. P. Geddes, general plan of the University of Jerusalem.
7, 8. E. Reclus, Terrestrial Globe, view and section.
9. Universal Exhibition, Paris, 1900. General panorama of the banks of the Seine with the ''Street of Nations'' in the center.

ogni donna è la sua stanza da giorno, quello di ogni uomo è la mensola del camino, quello di ogni bambino è la collezione eterogenea di oggetti che tiene nelle tasche; le abitazioni stesse sono musei. Non a caso — egli prosegue —, il collezionismo nasce proprio nelle case private". Per il biologo scozzese, la vetrina di ogni negozio e le aule scolastiche sono altrettanti musei e tutti noi siamo curatori di musei. Continua elencando ciò che può e deve essere museificato: salute, malattia, crimine, matematica, filosofia, storia comparata delle religioni...[9]

Da queste affermazioni, risulta chiaro come Geddes trovi nelle esposizioni universali l'esempio che più si avvicina al suo ideale di museo. Nella sua strana prosa, le chiama il "liquore-madre"[10] da cui dovranno nascere i futuri musei. Esse sono infatti, nel pensiero geddesiano, le più grandi occasioni culturali offerte dal mondo moderno dove vengono raccolte le più recenti acquisizioni della conoscenza umana. È ovvio però che al caos dell'esposizione debba essere sostituito l'ordine dell'Index Museum: solo così l'eterogenea accumulazione di "prodotti" (è sintomatico che Geddes non parli mai di merci), invenzioni e scoperte, potrà diventare macchina produttiva. Tale programma che era già stato annunciato in un suo saggio del 1897, intitolato *Industrial Exhibition and Modern Progress*[11], sarà messo in pratica, perlomeno parzialmente, nell'organizzazione della Esposizione Universale del 1900 a Parigi, dove Geddes trasferirà la sua Outlook Tower e il suo Index Museum, sistemandoli nella galleria più alta del Trocadero, da dove si poteva dominare l'intera area della mostra. Da lì, iniziavano visite guidate in cui i visitatori potevano sfruttare il massimo delle possibilità offerte, collegando tra loro, in modo organico e secondo i principi geddesiani, l'ammasso di nozioni e notizie[12].

Alla chiusura della mostra, Geddes proporrà di conservare dodici dei padiglioni costruiti per l'occasione, da trasformare in musei permanenti con la collaborazione delle nazioni interessate. A questo scopo formerà un "Comité pour la conservation et l'utilisation de la Rue des Nations". Nel progetto elaborato dal comitato, la Rue des Nations verrà offerta come la "via sacra" che trasformerà Parigi in una nuova Delfi: lo spirito che animava le piccole colonie elleniche, riacceso nelle nazioni contemporanee, avrebbe riempito di tesori i nuovi musei[13].

Appare ormai chiaro il limite di chi ricorda esclusivamente le mostre troppo citate di Patrick Geddes sulle città, a cominciare da quella allestita al R.I.B.A. nel 1910 fino alla famosa mostra itinerante (la "Cities and Town Planning Exhibition") portata a Londra, Edimburgo, Dublino, Belfast, Ghent, in India e riproposta a Parigi durante la prima guerra mondiale.

La vera aspirazione di Geddes è di fondare una *Città mondiale della cultura*, un enorme Index Museum, quintessenza dei suoi sogni totalizzanti di museificazione universale. Progetto che, esposto in forme diverse, il suo amico, il mecenate belga, Paul Otlet, che a Bruxelles da anni promuoveva l'organizzazione di un istituto dove raccogliere sistematicamente la conoscenza mondiale, una sorta di bibliografia ragionata universale, riproporrà nel suo piano per il Mundaneum. La città mondiale avrebbe dovuto sorgere vicino a Ginevra, in territorio internazionale: sappiamo che, dopo i famosi progetti di Hébrard, Le Corbusier elaborerà il suo piano, di cui Teige criticherà l'inutile monumentalità, nel 1928[14]. Otlet, infaticabile organizzatore di associazioni culturali internazionali e di esposizioni universali, immagina la sua città come il "luogo sacro", ispiratore e coordinatore di grandi idee, in cui la totalità del mondo possa essere percepita e compresa. Il Mundaneum è "specchio" e "somma", espressione sintetica della vita universale e comparatore delle civiltà.

Le visioni inattuabili di Geddes e di Otlet nascono sulle ceneri di quei monumenti della borghesia che, come spiega Walter Benjamin in *Baudelaire a Parigi*, scorgiamo "come rovine prima ancora che siano caduti": i passaggi, i padiglioni da esposizione, i panorami e, noi potremmo aggiungere, i musei e le biblioteche universali, "sono gli avanzi di un mondo di sogno", "elementi onirici" da utilizzare al risveglio di una nuova epoca[15]. Otlet, inumato nel cimitero di Etterbeek, farà costruire sulla sua tomba un monumento in cui cinque gradini rappresentano rispettivamente: il piano locale, quello regionale, il nazionale, l'internazionale e l'universale: il tutto sarà coronato da una sfera dove sono rappresentati il tempo, lo spazio e le scienze.

[1] Lettera di P.G. a T.H. Marr, 24 ottobre 1895, National Library of Scotland; manoscritti nella Patrick Geddes Collection, Edimburgo.

[2] Sulla figura di Patrick Geddes, si veda P. Boardan, *The World of P. Geddes. Biologist, Town Planner, Re-educator, Peace-warrior*, Routledge and Kegan Paul, 1978, Londra: P. Mairet, *Pioneer of Sociology, the Life and Letters of P. Geddes*, Lund Humphries, 1957, Londra; A. Defries, *The Interpreter, Geddes, the Man and his Gospel*, 1927, Londra; A. Ponte, *Le macchine pensanti. Il pensiero urbanistico di P. Geddes (1881-1915)*, tesi di laurea, I.U.A.V., 1980; per un altro aspetto del pensiero geddesiano si veda, inoltre A. Ponte, *Elettrico, igienico e eugenico. Patrick Geddes e il nuovo ordine domestico*, in AA. VV. "L'Architettura domestica in Gran Bretagna 1890-1940, a cura di D. Calabi, (in corso di pubblicazione) Electa, Milano.

[3] Jorge Luis Borges, "Nota su (intorno a) Bernard Show, in *Altre Inquisizioni*, (tit. orig. "Otras Inquisitiones", 1960, Buenos Aires), Feltrinelli, 1976, Milano, p. 157.

[4] Sull'esposizione di Ghent, si veda P. Geddes; *L'Exposition Internationale comparée des Villes*, Bruxelles, 1913: P.G., "Two Steps in Civics," in *Town Planning Review*, luglio 1913, Liverpool.

[5] P.G., *Classificazione delle scienze*, dattiloscritto, 8 novembre 1902, Geddes Room, Strathclyde University, Glasgow.

[6] P.G., *Museum: Actual and Possible*, 1902, Geddes Room, Strathclyde University, Glasgow.

[7] Sull'Outlook Tower si veda (a cura di Anna Geddes), *A First Visit to the Outlook Tower*, P. Geddes and Colleagues, 1906, Edimburgo; J. Kelman, *The Interpreter's House. An Exposition of Ideals Embodied in the Outlook Tower*, Oliphant Anderson and Perrier, 1905 Edimburgo e Londra; C. Zueblin, "The World's First Sociological Laboratory", in *American Journal of Sociology*, vol. IV, n. 5, 1899.

[8] Il progetto venne pubblicato in P.G., "Note on draft Plan for Institute of Geography", in *Scottish Geographical Magazine*, marzo, n. 18, pp. 142-4, 1902. L'istituto venne riproposto, con ampie modifiche, nel 1905 nel piano per il parco di Dunfermline; su questo argomento si veda: A. Ponte, "Arte Civica o sociologia applicata? P.G. e T.H. Mawson: due progetti per Dunfermline, in *Lotus International* n. 30, pp. 90-7, Electa, 1980, Milano.

[9] Vedi: P.G., *Museum: Actual...*, op. cit.

[10] Ibid.

[11] P.G., *Industrial Exhibition and Modern Progress*, Edinburgh University Press, 1897, Edimburgo.

[12] Sull'opera di Geddes all'Esposizione, si veda P.G., "Closing Exhibition", Paris, 1900, in *Contemporary Review*, nov. n. 78, 1900, Londra; P.G., *First Assembly at the Paris Exhibition*, Bulletin n. 1, 12 maggio 1900, Parigi; P.G. e Dewey, *Guide to Paris, the Exhibition and Assembly*, Outlook Tower, 1900, Edimburgo.

[13] Vedi P.G. "'Project de conservation de la Rue des Nations", in *Bulletin Universel des Congrés*, dic. 1, 1900. Parigi. Il progetto, che non venne mai realizzato, venne riproposto da Geddes all'Esposizione di Glasgow tenutasi l'anno successivo (vedi P.G. Closing Glasgow Exhibition 1901", in *Contemporary Review*, nov. n. 80, 1901, Londra) e, in forma più ampia alla St. Louis Exhibition che si apre nel 1903.

[14] Vedi P. Otlet e Le Corbusier, "Mundaneum", Union des Associations Internationales, *Palais Mondial*, 1928, Bruxelles; Le Corbusier e P. Jeanneret, *Oeuvre Complète 1910-1929*, W. Boesiger et O. Storonov, 1928; Karel Teige, "Mundaneum", in *Arte e ideologia 1922-1933* (tit. orig. *Mundaneum*, Stavba, VII, n° 10, 1928), Einaudi, 1982. Torino, pp. 203-214.

[15] Per tutte le considerazioni di questo paragrafo si veda W. Benjamin, "Baudelaire a Parigi," in *Angelus Novus*, p. 154, Einaudi, 1962, Torino. È impossibile, data la brevità di questa nota, sviluppare i temi proposti; rimandiamo quindi ai lavori di Anthony Vidler e Annick Brauman su questi argomenti.

tional Institute of Geography in which a tower, 83 meters high with a base of 10 meters, would have dominated a building complex where the Globes by Galeron and Reclus and two amphitheatres — one used as conference and congress hall while the other, with panorama, for the exhibition of the landscapes of the world — were to have been arranged.[8] In the same year, and to the question "what is a museum?" Geddes replied: the museum of every woman is her parlour, that of every man is the mantelpiece, that of every child is the heterogeneous collection of objects which he keeps in his pockets; habitations are museums. Not by chance is collecting born in private houses. For the Scottish biologist the window of every shop and all school rooms are equally museums and we are all of us curators of museums. He continued by listing what can and must be made into a museum: health, illness, crime, mathematics, philosophy, the comparative history of religions...[9]

It is clear from these affirmations how Geddes, in the Universal Exhibitions, finds the example which is nearest to his ideal of the museum. In his strange prose he calls them the "mother-liquor"[10] from which the future museums must be born. In Geddes' thought they are, in fact, the greatest cultural occasions offered by the modern world where the most recent acquisitions of human knowledge are collected together. Substituted to the chaos of the Exhibition, however, it is obvious that there must be the order of the Index Museum: only in this way will the heterogeneous accumulation of "products" (and it is symptomatic that Geddes never talks about goods), inventions and discoveries are able to become productive machine. This programme — which had already been announced in one of his essays of 1897, entitled *Industrial Exhibition and Modern Progress*[11] — will be put into practice, partially at least, in the organisation of the 1900 Paris Universal Exhibition where Geddes transferred his Outlook Tower and Index Museum, placing them in the highest gallery of the Trocadero from which point one was able to dominate the entire area of the exhibition. From there guided visits began in which the visitors were able to exploit to the most those possibilities offered, connecting the bulk of notions and information in an organic way and according to Geddesian principles.[12]

Geddes, at the closure of the Exhibition, proposed preserving twelve of the pavilions built for the occasion to be transformed in permanent museums with the collaboration of the interested nations. With this aim in view he formed a "Comisé pour la consérva-

tion et l'Utilisation de la Rue des Nations." In the project elaborated by the Committee the Rue des Nations would be offered as the "Sacred Way" which would transform Paris into a new Delphi: the spirit which animated the small Hellenic colonies, relit in contemporary nations, would have filled the new museums with treasures.[13]

The limit by now appears clear by those who exclusively remember the too often quoted exhibitions on Geddes' part concerning Cities, starting from the one prepared at the R.I.B.A. in 1910 up until the famous itinerant exhibition ("The Cities and Town Planning Exhibition") which was taken to London, Edinburgh, Dublin, Belfast, Ghent, then to India and reproposed in Paris during the First World War. The real aspiration on Geddes' part was that of founding a *World City of Culture*, an enormous Index Museum, quintessence of his totalizing dreams of universal museum application. A project which, exhibited in different forms by his friend, the Belgian patron Paul Otlet, who had for years in Brussels promoted the organisation of an institute in which to sytematically collect together world knowledge (a sort of universal reasoned bibliography), it would repropose in its plan for the Mundaneum. The World City should have risen near Geneva, on international territory: we know that after the famous project by Hébrard, that Le Corbusier elaborated his own plan — the useless monumentality of which will be criticized by Teige — in 1928.[14] Otlet, who was an untiring organiser of international cultural associations and Universal Exhibitions, imagined his city as the "sacred place," inspirer and coordinator of great ideas, in which the totality of the world might be perceived and understood. The Mundaneum is "Mirror" and "Summa," the synthetic expression of universal life and the gauge of civilization.

The impracticable visions of Geddes and Otlet were born on the ashes of those monuments of the middle class which — as Walter Benjamin explains in *Baudelaire in Paris* — we see "as ruins even before they have fallen:" the passages, the pavilions for exhibitions, the panoramas and — we could add — the museums and universal libraries, "are the leftovers of a dream world," "oneiric elements" to be used at the reawakening of a new age.[15] Otlet — who was buried in the cemetery of Etterbeek — provided for the construction on his tomb of a monument in which five steps represented respectively: the local plane; the regional; the national; the international; and the universal. The whole was crowned by a sphere on

which were represented time, space and the sciences.

[1] Letter by P.G. to T.H. Marr, October 24. 1895, National Library of Scotland; manuscript of the Patrick Geddes Collection, Edinburgh.
[2] Regarding the figure of Patrick Geddes see P. Boardan, *The World of P. Geddes. Biologist, Town Planner, Re-educator, Peace-warrior*, Routledge and Kegan Paul, 1978, London; P. Mairet, *Pioneer of Sociology, the Life and Letters of P. Geddes*, Lund Humphries, 1957, London; A. Defries, *The Interpreter Geddes, the Man and his Gospel*, 1927, London; A. Ponte, *Le macchine pensanti. Il pensiero urbanistico di P. Geddes (1881-1915)*, B.A. thesis, I.U.A.V., 1980; for another aspect of Geddes' thought also see A. Ponte, *Elettrico, igienico e eugenico. Patrick Geddes e il nuovo ordine domestico*, in AA.VV. "L'Architettura domestica in Gran Bretagna 1890-1940," edited by D. Calabi (to be published soon), Electa, Milan.
[3] J.L. Borges, "Note on (regarding) Bernard Shaw", in *Otras Inquisiciones*, 1952.
[4] Regarding the Ghent Exhibition see P. Geddes, *L'Exposition Internationale comparée des Villes*, Brussels, 1913; P. Geddes, *Two Steps in Civics*, in *Town Planning Review*, July 1913, Liverpool.
[5] P. Geddes, *Classification of Sciences*, November 8, 1903, Geddes Room, Strathclyde University, Glasgow.
[6] P. Geddes, *Museum: Actual and Possible*, 1902, Geddes Room, Strathclyde University, Glasgow.
[7] On Outlook Tower see (edited by Anna Geddes) *A first Visit to the Outlook Tower*, P. Geddes & Colleagues, 1906, Edinburgh; J. Kelman, *The Interpreter's House. An Exposition of Ideals Embodied in the Outlook Tower*, Oliphant Anderson and Perrier, 1905, Edinburgh and London; C. Zueblin, "The World's First Sociological Laboratory," in the *American Journal of Sociology*, vol. IV, no. 5, 1899.
[8] The project was published in P. Geddes "Note on draft Plan for Institute of Geography," in the *Scottish Geographical Magazine*, March, No. 18, pp. 142-144, 1902. The Institute, with considerable modifications, was reproposed in 1905 in the Dunfermline Park plan; regarding this argument see: A. Ponte, "Arte civica o sociologia applicata? P.G. e T.H. Mawson: due progetti per Dunfermline," in *Lotus International*, no. 30.
[9] See P. Geddes, *Museum: Actual and Possible*, op. cit.
[10] Ibid.
[11] P. Geddes, *Industrial Exhibition and Modern Progress*, Edinburgh, University Press, 1897, Edinburgh.
[12] On Geddes' work at the Exhibition see P. Geddes, "Closing Exhibition," Paris, 1900, in *Contemporary Review*, Nov. no. 78, 1900, London; P. Geddes, *First Assembly at the Paris Exhibition*, Bulletin no. 1, May 12, 1900, Paris; P. Geddes and Dewey, *Guide to Paris, the Exhibition and Assembly*, 1900, Edinburgh.
[13] See P. Geddes, "Project de conservation de la Rue des Nations," in *Bulletin Universel des Congrés*, Dec. 1, 1900, Paris. The project, which was never realised, was reproposed by Geddes at the Glasgow Exhibition which was held the year after (see. P. Geddes "Closing Glasgow Exhibition 1901," in the *Contemporary Review*, Nov., no. 80, 1901, London) and at the St. Louis Exhibition which opened in 1903.
[14] See P. Otlet and Le Corbusier, "Mundaneum," Union des Associations Internationales, *Palais Mondial*, 1928, Brussels; Le Corbusier and P. Jeanneret, *Oeuvre Complète 1910-1929*, W. Boesiger and O. Storonov, 1928: Karel Teige, *Mundaneum*, Stavba, VII, No. 10, 1929.
[15] For all the considerations regarding this paragraph see: W. Benjamin, "Baudelaire in Paris," in *Angelus Novus*. Given the brevity of these notes, it is impossible to develop the themes proposed. We therefore refer the reader to the works by Anthony Vidler and Annick Brauman concerning these arguments.

1. **Natura morta di Caravaggio (Pinacoteca Ambrosiana, Milano).**

1. **Still life by Caravaggio (Pinacoteca Ambrosiana, Milan).**

La vertigine della mescolanza
La lotta del collezionista contro il tempo

Franco Rella

Esco... Il magnifico caos del museo mi segue e si mescola al movimento della strada... Noi siamo e ci muoviamo nella stessa vertigine della mescolanza, di cui infliggiamo il supplizio all'arte del passato. (P. Valéry)

Natura morta

"Ma lo strano fascino della natura morta non è anch'esso una finzione? Anzi una eterea necrofilia?" (R. Musil)

Perché gli uomini collezionano? Cosa c'è dietro questo gesto che accumula cose, oggetti, immagini, o addirittura illusioni, idee, deliri, tanto che si può affermare che "ogni oggetto naturale, di cui gli uomini conoscono l'esistenza e ogni artefatto, per quanto fantasioso, figura da qualche parte in un museo o in una collezione privata"[1]?

Gli uomini, le cose, gli eventi periscono. Ma da questo perire non nasce forse altra vita? Non si trasforma, esso, in qualcosa di nuovo e di prezioso? "Tuo padre, scrive Shakespeare, è la nel fondo, a cinque tese: / già sono di corallo le sue ossa, / e i suoi occhi sono diventati perle. / Tutto ciò che di lui era destinato a perire / viene mutato dal mare / in qualche cosa di ricco e di strano"[2]. E dunque, se giusto è il cordoglio per il padre morto, "perseverare in un dolore ostinato è essenzialmente una condotta di empia ostinazione". È addirittura, come avverte il Re rivolgendosi ad Amleto, "una mancanza contro il cielo, una mancanza contro la natura: un peccato fra i più assurdi contro la ragione, che ha come suo tema comune la morte dei padri"[3].

Shakespeare, dunque, ben prima di Freud aveva individuato nell'elaborazione del lutto, il "tema comune della ragione": la vittoria dell'uomo sulla caducità, il senso stesso del suo operare nel mondo, della sua possibilità di descrivere e parlare delle cose. Ma Amleto, principe melanconico, ha sentito nei passi del padre morto, nella sua apparizione, nella sua voce, che "tutto ciò che ci lascia ha il carattere irrevocabile e si sente la morte che ci cammina addosso"[4]. Ed è questo segno di morte che rende grigio e piovoso il paesaggio. Il colore e il calore abbandonano le cose che si presentano come un deserto disanimato.

Il mondo, per il melanconico, sembra essere preso da un'oscillazione continua, inarrestabile, fra essere e nulla. E questa oscillazione imprime alle cose un moto vertiginoso, che rende tutto instabile, apparente e inapparente lungo la linea d'ombra che separa l'essere e il nulla. Come è possibile *decidere* in questa impermanenza? L'unico gesto possibile sembra essere quello dell'arresto, quello "che in pittura si chiama *Stilleben*, o in altre lingue ... natura morta"[5].

La vita viene arrestata magicamente nella sua impermanenza: "oggetti, animali, piante, paesaggi e corpi umani immobilizzati dalla magia dell'arte", in una sorta di mistero "demoniaco". Infatti qui "gli oggetti rappresentati sembrano ritti sulla sponda colorata della vita, l'occhio colmo di immensità e la lingua paralizzata"[6].

Così il principe melanconico ha spezzato l'ordine della ragione che ha come "tema comune la morte dei padri": "tuo padre perdette un padre e quel padre perduto perdette il suo". Ha arrestato quella lunga catena di morti, ma così facendo ha arrestato la vita stessa, ha irrigidito le cose in un mutismo strano e sconcertante. Il mondo stesso sembra come sospeso in un attimo senza fine, in un paesaggio da "sesto giorno della creazione: quando Dio e il mondo erano ancora soli, senza gli uomini"[7].

Angeli pietrificati, estasi mute, animali impagliati, mostri inoffensivi e polverosi, "bellezze morte e deliri raffreddati" nelle "camere delle meraviglie", nei templi, nei cimiteri, nelle biblioteche. Lucidi

The vertigo of the mélange
The collector's fight against time

"I go outside... The magnificent chaos of the museum follows me and mingles with the bustle of the street... We are and we move in the same vortex of the mélange that we inflict as a torment on the art of the past." (P. Valéry)

Still life

But the strange fascination of still life, isn't it also a fiction? Or indeed an ethereal necrophilia? (R. Musil)

Why do people go in for collecting? What lies behind this impulse to accumulate objects, things, images, or even illusions, idea, deliria, so that it is possible to claim that "every natural object whose existence is known to man, and every artefact, however fantastic, appears somewhere in a museum or private collection"?[1]

Men, things, events pass away. But as they perish, surely new life is born. Are they not transformed into something rich and precious? As in Ariel's song: "Full fathom five thy father lies: / Of his bones are coral made, / Those are pearls that were his eyes. / Nothing of him that doth fade / But doth suffer a sea-change / Into something rich and strange.[2]

So it is right to mourn for the father one has lost, "... but to perservere / In obstinate condolement is a course / Of impious stubborness." Indeed, as the King warns Hamlet, it is "... a fault to Heaven, / A fault against the dead, a fault to nature / To reason most absurd, whose common theme / Is death of fathers."[3]

It appears that Shakespeare, even before Freud, had seen the elaboration of mourning as the "common theme of reason:" man's victory over transience, the very sense of his working in the world, of his ability to describe and speak of things. But Hamlet, the melancholy prince, has heard in the footfalls of his dead father, in his apparition, his voice, that "all that leaves us has an irrevocable character and we feel death treading us down."[4] And this is the mark of death that fills the landscape with gloom. Colour and warmth abandon objects, which appear as a lifeless desert. The world of the melancholic seems to be seized by a continual, oscillation between being and nothingness. And this oscillation imparts a giddy motion to things, making everything unstable, appearing hazily along the shadowy line separating being from not being. How is it possible to *decide* in this impermanence? The only gesture possible would seem to be stillness, what "in painting is called *Stilleben* (still life), or in other languages... *natura morta* (dead nature)."[5]

Life is magically arrested in its impermanence: "objects, animals, plants, landscapes and human bodies frozen into stillness by the magic of art," in a sort of "demoniacal" mystery. In fact, here "the objects represented seem to stand on the coloured shore of life, the eye filled with immensity and the tongue paralysed."[6]

So the melancholy prince has broken the order of reason whose "common theme is death of fathers:" "your father lost a father, and that father lost lost his." He has halted that long chain of deaths, but in doing so he has halted life itself, he has frozen things into a strange and disconcerting dumbness. The world itself seems to be suspended in an unending instant, in a landscape like the "sixth day of Creation; when God and the world were still alone, without men."[7]

Petrified angels, inoffensive and dusty monsters, "dead beauties and chilled deliriums" in the "chambers of marvels," in temples, cemeteries, libraries. Glossy bunches of verdure, animals with a trickle of blood that will never flow, a hanging drop that will never fall to the ground, "frozen by the spell of art."[8] The protest against the world's impermanence, against death and nothingness, has been

mazzi di verdura, animali con un filo di sangue che non scorrerà mai, una goccia sospesa che non si staccherà mai, che mai cadrà a terra, "immobilizzati dalla magia dell'arte"[8]. La protesta contro l'impermanenza del mondo, contro il suo perire, contro la morte e il nulla, si è trasformata in una "eterea necrofilia" che pervade tutte le cose. Per sfuggire al suono dei passi della morte che ci cammina addosso, si è trasformato tutto in un sepolcro di vetro, in un sarcofago. Al suo interno le cose sono indifferenti, uguali. L'amore che abbiamo per esse, proprio per questa indifferenza, diventa un amore perverso, imparentato con la necrofilia. L'esitazione del principe si traduce ben presto in paralisi. Come ha visto Baudelaire, che ha risuscitato nell'età del moderno il principe melanconico del barocco, egli "è il re di un paese piovoso / Giovane ma vecchissimo, ricco ma impotente". Egli ha cercato di salvare le cose dalla "ragione" che ne comandava la morte e il mutamento, le ha gelosamente fermate nella sua collezione, ma un po' alla volta le cose si sono vendicate: irrigidite gli hanno trasmesso il suo irrigidimento. In lui non scorre sangue "ma verde acqua del Lete"[9]. Egli ha lottato a lungo contro il tempo, chiudendo le cose nell'"universo senza uscita" del museo, là dove sembra essere cancellato lo scorrere del tempo[10]. Ma il tempo ha riportato la vittoria ultima e definitiva, cancellando nell'oblio il senso stesso delle cose pietrificate nello *Stilleben*. L'unico senso che esse conservano è quello dell'essere raccolte insieme, in una equivalenza che è il risultato dell'oblio della loro differenza. La loro esistenza, sempre in bilico fra essere e nulla, si è arrestata in un "essere stato": il loro *Dasein* è divenuto un *Dagewesensein*[11].

Un giardino di epiteti

"È un giardino di epiteti" disse l'altro giorno, "giardino, dizionario, cimitero..." E dopo un po' si disse: "Morire dottamente...Transiit classificando..." (P. Valéry)

Adorno ha parlato del museo, la fase culminante e finale del gesto collezionistico, come di un processo di valorizzazione. Ma questa lettura cancella, o almeno non rileva, ciò che caratterizza il collezionismo nell'età del moderno[12].

Nel "prestissimo" della vita metropolitana l'uomo, vive un rapporto perverso con lo spazio e con il tempo. L'immensamente grande della metropoli lo obbliga a percezioni parziali, ad un'atomizzazione dell'esperienza, che non ha riscontro nel passato. E il succedersi delle cose, l'accadere dell'"immenso nuovo che deborda da tutte le parti"[13], lo pone in uno stato di angosciosa incertezza: "Dove prendere il punto d'appoggio, ammettendo pure che abbiamo una leva? ... Quello che ci manca è il principio intrinseco delle cose, l'anima, l'idea stessa di soggetto"[14]. Tutto si presenta come effimero, nella forma di frammento e di rovina. Ciò che viene, ma anche la memoria di ciò che è stato: "abbiamo avuto il romanico, il gotico, il Pompadour, il rinascimento e il tutto in meno di trent'anni"[15].

Ma questa incertezza, che nasce da un rapporto pervertito con il tempo, si cala anche nella vita quotidiana. Come ha osservato Valéry, nell'età del moderno, il regime temporale dello choc e della sorpresa ci obbliga a vivere ogni esperienza come "già stata": ci obbliga a riprodurla, e dunque, fra il presente e il futuro, come un margine insuperabile si erge il passato[16].

L'io si è vaporizzato, afferma Baudelaire. Non ho più centro, scrive Flaubert. Come trattenere questo attimo, questo lampo, che confina subito in un "forse mai più"[17]? Come trattenere la memoria dei "miseri scomparsi, i popoli morti a cui nessuno pensa più", le loro grida che "nessuno più intende"[18]? Le esposizioni sembrano avvicinarsi il mondo, si chiamano ormai "universali", ma il mondo lì si presenta nella forma della natura morta. I "panorami" ci avvicinano ai paesaggi lontani e sconosciuti, ma essi rivelano la loro natura fittizia quando improvvisamente ingrigiscono e scompaiono lasciandoci di fronte all'immagine scolorita e reificata della delusione stessa[19].

Che cosa resta dunque se non procedere ad una sorta di maniacale classificazione, con un "regime di rabbia fredda e feroce", in cui si accumulano frammenti su frammenti, note su note, epiteti su epiteti. Flaubert in Salammbô, un estremo tentativo di far rivivere il passato, si trova ad accumulare "libri su libri, note su note"[20], che rimangono incomponibili, e che si dispiegano inerti come gli oggetti chiusi nelle bacheche e nelle vetrine dei musei. Il tentativo di rianimare il passato è diventato la scoperta di una necropoli. Ma d'altronde "il cuore stesso ... è una necropoli", "le idee sono come le tombe nel mezzo delle quali mi conduco"[21].

E proprio Flaubert ha creato, nella sua ultima opera, nell'opera definitiva che si apre proprio per il suo feroce rigore alla contemporaneità, prolungandosi nel XX secolo, le due figure perfette del collezionismo: Bouvard e Pecuchet.

Bouvard e Pecuchet si muovono nel "giardino" della cultura, in mezzo a dizionari, enciclopedie, manuali, libri, che raccolgono tutto il sapere: quello religioso, pedagogico, scientifico, medico, politico, filosofico e letterario. Ma proprio perché non c'è alcun criterio, alcun valore, che possa permettere di scegliere e decidere, accumulano e mettono in atto ogni cosa e ogni idea. E in questo modo polverizzano letteralmente ogni cosa e ogni idea. Nulla resiste alla loro follia collezionistica e combinatoria. E non a caso il romanzo termina con il gesto puro, ma per questo disperato e folle, della conservazione senza più aggettivi. Essi si limitano a trascrivere e a copiare dai libri ciò che non può più prendere alcuna forma, ciò che rimane dunque come "epiteto" senza più nome a cui appellarsi, a cui unirsi o connettersi.

Noia e *bêtise* sembrano ormai dominare, come ciò che non ha e non può avere figura, tutto l'orizzonte dell'uomo. Le cose, nel momento stesso in cui vengono trascritte, collezionate e conservate, perdono qualsiasi senso e precipitano in un vortice, in una sospesa e congelata vertigine, che non ha più alcuna parentela nemmeno con la magica necrofilia dello *Stilleben*. La linea d'ombra fra essere e nulla sembra essersi spezzata, scomposta, sfrangiata: il nulla ormai dilaga in ogni luogo, incontenibile.

Strade e musei

"Il museo della strada, composto di immagini grottesche e immense." (H. de Balzac)

D'altronde la grande città, la metropoli, è già essa stessa il luogo supremo della collezione, il museo. L'aveva riconosciuto, con maniacale e visionaria precisione, Balzac, quando imparava la scienza del vagabondare, per poter descrivere le "immense e grottesche figure", che si allineano nelle vetrine, che appaiono improvvise negli angoli delle strade, che si affacciano lungo le vie[22]. Lo sguardo dei personaggi di Dostoevskij negli antri e nei vicoli e nelle strade di Pietroburgo, o il viaggio del narratore della *Recherche* proustiana nella Parigi notturna, città di ombre e di fantasmi, è lo stesso sguardo con cui Michel Leiris scivola nei corridoi dei musei, con "l'impressione che certi angoli bui debbano essere sede di lubricità nascoste"[23]. Un Eros misterioso e perverso infatti sembra legare in un'oscura complicità le cose più strane ed eterogenee. La pratica surrealista, da Aragon de *Le paysan de Paris* a Breton di *Nadja* e di *Amour fou* non è stata altro, infatti, che la scoperta della città come museo. I surrealisti hanno uno sguardo "corruttore": "decomponendo ciò che invecchia essi creano la *nature morte*, feticci"[24]. Parole, oggetti, immagini "fanno all'amore", si uniscono, nel montaggio surrealista, in strani e sconvolgenti connubi. Ma questi connubi finiscono per assomigliare sempre più a cristallizzazioni di luoghi e situazioni tipiche metropolitane, tanto che la lettura di *Nadja* oggi assomiglia alle pagine di un vecchio beadeker della Parigi primo Novecento. O meglio ancora: al catalogo di una mostra della "vecchia" città.

Questo l'aveva capito Proust, quando paragona il museo ad una

transformed into an "ethereal necrophilia" pervading all things. To escape from the footfalls of death bearing down on us everything has been transformed into a glassy sepulchre, a sarcophagus. Within it things are indifferent, alike. The love we have for them, because of this indifference, has become a perverted love, akin to necrophilia. The princes irresolution is soon translated into paralysis. As Baudelaire, the poet who revived the melancholy prince of the Baroque age in the modern era understood, he is "the king of a rainy country/young yet old, rich but impotent."

He has sought to save things from the "reasons" which ordered their death and change; he has jealously fixed them in his collection, but gradually the things have avenged themselves: frozen into rigidity they have transmitted their own rigidity. In him there flows not blood but "green water of Lethe."[9]. He has struggled long with time, enclosing things in the "doorless universe" of the museum, where time seems to have ceased its flux.[10] But time has won the final, the definitive victory, effacing in oblivion the very meaning of the things petrified into *Stilleben*, still-life, *natura morta*. The only meaning they retain is that of having been collected together in an equivalence that is the result of unmindfulness of their differences. Their existence, always precariously balanced between being and nothingness, has been frozen into a "having been;" their *Dasein* has become a *Dagewesensein*![11]

A garden of epithets

"It is a garden of epithets," he said the other day; a garden dictionary, cemetery..."
And after a while he murmured: "To die learnedly... Transiit classificando..."
(P. Valéry)

Adorno has spoken of the museum, the culminating and final phase of the act of collecting, as a process of enhancement. But this interpretation cancels, or at least fails to reveal, the thing that characterizes collecting in the modern period.[12] In the "prestissimo" of life in the metropolis, man lives a perverted relationship with space and time. The greatness and immensity of the metropolis imposes on him partial perceptions, an atomization of experience, which has no precedents in the past. And the succession of events, the occurrence of an "immense newness that wells up on all hands,"[13] puts him into a state of anguished uncertainty. "Where shall we find a point of support, even supposing that we have a lever?... What we lack is the intrinsic principle of things, the soul, the very idea of a subject."[14] Everything appears as ephemeral, in the form of fragments and ruins. Whatever appears, but also the memory of what has been: "We have had the Romanesque, the Gothic, the Pompadour, the Renaissance and all in less than thirty years."[15]

But this uncertainty, which arises out of a perverted relationship with time, also enters into everyday life. As Valéry commented, in the modern age, the temporal regimen of shock and surprise obliges us to reproduce it, and hence, between present and future, as an insuperable margin, there arises the past.[16]

The self has disappeared, declares Baudelaire. I have no longer a centre, writes Flaubert. How is it possible to hold fast this instant, this flash, that immediately leads on to "perhaps never again"?[17] How is it possible to hold fast to the memory of the "wretched dead, the defunct peoples of whom no one thinks any longer, their cries which no one now understands"?[18] Industrial exhibitions seem to approach the world; this is why they are now called "universal exhibitions," but the world there appears in the form of a still life. "Panoramas" bring us closer to distant and unknown landscapes, but they reveal their fictitious nature when they suddenly grow dull and fade, leaving us with the colourless and reified image of disappointment itself.[19]

What then remains, save to proceed to a sort of maniacal classification, with a regimen of "cold ferocious rage," in which fragments are heaped on fragments, notes on notes, epithets on epithets. Flaubert in Salammbo, an extreme attempt to bring the past to life, found himself piling "book upon book, note upon note,"[20] and they remained impossible to compose, laid out inertly like objects enclosed in the display cases and cabinets of a museum. The attempt to reanimate the past has become the discovery of a necropolis. But then "the heart itself... is a necropolis," "ideas are like the tombs among which I wander."[21]

It was Flaubert himself who created, in his last work, in the definitive work which in its fierce rigour leads into the contemporary world, into the 20th century, the two perfect figures of the collecting mania: Bouvard and Pecuchet.

Bouvard and Pecuchet wander through the garden of culture surrounded by dictionaries, encyclopedias, manuals, books that contain all knowledge: religious, pedagogical, scientific, medical, political, philosophical and literary. But precisely because there is no criterion, no value which can make it possible to select and decide, they collect and implement every single thing and every idea. And in this way they literally pulverize every thing and every idea. Nothing can withstand their mania for collecting and doing. And it is no accident that the novel ends with pure gesture, a gesture that in its purity is desperate and crazed, of preservation without qualification. They limit themselves to transcribing and copying from books whatever can no longer take on any form, what therefore remains as "epithet" without any noun to which to attach itself, relate itself, unite itself.

Ennui and bêtise now seem dominant over the whole of man's horizon, like something that has not and can never have a shape. Things, at the very moment when they are transcribed, collected and kept, lose all meaning and fall into a vortex, into a suspended and frozen vertigo that has no longer even any kinship with the magical necrophilia of *Stilleben*. The shadow line between being and nothingness seems to have been broken, decomposed, unravelled: nothingness now spreads over everything, irresistible.

Streets and museums

"The museum of the street, composed of immense and grotesque images."
(H. de Balzac)

Besides, the great city, the metropolis, is already in itself the supreme venue of collecting, the museum. Balzac had foreseen this with maniacal and visionary precision, when he learnt the science of wandering in order to be able to describe "the immense and grotesque figures" that are aligned in shop windows, that suddenly turn up on the corners of the roads or appear along the streets.[22] The gaze of Dostoevski's characters in the lobbies and alleys of St. Petersburg, or the journey of the narrator of Proust's *Recherche* through nocturnal Paris, city of shadows and phantoms, is the same as the gaze with which Michel Leiris skulks about museum corridors, with the "feeling that certain dark corners, must be the scene of hidden lubricity."[23] A mysterious and perverse Eros seems to link together the strangest and most heterogeneous things in an obscure complicity. Surrealist practice, from the Aragon of *Le paysan de Paris* to the Breton of *Nadja* and *Amour fou* was quite simply the discovery of the city as museum. The Surrealists have a "corrupting" gaze: "by decomposing that which ages, they create *la nature morte*, fetishes."[24] Words, objects, images, "make love," and combine, in the Surrealist montage, in strange and disturbing partnerships. But these partnerships increasingly end up resembling crystallizations of typical metropolitan places and situations, so that a reading of *Nadja* now gives the impression of some old Baedeker of early 20th century Paris. Or even more closely some exhibition of the "old" city.

Proust had understood this, when he compared the museum to a

stazione, e l'aveva capito Valéry ne *Le problème des musées*[25]. Valéry entra nelle ceree solitudini del museo, "che hanno qualcosa del tempio e del salone, del cimitero e della scuola". E scopre, come Leiris, che "qui nulla è puro", tutto "è inumano". Le cose che qui sono esposte sono avverse e nemiche "proprio quando esse si assomigliano di più". Lo stesso sguardo deve cogliere "armonie e maniere di dipingere incomparabili fra di loro" e dunque, in "questa casa dell'incoerenza", costruite da una società che non è "né voluttuosa né ragionevole", possiamo scoprire unicamente "l'accumulo di un capitale eccessivo e dunque inutilizzabile".

Per questo il museo obbliga allo sguardo superficiale, lo stesso che siamo costretti ad esercitare nello spazio e nel tempo metropolitano. Infatti, dice Valéry, "esco... Il magnifico caos del museo mi segue e si mescola al movimento della strada...: noi siamo e ci muoviamo nella stessa vertigine della mescolanza, di cui infliggiamo il supplizio all'arte del passato".

È la situazione tipica del moderno, che altrove Valéry ha paragonato ad un forno portato all'incandescenza, in cui tutto giunge "all'invisibilità, all'uguaglianza insensibile", che "non è che *disordine* allo stato perfetto". Il museo non è che il prolungamento della strada, e la strada non è che un immenso museo in cui persino il cervello umano, ogni "pensatore non è che un'esposizione universale di pensieri"[26].

De Chirico è il pittore emblematico di questa esistenza e di questa dialettica strana e perversa. Pittore dei "silenzi abissali"[27] delle città, ha cercato di sfuggire al loro "tempo" ribollente e tumultuoso. Ha cercato di scavare sotto la loro superficie per scoprire l'archetipo, l'uovo primordiale cosmico, ed ha scoperto invece delle immagini che non sono che la copia delle figure del tempo metropolitano: manichini che sono senza storia, non perché affondano nelle profondità del passato, ma perché sono stati privati del passato e dunque sono privi di memoria e di esperienza. Nulla, né ricordo né speranza, può incidersi sul loro corpo, vera proiezione del "corpo macchina" di quella ragione che la ricerca archetipica voleva superare. E non è un caso che De Chirico, dopo questa sua esperienza, sia passato a dipingere direttamente per il museo, scoprendo e svelando una vocazione segreta che corre sotterranea e spesso misconosciuta all'interno di tutto il "moderno".

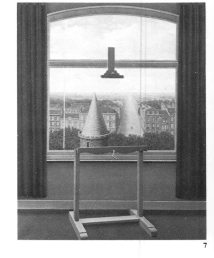

Santuari della memoria

"Ed eccoci dunque in preda a una confusione di speranze illimitate, giustificate da inauditi successi e di immense delusioni o di funesti presagi, effetti inevitabili di sconfitte e di catastrofi inaudite." (P. Valéry)

Un uomo, come afferma Valéry, proprio in quanto moderno, "vive familiarmente con una quantità di contrari che si sono stabiliti nella penombra del suo pensiero"[28]. L'uomo moderno è il "rimurginatore", colui che è sempre confrontato con l'ambivalenza delle cose, e che è dunque costretto all'esitazione. Il suo luogo è il labirinto, lo spazio in cui si aprono più vie, nessuna delle quali può condurci certamente alla meta. Oppure, come afferma Benjamin in *Parco centrale*, in cui tutte conducono alla stessa meta, "e questa meta è il mercato"[29], il tempio della merce e dunque dell'equivalenza, dell'indifferenziata uguaglianza.

Il collezionista aveva cercato, in concorrenza con l'uomo religioso e con il filosofo e l'artista, di costruire, con la sua collezione, un ordine che in qualche modo fermasse le cose nel loro vertiginoso apparire e sparire. Aveva tradito "la ragione dei padri" — il senso della loro "morte" —, per assicurare al mondo un esito che potesse fare a meno della morte. E in questo tentativo egli aveva affrontato il rischio di estendere un'aura mortale su tutte le cose, congelandole al di fuori del tempo in una sorta di "eterea" e magica necrofilia. Ma cosa può collezionare il rimurginatore in un tempo in cui la contraddizione non abita più nelle cose ma nella penombra del suo pensiero? In un mon-

2. Paesaggio di K.D. Friedrich.
3. G.L. Bernini, "L'estasi di Santa Teresa".
4. G. de Chirico, "Cavalli e gladiatori".
5. Il terremoto di Messina (foto del 1906).
6. G. de Chirico, "Ettore e Andromaca".
7. R. Magritte, "Les promenades de Euclide".

2. Landscape by K.D. Friedrich.
3. G. L. Bernini, "Ecstasy of St. Theresa."
4. G. de Chirico, "Horses and Gladiators."
5. Earthquake at Messina (1906 photo).
6. G. de Chirico, "Hector and Andromaca."
7. R. Magritte, "Les promenades de Euclide."

station, and so had Valéry in *Le problème des musées*.[25] Valéry enters the waxy solitudes of the museum, "vaguely suggestive of the temple and the salon, of the cemetery and the school." And he discovers, like Leiris that "here nothing is pure," everything "is inhuman." Things, that are hereby exhibited, are hostile and adverse, "just as they most resemble to themselves." The same gaze must embrace "harmonies and styles of painting that are quite incomparable" and hence "in this home of incoherency," built by a society which is "neither voluptuous nor reasonable," we only discover "the accumulation of an excessive and therefore unutilizable capital."

For this reason, the museum compels a superficial gaze, the same gaze that we are compelled to adopt in metropolitan space and time. Indeed, says Valéry, "I go out...and the magnificent chaos of the museum follows me and mingles with the bustle of the street...: we are and move in the same vortex of mélange as we inflict as a torment on the art of the past."

This is the typical situation of the modern, which Valéry has elsewhere compared to a furnace raised to glowing heat, in which everything achieves "an invisibility, an insensible sameness" which is "nothing but *disorder* in its perfect state." The museum is merely the continuation of the street, and the street is merely an immense museum, in which the human brain itself and "every thinker is no more than a universal exhibition of thoughts."[26]

De Chirico is the emblematic painter of this existence, this strange and perverse dialectic. A painter of "the silences of the abyss"[27] of the city, he sought to elude their seething and turbulent "time." He sought to probe below their surfaces and discover the archetype, the primordial cosmic egg, and instead discovered images that are no more than the copy of figures of metropolitan time: dummies without a history, not because they extend into the depths of the past but because they have been deprived of the past and hence are devoid of memory and experience. Nothing, neither memory nor hope, can affect their bodies, the true projection of the "machine body" of that reason which archetypal research sought to move beyond. And it is no accident that De Chirico, after this experience of his, should have begun painting directly for the museum, discovering and revealing a secret vocation that runs underground within all the "modern" and is often misunderstood.

Shrines of the memory
"So here we are, a prey to a confusion of boundless hopes, justified by unprecedented successes and immense disappointments or gloomy forebodings, the inevitable effects of unprecedented defeats and catastrophes." (P. Valéry)

A modern man, as Valéry states, precisely because he is modern, "lives familiarly with a quantity of contraries that have established themselves in the twilight of his thought."[28] Modern man is the "brooder," one that is always faced with the ambivalence of things, and who is consequently compelled to hesitate. His place is the labyrinth, the space where the paths divide without any one of them leading securely to the goal. Or else, as Benjamin declares in *Central park*, where all paths lead to the same goal, "and this goal is the market,"[29] the temple of goods and hence of equivalence, of undifferentiated equality. The collector sought, in competition with the man of religion, the philosopher and the artist, to construct, through his collection, an order which would somehow arrest things in their vertiginous appearing and disappearing. He had betrayed "the reason of his fathers" — the sense of their "death" — in order to secure an outcome for the world that could do without death. And in this attempt, he had faced the risk of casting a mortal aura over all things, freezing them outside time in a sort of "ethereal" and magical necrophilia. But what can the brooder collect at a time when the contradiction no longer resides in things but in the twilight of his own thought? In a world where everything appears as equal and simultaneously fleeting and unexpected, like some occurrence that cannot be detained? And besides, who is there to detain it, if the Cartesian self, the "certain momentary unit", has dissolved and with it the complex self of the mystics, "which does not endure in the city."[30]

"Our life," writes Valéry, "is entirely founded on the advance of events. Most of our events are foreshadowings of events or of parts of them. It is for this reason that surprise is a sort of exception, of evil, of illegitimacy." Surprise acts as a sort of deficit, of "time lost."[31] But instead of being the exception, in metropolitan time it is the rule, and hence it is not possible to make an experience of the perception of metropolitan reality in a regimen of shock and surprise. Our life is traversed by myriads of events, but they, as Musil has said, "do not fill the hours", which remain "vacant."[32]

Shock introduces "chance, pure improbability," into the linear order of time, it creates a sort of "inversion of duration," in which awareness, caught in this oscillation between an anticipation and retroaction of shock, "appears as susceptible of division," it "declines from its absolutely apparent generality and shows itself as a part."[33] The perception of this time, of these "vacant hours," is the traumatic experience of *time lost*, which seems irredeemable and hence compels a sort of unending repetition.

Without a past, which seems inexorably lost, we thus live in the perception of the partiality of the present, as if "closed in an eternal fragment."[34] And this is the reason why it is precisely "metropolitan time" that has generated a myriad of angels, of animals, of fools, of dead children: figures without a past who can thus be available to the future, to that which is outside a world and a reality which, in its fragmentary and ruinous partiality, increasingly resembles a tangled and gloomy forest of impenetrable symbols.[35] What is to be enclosed in the shrines of memory, in museums, if we ourselves are devoid of memory? The extreme attempt of the collector is thus to detain and catalogue not things but time itself: its memory and experience.

The first great collector of sensations and moments immediately falling into nothingness, into the unportrayable void, was Baudelaire. He concentrated on the odour of a coiffure which seemed to enclose the treasure of a remote experience, to bring it back to life again until everything, even the springtime, has "lost its odour."[36] But the same is true also of Flaubert, who ends *L'education sentimentale* with a sort of survey of tombstones. And above all there is Proust, who, in the early volumes of the *Recherche du temps perdu* presents an accumulation, a sort of mass of ruins reaching to the sky, unmatched and irreconcilable fragments of the past, that bring with them a vague odour of the past as well as the bitter smell of the putrefaction of habit, dulling everything and transforming life itself into a gloomy wasteland of ennui.

A great collector, Walter Benjamin, has testified to the failure of this attempt to collect one's own time, the time of the subject. "Memory," he says, "is a secularized relic." And: "Memory is the complement of the experience lived. In it is deposited the growing self-alienation of man, who catalogues his past as dead possession... The reliquary is derived from the corpse, the memory of the dead experience, euphemistically described as 'lived experience'."[37] And even before Benjamin, a great poet, Montale, made the main theme of his works precisely the impossibility of memory. He wrote; "In limine" to *Ossi di seppia*:[38]

Godi se il vento ch'entra nel pomario
vi rimena l'ondata della vita:
qui dove affonda un *morto*
viluppo di memorie,
orto non era, ma *reliquiario*.

do in cui tutto si presenta uguale e al contempo momentaneo e improvviso come un evento che non può essere trattenuto? E d'altronde *chi* può trattenere, se l'io cartesiano, "l'unità momentanea certa", si è dissolto e con lui si è dissolto anche l'io complesso dei mistici "che non resiste nella città"[30]?

"La nostra vita, scrive Valéry, è interamente fondata sul sopravvanzamento degli avvenimenti. La maggior parte dei nostri avvenimenti sono anticipazioni di avvenimenti o di *parti* di essi. È per questo che la sorpresa è una sorta di eccezione, di male, di illeggittimità". La sorpresa agisce dunque come una sorta di deficit, di "tempo perduto"[31] Ma essa, anziché l'eccezione, nel tempo metropolitano è la regola, e dunque della percezione della realtà metropolitana, in un regime di choc e di sorpresa, non è possibile fare esperienza. La nostra vita è attraversata da una miriade di eventi, ma essi, come ha detto Musil, "non riempiono le ore", che rimangono "vuote"[32].

Lo choc introduce nell'ordine lineare del tempo "il caso, l'improbabile puro", provoca una sorta di "inversione della durata", in cui la coscienza, presa in questa oscillazione fra anticipazione e retroazione dello choc, "si rivela come passibile di divisione", "decade dalla sua generalità assolutamente apparente e si mostra come parte"[33]. La percezione di questo tempo, di queste "ore vuote", è l'esperienza traumatica del *tempo perduto*, che sembra irredimibile e dunque che obbliga ad una sorta di ripetizione infinita.

Senza passato, che risulta inesorabilmente perduto, viviamo dunque nella percezione della parzialità del presente, come "chiusi in un eterno frammento"[34]. Ed è per questo che proprio il "tempo metropolitano" ha generato una miriade di angeli, di animali, di folli, di morti bambini: figure senza passato, che possono dunque essere aperte al futuro, a ciò che è fuori di un mondo e di una realtà, che nella sua parzialità frammentaria e rovinosa, assomiglia sempre più ad una inestricabile e buia foresta di simboli impenetrabili[35].

Cosa chiudere nei santuari della memoria, nei musei, se noi stessi siamo privi di memoria? L'estremo tentativo del collezionista è dunque quello di trattenere e catalogare non cose ma il tempo stesso, le sue sensazioni: la sua memoria e la sua esperienza.

Il primo grande collezionista di sensazioni o di istanti che subito precipitano nel nulla, nell'infigurabile della nota, è Baudelaire. Egli si è fissato sul profumo di una capigliatura, che sembrava racchiudere il tesoro di un'esperienza lontana, per farla rivivere, finché tutto, anche la primavera, "ha perduto il suo odore"[36]. Ma come Baudelaire, anche Flaubert, che conclude *L'educazione sentimentale* in una sorta di rassegna di lapidi. E soprattutto Proust, che nei primi tomi della *Ricerca del tempo perduto* vede accumularsi, veramente come un ammasso di rovine che sale fino al cielo, frammenti incomponibili e inconciliabili del passato, che portano con sé, oltre che un vago sentore del profumo del passato, l'amaro odore della putrefazione dell'abitudine, che tutto ingrigisce e che trasforma la vita stessa in un oscuro deserto di noia.

Un grande collezionista, Walter Benjamin, ha siglato il fallimento di questo tentativo di collezionare il proprio tempo, il tempo del soggetto. "Il ricordo, egli dice, è una reliquia secolarizzata". "Il 'ricordo' è complementare all' 'esperienza vissuta'. In esso si deposita la crescente autestraniazione dell'uomo, che cataloga il suo passato come morto possesso... La reliquia deriva dal cadavere, il 'ricordo' dall'esperienza morta, che eufemisticamente è definita 'esperienza vissuta'"[37]. E prima ancora di Benjamin un grande poeta, Montale, che proprio dell'impossibilità del ricordo ha fatto il tema principale della sua opera. Egli scrive, "In limine" ad *Ossi di seppia*[38],

Godi se il vento ch'entra nel pomario
vi rimena l'ondata della vita:
qui dove affonda un *morto*

viluppo di memorie,
orto non era, ma *reliquiario.*

La passione del collezionista

"All'improvviso l'erede e custode si trasforma in un distruttore." (H. Arendt)

Proprio Benjamin che con la sua affermazione che "il 'ricordo' è lo schema della trasformazione della merce in oggetto da collezione"[39] sembra aver chiuso ogni speranza di poter salvare, con la collezione, qualche frammento dalla "tempesta" che noi chiamiamo "il progresso", in realtà coglie, nella figura e nella fisionomia del collezionista — nella sua psicologia —, un tratto contraddittorio, che può diventare, come egli stesso ha affermato nel saggio su Fuchs, uno stadio aurorale di un nuovo sapere.

Il fanciullo e il collezionista condividono, a diverso titolo, una comune passione erotica per l'oggetto: un'esperienza dell'oggetto che è anche investimento di tutta la soggettività, dell'io penso della ragione e dell'esso pensa del corpo e delle sue pulsioni[40]. Questo "amore" si traduce in una vera e propria passione che "è anarchica, distruttiva...; è la sovversiva protesta contro il tipico, il classificabile". Certo, questa protesta contro il classificabile, può tradursi in un'ansia essa stessa classificatoria, quella che aveva condotto Teste a "morire classificando". Ma il collezionista, pur preso nell'amore per ognuno dei suoi oggetti in cui "è presente tutto il mondo", cerca di costruire un ordine "il cui abbozzo è il destino del suo oggetto". Quando egli prende in mano, afferra, le sue cose sembra subito che attraverso di esse egli "guardi nella loro lontananza", nel passato che ha dato loro l'unicità, l'autenticità, che nessun "tipo" può cancellare.[41]

Il possesso del collezionista è un disordine, rispetto all'ordine conosciuto e stabilito dei tipi e dei generi. Ma questo disordine "nell'abitudine si è reso familiare, tanto che può apparire come un ordine"[42]. Dunque il collezionismo rende pensabile la possibilità stessa di un altro ordine, che ha spezzato i suoi legami con la "buona tradizione" — quella del tempo omogeneo e lineare che ha raso al suolo ogni differenza —, e che ha introdotto in questa stessa tradizione lo "scarto", l'interruzione, la discontinuità. Per questo è possibile affermare che "la pulsione più profonda interna al desiderio del collezionista è di acquistare il nuovo", di "collegarsi non al buon vecchio ma al cattivo nuovo"[43].

Questa tensione era implicita, ma non rilevata, nel testo di Valéry sul museo, quando si afferma il paradosso di questa vicinanza di meraviglie indipendenti ma avverse, che sono anche le più nemiche l'una dell'altra proprio quando esse si assomigliano di più"[44].

L'uguaglianza, l'indifferenza, imposta nel museo e nella collezione finisce per aprirsi ad una tensione, ad un conflitto in cui la differenza, la diversità, la contraddizione, premono per esprimersi e per manifestarsi: cercano un ordine nuovo e diverso in cui possano sopravvivere e significare ancora. Ma perché questa differenza possa costituirsi come un nuovo e diverso ordine di senso, il collezionista, che in qualche modo ha presentito questo ordine come possibile, deve paradossalmente tradirsi. Deve tradire la sua passione perché l'essenziale di essa possa agire per afferrare il "nuovo".

Il collezionista deve infatti accettare la rottura dell'aura che apparentemente salvava l'oggetto nella sua atipica unicità, ma che in realtà finiva per consegnarlo nell'indifferenziata universalità del valore estetico. Il collezionista non può più fissare, attraverso l'oggetto, la lontananza che chiude come in uno scrigno il segreto della sua origine e della sua autenticità. E anche il suo gesto distruttivo risulta ormai superato da un'età in cui crisi e sviluppo hanno compiuto la loro opera di distruzione. Il valore culturale assegnato all'opera nel museo finisce proprio per mascherare l'opera distruttiva del tempo che "ha operato la rottura della tradizione all'inizio di questo secolo"[45]. Al

(Rejoice if the wind that returns to the orchard/brings back the surge of life:/here, where is sunk a *dead/tangle of memories*,/was no garden, but a *reliquary*.)

The collector's passion

"All at once the heir and guardian turns into a destroyer." (H. Arendt)

Though Benjamin, with his assertion that "the memory is the scheme of transformation of goods into collector's items"[39] seems to have have ruled out any hope of being able to save, through collecting, some fragment of the "tempest" that we call progress, it is Benjamin himself who grasps a contradictory fact in the collector's make-up — in his psychology — and this may become, as he himself has stated, in his essay on Fuchs, the first glimmer of a new knowledge.

The child and the collector both share, in different fashion, a common erotic passion for the object: an experience of the object that is also an investment of the whole subjectivity, of the *I think* of the reason and of the *it thinks* of the body and its pulsings.[40] This "love" becomes translated into a full-blown passion which is "anarchical, destructive...; it is the subversive protest against the typical, the classifiable." Of course, this protest against the classifiable may be translated into an anxiety that is itself also classificatory, such as that which led Teste to "die classifying." But the collector, though enrapt by love for each of his objects, in which "all the world is present," seeks to construct an order "whose shaping is the destiny of his object." When he grasps, holds in his hand, these objects of his, he seems to be "looking into their remoteness" through them, into the past that gave them their uniqueness, their authenticity, which no "type" can efface.[41]

The possession of the collector is a disorder in relation to the known and established order of types and kinds. But this disorder "has become familiar in habit, to the point where it appears as order."[42] Collecting, therefore, renders conceivable the possibility of another order, which has broken its bonds with the "good tradition" — that of the homogeneous and linear time that has rased to the earth all differences — and has introduced into this same tradition the "gap", the break, the discontinuity. This is why it can be that "the deepest and innermost drive within the collector's desire is to acquire the new", to "connect not with the good old but the bad new."[43]

This tension was implicit but not manifest in Valéry's essay on the museum, when he asserts the paradox of "this closeness of independent but opposed marvels, which are most one another's enemies precisely when they resemble each other most."[44] The sameness, indifference, imposed in the museum and the collection, end up by opening towards a tension, a conflict in which difference, diversity, contradiction, strive to express themselves and become manifest: they seek a new and different order in which they can survive and once more signify. But in order that this difference may constitute itself as a new and different order of meaning, the collector, who has in some way had a premonition of this order as a possibility, must — paradoxically — betray himself. He must betray his passion so that its essence can act and grasp the "new."

The collector must accept the breaking of the aura that seemingly preserved the object in its atypical uniqueness, but which in reality ended up by relegating it to the undifferentiated universality of aesthetic value. The collector can no longer fix, through the object, the remoteness that contains within itself, as in a shrine, the secret of its origin and its authenticity. And even the destructive gesture now seems superseded by an age when crisis and development have carried out their task of destruction. The value of cult attributed to the work in the museum ends up by masking the destructive work of time, which "achieved the break with tradition at the start of this century."[45] The collector no longer has the task of destroying but rather of constructing, starting from "whatever the spirit of the age is organizing, the spirit that has marked the desert landscape of these present times with signs that old bedouins like us cannot misinterpret."[46] Now one must "stoop to gather up the precious fragments from the heap of ruins of the past" and to construct new figures with them.

Mélanges

"That thought was itself born in an ambiguous light of its own and he did not complete it." (R. Musil)

We have seen how the impulse towards collecting was born of the desire to hold things in their oscillation between being and nothingness, at the price of arresting them, even in a certain sense of arresting their life in *still life: nature morte*. But we have also seen how, in the magical suspension of *Stilleben*, there appears a tension that, by setting the most closely similar works and objects at odds and making them enemies, referred to a new horizon of meaning in which difference could dwell, express itself, and manifest itself.

For this reason it is necessary to discover a pattern, an order, a language which is capable of holding together the two "worlds;" the world of being, namely the realm of the visibility of awareness, and the world of non-being, namely the obscure and indistinct world of sensation, of feeling, of experience and of memory. This is the unresolved drama of Tonio Kröger, when he asserts: "I am between two worlds: in neither am I at home."[47] It is the attempt of Kafka, or Rilke or Valéry to create hybrid and monstrous figures half angels, half beasts, that could represent the world. It is the proposal of Musil for a language made up that "stand undecided," wavering, between the worlds.[48]

"It is extraordinarily simple, but also very odd," says Ulrich.[49] The image I have of a cloud will always be different from the image that someone else sees and imagines. Between these two images there is a gap, which manifests itself precisely there where we want to create an equivalence or even, sameness between these two things, a *Gleichheit*, just as when we align items in a collection, or the fragments in our experience as in a reliquary. "We have found many contrived answers," says Ulrich, "but we have overlooked the simplest: that both may have the intention and the capacity to take everything of which they have experience only as *Gleichnis*." And "every *Gleichnis* is ambivalent for the intellect, but for the feeling it is univocal;" and therefore it should be possible to experience "as oneness that which by common estimate is twofold."

"In that instant there occurred to Ulrich the idea of a state of life in which the being here was *Gleichnis* of the being there, and the impossible experience of being a person with two distinct bodies might lose the thorn of its impossibility."

Gleichnis is never *Gleichheit*:[50] the metaphor, the figure, the comparison, originate in a closeness that is never equivalence or sameness. And precisely because of this impossibility of reducing it to sameness, its ability to contain difference, the gap between two images in a single figure, *Gleichnis* "possesses a great power of substitution, the strong effect that is peculiar to obscure and unlike imitations." Indeed, this mingling of tensions, which is the very structure of the figure of speech, turns out to be the language in which there speaks that which had long seemed inexpressible: "That mixture was vivified from far off by the memory that frequently such collections, when they were finer and came from the depths of the soul, themselves revealed the tendency to express themselves through figures (Gleichnisse)."[51]

This is what Baudelaire saw, in an auroral stage, in "cor-

collezionista non spetta più distruggere, ma piuttosto costruire, a partire da "quanto va organizzando lo spirito del tempo, che ha provvisto il paesaggio desertico di questi giorni con contrassegni che dei vecchi beduini come noi non possono fraintendere"[46]. Ora bisogna "chinarsi per raccogliere i preziosi frammenti dal mucchio di rovine del passato" per costruire con essi nuove figure.

Mescolanze

"Quello stesso pensiero nasceva in una sua luce ambigua, ed egli non lo concluse." (R. Musil)

Abbiamo visto come la spinta al collezionismo nascesse dal desiderio di trattenere le cose nella loro oscillazione fra essere e nulla, a costo di arrestarle, di fermarne, in un certo senso, la vita in *natura morta*. Ma abbiamo visto anche come, nella magica sospensione dello *Stilleben*, affiorasse una tensione che, opponendo e facendo nemiche le cose e le opere più simili, alludeva ad un nuovo orizzonte di senso in cui potesse abitare, esprimersi e manifestarsi la differenza.

È necessario, per questo, scoprire una figura, un ordine, un linguaggio che sappia tenere insieme i due "mondi": il mondo dell'essere, e cioè il regno della visibilità della coscienza, e il mondo del non essere, vale a dire il regno oscuro e indistinto della sensazione, del sentimento, dell'esperienza e della memoria. È il dramma irrisolto di Tonio Kröger, quando afferma "io sto fra due mondi: in nessuno dei due sono a casa"[47]. È il tentativo di Kafka, o di Rilke o di Valéry, di creare figure ibride e mostruose che "stanno indecise" oscillanti, fra i due mondi.[48]

"È straordinariamente semplice, ma anche molto strano", dice Ulrich.[49] L'immagine che io ho di una nuvola sarà sempre diversa dall'immagine che un altro vede e immagina. Tra queste due immagini c'è uno scarto, che si manifesta proprio là dove noi vogliamo fare di queste due "cose" un'equivalenza o addirittura una uguaglianza, una *Gleichheit*, appunto come quando allineiamo le cose nella collezione, o i frammenti nella nostra esperienza come in un reliquiario. "Abbiamo trovato molte risposte lambiccate, ma mi sono dimenticato la più semplice", dice Ulrich: "che i due possono avere l'intenzione e la capacità di prendere tutto ciò di cui hanno esperienza solo come *Gleichnis*." E "ogni *Gleichnis* è per l'intelletto ambivalente, ma per il sentimento è univoco", e dunque sarebbe possibile sperimentare "come uno ciò che per la misura comune è duplice".

"In quell'attimo venne a Ulrich l'idea che in uno stato di vita in cui l'essere qui fosse *Gleichnis* dell'essere là, e l'inesperimentabile di essere una persona di due corpi distinti, potesse perdere la spina della sua impossibilità".

Il *Gleichnis* non è mai una *Gleichheit*:[50] la metafora, la figura, il paragone, si origina da una prossimità che non è mai equivalenza e eguaglianza. E proprio per questa sua irriducibilità all'uguale, per questa sua capacità di contenere la differenza, lo scarto fra due immagini in una sola figura, il *Gleichnis* ha "una grande forza sostitutiva, il forte effetto che è proprio di imitazioni oscure e dissimili". Anzi, questa mescolanza di tensioni, che è la struttura stessa della figura, si rivela essere il linguaggio in cui parla ciò che è sembrato a lungo inesprimibile: "quella mescolanza era vivificata da lontano dal ricordo che sovente tali colloqui, quando erano più belli e venivano dal fondo dell'anima, rivelavano essi stessi la tendenza ad esprimersi attraverso figure (Gleichnisse)".[51]

È quanto Baudelaire aveva visto, in modo aurorale, nelle "corrispondenze". È quanto Proust ha teorizzato nella forma di una metafora in cui i frammenti diversi del passato e del presente, anziché inabissarsi e sparire in un'indifferenziata uguaglianza, o sublimarsi in un'unità superiore, continuano a significare insieme attraverso la loro differenza: nella tensione reciproca che apre un nuovo spazio di senso. È il senso del punto più alto dell'opera di Benjamin, quando,

superato il momento puramente collezionistico che si riduceva in un tentativo di ricomporre l'infranto, parla della costruzione di una monade, di "una costellazione carica di tensioni".[52]

La mescolanza vertiginosa della collezione, che aveva stancato e turbato Valéry, può dunque assumere un altro senso. Le cose allineate, costruite in una prospettiva unitaria, si tendono in una strana inimicizia, che anziché serrarle o cancellarle le vivifica. È la resistenza che l'opera oppone alla fusione, alla confusione, preferendo ad essa la mescolanza ibrida e in prima istanza "vertiginosa", ma che finisce per trasformarsi in una sorta di geroglifico storico in cui è possibile come "vecchi beduini", decifrare anche nel deserto "i segni del tempo".

La lotta che il collezionista aveva ingaggiato contro il tempo cercando di arrestarne il corso e irrigidendo le cose in una sorta di gelida *Gleichheit*, può davvero trasformarsi in una vittoria contro il tempo, non perché le cose ne siano sottratte nell'universo solo apparentemente atemporale del museo, ma perché, queste stesse cose, mescolandosi e strutturandosi in una figura complessa, possono incorporare il tempo.

Il collezionista aveva vissuto la pressione di una duplice utopia: salvare le cose dal passato e tramandare le cose in un futuro in cui esse possano essere libere. Nella "figura", nella sua natura complessa, nella sua costellazione, è appunto incorporato questo tempo "duplice". Essa, infatti, si struttura con e attraverso i frammenti del passato all'interno di frontiere che sono aperte a ciò che deve venire.

[1] K. Pomian "Collezione", *Enciclopedia Einaudi*, vol. III, Torino, 1978, p. 330. Ho fatto, nel testo, un riferimento implicito alla biblioteca di Faust, nel *Mon Faust* di Valéry in cui verifichiamo un allargamento della nozione di collezione al di là delle cose naturali e degli artefatti: "Quante illusioni, desideri, lavoro, furti, casi per accumulare questo sinistro tesoro di certezze in rovina, di scoperte superate, di bellezze morte, di deliri raffreddati" (P. Valéry, *Oeuvres* II, Gallimard, Parigi, 1977, p. 364)

[2] W. Shakespeare, "La tempesta", tr. it. di S. Quasimodo (qui modificata) in *Drammi romanzeschi*, a cura di G. Melchiori, Mondadori, Milano, 1981, atto I, scena II.

[3] W. Shakespeare, *Amleto*, atto I, scena II. Ho seguito il testo critico inglese in *I drammi dialettici*, a cura di G. Melchiori, Mondadori, Milano, 1977 (la trad. it. a fronte è di E. Montale).

[4] G. Flaubert, *Correspondance*, VII Série, Conard, Paris 1930, p. 275. Non deve stupire il fatto che si sia fatto "pensare" Amleto con le parole di Flaubert, che, insieme a Baudelaire, è chi ha più compiutamente rianimato la figura del "melanconico" nell'età del "moderno". Sul principe melanconico cfr. W. Benjamin, *Il dramma barocco tedesco*, tr. it. di E. Filippini, Einaudi, Torino, 1971.

[5] R. Musil, *L'uomo senza qualità*, tr. it. di A. Rho, Einaudi, Torino 1965, p. 1086 (più avanti citeremo questo testo con la sigla USQ. Quando si daranno due numeri di pagina, il secondo è riferito a *Der Mann ohne Eigenschaften* in "Gesammelte Werke", a cura di A. Frisé, Rowohlt, Reinbek bei Hamburg, 1978). Questo vertiginoso apparire delle cose, è secondo Platone, "il cominciamento stesso della filosofia". Ma anche del pensiero mitico e religioso. Come narrano le *Gesta di Buddha*, egli prese la via che l'avrebbe condotto al nirvana proprio a causa della percezione dell'impermanenza.

[6] USQ, p. 1086. *Stilleben* significa "vita in stato d'arresto", "fermata", "sedata".

[7] USQ, p. 1087.

[8] Il riferimento è ancora a Musil e a Valéry cit. nella nota 1.

[9] C. Baudelaire, "Les Fleurs du mal", LXXVII, in *Oeuvres Complètes I*, a cura di C. Pichois, Gallimard, Parigi, 1975. Cfr. anche "Le goût du néant" (LXXX): "E il tempo m'inghiotte minuto dopo minuto / come la neve immensa un corpo irrigidito".

[10] M. Blanchot, *L'amitié*, Gallimard, Parigi, 1971, p. 30: "Il museo è un universo senza uscita, una durata solitaria, la sola libera, la sola che sia storia vera...". Esso manifesta "un tempo sui generis" (p. 37).

[11] È il rischio implicito in ogni collezionismo, la sua ambivalenza, che è stata illuminata da Benjamin in tre testi di straordinario fascino, e acutamente commentata da H. Arendt, *Il futuro alle spalle*, tr. it. di L. Ritter Santini, Il Mulino, Bologna 1981. I tre testi sono "Eduard Fuchs, il Collezionista e lo storico", tr. it. di E. Filippini, in *L'opera d'arte nell'epoca della sua riproducibilità tecnica*, Einaudi, Torino, 1966; *Lob der Puppe*, in "Gesammelte Schriften", vol. III, a cura di H. Tiedemann-Barteis, Suhrkamp, Francoforte, 1972, pp. 213-218; *Ich packe meine Bibliothek aus. Eine Rede über das Sammeln*, G.S., vol. IV, 1, a cura di T. Rexroth, 1972, pp. 388-396.

[12] T.W. Adorno, "Valéry, Proust e il museo", in *Primsi*, tr. it. di A. Cori, Einaudi, Torino, 1972.

respondences.'' This is what Proust theorized in the form of a metaphor in which the different fragments of past and present, instead of sinking and dissapearing into an undifferentiated sameness, or becoming sublimated into a higher unity, continue to express significance together through their difference: in the reciprocal tension that opens out a new area of meaning. This is the meaning of the highest point of Benjamin's work, when, having superseded the purely collectionary moment which had reduced itself to an attempt to recompose the shattered fragments, he speaks of the construction of a monad, of ''a constellation charged with tensions.''[52]

The vertiginous mélange of collecting, which had wearied and disturbed Valéry, can thus assume a different meaning. The items aligned, constructed in a unified perspective, are tensed in a strange enmity, which instead of shackling them or effacing them, vivifies them. This is the resistance that the work opposes to the process of fusion, of confusion, preferring instead a hybrid mingling, one that is at first ''vertiginous'' but eventually becomes transformed into a sort of historical hieroglyphic in which we can, like ''old bedouins,'' decipher ''the signs of the times,'' even in the desert.

The battle with time in which the collector had engaged himself, seeking to arrest its course and rigidifying things into a sort of frozen *Gleichheit*, may indeed turn into a victory against time, not because things are removed from time into the seemingly timeless world of the museum, but because these things themselves, mingling and becoming structured in a complex figure, are able to embody time.

The collector had lived through the pressure of a twofold Utopia: to save things from the past and hand them down to the future in which they can be free. In the ''figure,'' in its complex nature, in its constellation, there is embodied this twofold time. It is structured with and through the fragments of the past within frontiers that have opened out to what is yet to come.

[1] K. Pomian, ''Collezione,'' *Enciclopedia Einaudi*, vol. III, Turin, 1978, p. 330. In the text I have made an implicit reference to the library of Faust, in *Mon Faust* by Valéry, in which we can verify an extension of the notion of collecting beyond natural objects and artefacts. ''How many illusions, desires, works, thefts, accidents to accumulate this sinister treasure of ruined certainties, of superseded discoveries, of dead beauties, of chilled deliria.'' (P. Valéry, *Oeuvres* II, Gallimard, Paris, 1977, p. 364).
[2] W. Shakespeare, *The Tempest*, Act. I, scene II.
[3] W. Shakespeare, *Hamlet*, Act I, scene II. I have followed the critical English text in *I drammi dialettici*, edited by G. Melchiori, Mondadori, Milan, 1977 (the Italian parallel/translation is by E. Montale).
[4] G. Flaubert, *Correspondance*, VII série, Conard, Paris, 1930, p. 275. It should be no cause for wonder that Hamlet should have been made to ''think'' in the words of Flaubert, who, together with Baudelaire, has given the most complete ''reanimation'' of the figure of the ''melancholy man'' in the ''modern'' age. For the melancholy Prince, cf. W. Benjamin, *Il dramma barocco tedesco*, Italian translation by E. Filippini, Einaudi, Turin, 1971.
[5] R. Musil, *L'uomo senza qualità*, Italian translation by A. Rho, Einaudi, Turin, 1965, p. 1086 (hereafter we will cite this text as USQ. When two page numbers are given, the second refers to *Der Mann ohne Eigenschaften* in ''Gesammelte Werke,'' edited by A. Frisé, Rowohlt, Reinbek bei Hamburg 1978). This vertiginous appearance of things is, according to Plato, ''the very beginning of philosophy.'' But also of mythical and religious thought. As is narrated in the *Deeds of Buddha*, he took the path that was to lead him to Nirvana because of his perception of impermanence.
[6] USQ, p. 1086. *Stilleben* is the German for still life, it means ''life in a standstill,'' ''stopped,'' ''assuaged.''
[7] USQ, p. 1087.
[8] The reference is once again to Musil and to Valéry op.cit. in note 1.
[9] C. Baudelaire, ''*Les Fleurs du mal*,'' LXXVII, in *Oeuvres Complètes*, I, edited by C. Pichois, Gallimard, Paris, 1975. Cf. also ''Le goût du néant'' (LXXX): ''And time swallows me minute after minute/as the immense snow a stiffened body.''
[10] M. Blanchot, *L'amitié*, Gallimard, Paris, 1971, p. 30: ''The museum is a universe without exits, a solitary duration, the only free one, the only one that is true history...'' It manifests a ''time that is sui generis'' (p. 37).
[11] This is the risk implicit in all collecting: its ambivalence, which has been clarified by Benjamin in three texts of extraordinary interest, and which has also been perceptively commented upon by H. Arendt, *Il futuro alle spalle*, Italian translation by L. Ritter Santini, Il Mulino, Bologna, 1981. The three texts are: ''Eduard Fuchs, il Colle-

62

[13] G. Flaubert, *Correspondance* I e II (1830-1858) a cura di J. Bruneau, Gallimard, Parigi, 1980, vol. I, p. 730. Su questi temi cfr, F. Rella, *Miti e figure del moderno*, Parma, 1981.

[14] G. Flaubert, *Correspondance*, cit., I, p. 627.

[15] G. Flaubert, *Correspondance*, cit., II, p. 518-519.

[16] P. Valéry, *Cahiers*, a cura di J. Robinson, vol. I, Gallimard, Parigi, 1973, pp. 1267-1334, soprattutto p. 1289 e 1318.

[17] cfr. C. Baudelaire, *Oeuvres* I, cit., p. 676 e la poesia "A une passante" XCIII, delle *Fleurs du mal* e G. Flaubert, *Correspondance*, VI série, Conard, Parigi, 1930, p. 185.

[18] G. Flaubert, *Correspondance* I, cit. 314.

[19] Flaubert, a proposito delle esposizioni universali, scriveva "Ci si sente... in un mondo nuovo e brutto, un mondo enorme che forse è quello dell'avvenire" (*Correspondance*, V serie, Conard, Parigi, 1929, p. 299). E Camillo Boito: "La passione cieca del nuovo, da cui deriva lo sparpagliarsi, lo sminuzzarsi dell'arte, trova un pretesto nel bisogno che gli artisti hanno di richiamare a sé l'attenzione del pubblico. Le Esposizioni sono in fondo mercati". L'esposizione è dunque una conseguenza diretta della "smania di singolarità e novità", un frutto di "questo Ebreo errante, che è la società moderna", "eternamente inquieto, internamente mutabile" (*Gite di un turista*, Hoepli, Milano - Napoli - Pisa, 1884, pp. 401-403). Per i "panorami" cfr. le pagine stupende che ha critto W. Benjamin in *Einbahnstrasse*, GS. IV, 1 cit.

[20] G. Flaubert, *Correspondance* II, cit., p. 213, e pp. 750-752.

[21] G. Flaubert, *Correspondance*, IV serie, Conard, Parigi, 1927, p. 307 (ma l'immagine della necropoli torna in più luoghi, per es. in *Correspondance*, serie V, 1929, p. 247, serie VII, cit., p. 306) e VI serie, cit., p. 120.

[22] H. de Balzac, *Phisiologie du mariage*, Garnier-Flammarion, Paris 1968 p. 60 e p. 95. "Vagabondare è una scienza" scrive Balzac. E Benjamin: "Non sapersi orientare in una città non vuol dire molto. Ma smarrirsi in essa come ci si smarrisce in una foresta, è *una cosa tutta da imparare* (*Infanzia berlinese*, tr. it, M. Bertolini, Einaudi, Torino, 1973, p. 9). L'equivalenza "città" e "foresta" era già stata sviluppata da Baudelaire nelle "Fusées" (*Oeuvres* I, cit.)

[23] M. Leiris, *Età dell'uomo*, tr. it. di A. Zanzotto, Mondadori, Milano 1980, p. 67.

[24] T.W. Adorno, *Note per la letteratura*, tr. it. di E. De Angelis, Einaudi, Torino 1979, vol. I, p. 99. Ma è stato Benjamin, nelle note preparatorie al suo saggio sul surrealismo, ad aver intravisto, anche se non sviluppato, questo tema comune alla città di Proust, di Dostoevskij, dei surrealisti. (Cfr. G.S. II, a cura di R. Tiedemann e H. Schweppenhäuser, 1977, tomo I, pp. 295-310 — tr. it. di A. Marietti, in *Avanguardia e rivoluzione*, Einaudi, Torino, 1973 — e tomo III, pp. 1018 sgg.).

[25] P. Valéry, "Le problème des musées", *Oeuvres II*, cit., pp. 1290-1293. Adorno, in *Valéry, Proust e il Museo*, cit., oppone invece questi due testi, che conducono invece nella stessa direzione. Anche la morte di Bergotte, ad una esposizione, potrebbe avere luogo nel museo descritto da Valéry, sia per la sua parentela con il cimitero, sia anche per l'assoluta casualità che regna al suo interno come al suo esterno.

[26] P. Valéry, *Oeuvres* vol. I, a cura di J. Hytier, Gallimard, Parigi, 1965, pp. 991-992.

[27] "Come tutte le metropoli era costituita da irregolarità, avvicendamenti, precipitazioni, intermittenze, collisioni di cose e di eventi e, framezzo, punti di silenzio abissali" (USQ, p. 6).

[28] P. Valéry, *Oeuvres* I, cit., p. 1018

[29] W. Benjamin, *Parco centrale*, in *Angelus Novus*, a cura di R. Solmi, Einaudi, Torino 1962, p. 131.

[30] R. Musil, *Diari*, Tr. it. di E. De Angelis, Einaudi, Torino 1980, p. 221 e p. 470.

[31] P. Valéry, *Cahiers* I, cit., p. 1284 e p. 1270.

[32] R. Musil, *Tagebücher*, a cura di A. Frisé, Rohwolt, Reinbek bei Hamburg 1976, vol. II, pp. 825-826 (su questi temi cfr. *Miti e figure del moderno* cit., cap. III).

[33] P. Valéry, *Cahiers* I, cit., pp. 1284-1285, 1286.

[34] P. Valéry, *Cahiers* I, cit., p. 1324.

[35] Questa popolazione di angeli, animali, folli, bambini, idioti, ibridi e mostri, è uno dei fenomeni più inquietanti e significativi della letteratura e dell'arte della *décadence*, fenomeno che non ha avuto ancora nessuna trattazione. Accenno ad una possibile direzione di analisi in *Figure delle critiche*, di prossima pubblicazione nella rivista "Figure". L'immagine del mondo come foresta di simboli è in *Correspondences* di C. Baudelaire, ma ritorna in Aragon e in Rilke, per fare solo due esempi fra i tanti possibili.

[36] "La noia non ha figura" (Valéry, *Oeuvres* II, cit., p. 582), "La primavera adorabile ha perduto il suo odore" ("Le goût du néant," cit.).

[37] W. Benjamin, *Parco centrale*, cit., pp. 135-136.

[38] Ma a fianco di questo, e di molti altri testi di *Ossi di seppia*, è possibile ricordare almeno "Casa dei doganieri" ne *Le Occasioni*, o "Due nel crepuscolo" ne *La bufera*. Il tema della reificazione del ricordo in reliquia accompagna Montale fino agli ultimi versi, pubblicati pochi mesi prima della morte.

[39] W. Benjamin, *Parco centrale*, cit., p. 139. Il riferimento alla "tempesta" che noi chiamiamo "progresso" è dalla XI testi "Sul concetto della storia" in *Angelus Novus*, cit.

[40] W. Benjamin, *Lob der Puppe* cit., p. 215. C'è, nel testo, un riferimento al superuomo nietzscheano, che connette in sé conflittualmente l'*ich denke* e l'*es denkt*, quale è stato teorizzato da Nietzsche in molti testi, ma soprattutto in *Al di là del bene e del male* e in *Genealogia della morale*.

[41] *Lob der Puppe*, cit.

[42] W. Benjamin, *Ich packe meine Bibliothek aus*, cit. p. 388.

[43] W. Benjamin, *Ich packe...*, cit.. p. 390 e H. Arendt, *Il futuro alle spalle*, cit., p. 163.

[44] P. Valéry, *Oeuvres* II, cit., p. 1291.

[45] . H. Arendt, *Il futuro alle spalle* cit., p. 163: "La storia stessa, cioè la rottura della tradizione compiutasi all'inizio di questo secolo, lo ha esonerato proprio da questo lavoro di distruzione e nello stesso tempo ha solo bisogno di chinarsi per raccogliere i preziosi frammenti dal mucchio di rovine del passato". Si noti inoltre come la rottura dell'aura, dell'*Opera d'arte nell'epoca della sua riproducibilità tecnica*, sia centrale nella linea di sviluppo del collezionista in "storico", proposta da Benjamin in questi anni e in questi testi decisivi. Troppo spesso invece questo saggio benjaminiano è stato letto come una perversione sociologistica estranea, per esempio, allo spirito delle *Tesi*, che esso invece, propriamente, annuncia.

[46] W. Benjamin, *Lettere 1913-1940*, tr. it. di A. Marietti e G. Backhaus, Einaudi, Torino, 1978 p. 397.

[47] T. Mann, *Tonio Kröger*, tr. it. di A.R. Azzone Zweifel (qui modificata), Rizzoli, Milano 1977, p. 212. Il problema di questo "zwischen zwei Welten stehen" è il punto alto dell'opera manniana, che viene risolto in *parodia* e *ironia*: nella figura dell'ambiguità che trionfa, per esempio, nelle *Confessioni del cavaliere d'industria Felix Krull*, che non a caso concludono la sua opera.

[48] USQ, p. 635.

[49] USQ, pp. 1411-1415; 1343-1348 (si tratta di un testo, fra i più pregnanti da un punto di vista teorico, rimasto fra gli abbozzi e pubblicato in appendice all'ed. it. dell'USQ di cui ci siamo serviti).

[50] "Si dice di un *Gleichnis* che è anche un'immagine (*Bild*). E anche di ogni immagine si potrebbe dire che è un *Gleichnis*. Ma nessuno dei due è una uguaglianza (*Gleichheit*). E appunto perché appartiene ad un mondo regolato non dall'uguaglianza ma dalla capacità figurale (*Gleichnishaftigkeit*)..." (USQ, p. 1415, modificato secondo MoE, p. 1348). In questo contesto *Gleichnis* (paragone, similitudine) assume un peso gnoseologico decisivo: ha la stessa radice di uguaglianza, (*Gleichheit* (*gleich*), ma non è riducibile ad essa. È infatti la "figura" che incorpora in sé la differenza, la figura in cui *due* esseri possono fare *una* esperienza. C'è da sottolineare come Benjamin (II, 3 cit. p. 1256) facesse del *Gleichnis* il linguaggio tipico del "moderno" (e già, all'alba del moderno, Goethe). Per Musil questa "figura" è addirittura la struttura del mondo dell'apparenza e dell'esperienza. Per questo preferisco tradurre con "figura" piuttosto che con "paragone", che mi pare indebolire la forza di un concetto nuovo all'interno di un uso stabilito e consolidato dalla retorica.

[51] USQ, p. 1415, 1348.

[52] Questo senso della metafora-figura si chiarisce, nell'opera di Proust, soprattutto all'altezza del *Tempo ritrovato*. Cfr. M. Bongiovanni Bertini, *Redenzione e metafora. Una lettura di Proust*, Feltrinelli, Milano, 1981. Ha parlato di uno statuto "tensionale" della metafora P. Ricoeur, *La metaphore vive*, Seuil, Parigi, 1975. Per Benjamin cfr. soprattutto la tesi XVII "Sul concetto della storia", cit.

zionista e lo stato," Italian translation by E. Filippini, in *L'opera d'arte nell'epoca della sua riproducibilità tecnica*; *Lob der Puppe*, in "Gesammelte Schriften," vol. III, edited by H. Tiedemann-Bartels, Suhrkamp, Frankfurt a.M., 1972, pp. 213-218; *Ich packe meine Bibliothek aus. Eine Rede über das Sammlen*, G.S., vol. IV, 1, edited by T. Rexroth, 1972, pp. 388-396.

[12] T.W. Adorno, "Valéry, Proust e il museo," in *Prismi*, Italian translation by A. Cori, Einaudi, Turin, 1972.

[13] G. Flaubert, *Correspondance* I and II (1830-1858) edited by J. Bruneau, Gallimard, Paris, 1980, vol. I, p. 730. On these themes, cf. F. Rella, *Miti e figure del moderno*, Parma, 1981.

[14] G. Flaubert, *Correspondance*, cit., I, p. 627.

[15] G. Flaubert, *Correspondance*, cit. II, pp. 518-519.

[16] P. Valéry, *Cahiers*, edited by J. Robinson, vol. I, Gallimard, Paris, 1973, pp. 1267-1334, especially p. 1289 and 1318.

[17] Cf. C. Baudelaire, *Oeuvres* I, cit., p. 676 and the poem *A une passante* (XCIII, of the *Fleurs du mal*) and G. Flaubert, *Correspondance*, VI série, Conard, Paris, 1930, p. 185.

[18] G. Flaubert, *Correspondance* I, cit. 314.

[19] Flaubert wrote, with regard to the universal exposition: "One feels...in a new and ugly world, an immense world which is, perhaps, that of the future" (*Correspondance*, V séries, Conard, Paris, 1929, p. 299). And Camillo Boito: "The blind passion for novelty, from which springs the spread and diminuition of art, finds its pretext in the need that artists have to attract public attention towards themselves. The expositions are, at bottom, markets." The trade exhibitions were thus a direct consequence of the "craze for the singular and new," a fruit of "this wandering Jew that is modern society," "eternally restless, eternally changeable" (*Gite di un turista*, Hoepli, Milan-Naples-Pisa, 1884, pp. 401-403). For "panoramas" cf. the remarkable observations by W. Benjamin in *Einbahnstrasse*, GS.IV, 1 cit.

[20] G. Flaubert, *Correspondance*, II, cit. p. 213 and pp. 750-752.

[21] G. Flaubert, *Correspondance*, IV series, Conard, Paris, 1927, p. 307 (but the image of the necropolis returns in several places, for example in *Correspondance*, V series, 1929, p. 247, VII series, cit., p. 306) and VI series, cit., p. 120.

[22] H. de Balzac, *Physiologie du mariage*, Garnier-Flammarion, Paris, 1968, p. 60 and p. 95. "Wandering is a science," wrote Balzac. And Benjamin: "Not knowing how to get one's bearings in a city does not signify much. But losing oneself in a city as one loses oneself in a forest is *something that has to be learnt*" (*Infanzia berlinese*, Italian translation M. Bertolini, Einaudi, Turin, 1973, p. 9). The equivalence between "city" and "forest" had already been dealt with by Baudelaire in "Fusées" (*Oeuvres* I, cit.).

[23] M. Leiris, *Età dell'uomo*, Italian translation by A. Zanzotto, Mondadori, Milan 1980, p. 67.

[24] T.W. Adorno, *Note per la letteratura*, Italian translation by E. De Angelis, Einaudi, Turin, 1979, vol. I, p. 99. But it was Benjamin, in the preparatory notes for his essay on Surrealism, who glimpsed, though he did not develop, this theme common to the cities of Proust, Dostoevski and the Surrealists. (Cf. G.S. II, edited by R. Tiedemann and H. Schweppenhauser, 1977, tome I, pp. 295-310. Italian translation by A. Marietti, in *Avanguardia e rivoluzione*, Einaudi, Turin, 1973, and tome III, pp. 1018 et seqq).

[25] P. Valéry, "Le problème des musées," *Oeuvres* II, cit., pp. 1290-1293. Adorno, in *Valéry, Proust e il Museo*, cit., on the other hand, opposes these two theses, which actually lead in the same direction. Bergotte's death, in a trade exposition, could also take place in the museum described by Valéry, both because of its kinship with the cemetery and also because of the absolute randomness and indifference that reigns within and without that reigns within and without it.

[26] P. Valéry, *Oeuvres* vol. I, edited by J. Hytier, Gallimard, Paris, 1965, pp. 991-992.

[27] "Like all metropolises it was made up of irregularities, changes, outbreaks, gaps, collisions between things and events, and punctuated by abyssal silences" (USQ, p. 6).

[28] P. Valéry, *Oeuvres* I, cit., p. 1018

[29] W. Benjamin, *Parco centrale*, in *Angelus Novus*, by R. Solmi, Einaudi, Turin, 1962, p. 131.

[30] R. Musil, *Diari*, It. tr. by E. De Angelis, Einaudi, Turin, 1980, p. 221 and p. 470.

[31] P. Valéry, *Cahiers* I, cit., p. 1284 and p. 1270.

[32] R. Musil, *Tagebücher*, by A. Frisé, Rohwolt, Reinbek bei Hamburg, 1976, vol. II, pp. 825-826 (on these themes cfr. *Miti e figure del moderno* cit., chap. III).

[33] P. Valéry, *Cahiers* I, cit., pp. 1284-1285, 1286.

[34] P. Valéry, *Cahiers* I, cit., p. 1324.

[35] This population of angels, animals, crazies, babies, idiots, hybrids and monsters is one of the most disquieting and significant of literature and the art of decadence. Phenomena that no one has ever dealt with up until now. A possible direction of research may be found in *Figure delle critiche*, soon to be published in the review "Figure." The image of the world as a forest of symbols is found in *Correspondences* by C. Baudelaire, but returns in Aragon and in Rilke, to make only two examples among many possibilities.

[36] "Ennui has no figure" (Valéry, *Oeuvres* II, cit., p.. 582) "The adorable springtime has lost its odour" ("Le goût du néant," cit.).

[37] W. Benjamin, *Parco centrale*, cit., pp. 135-136.

[38] But alongside this and many other poems in *Ossi di seppia*, one might also mention at least "Casa dei doganieri" in *Le Occasioni*, or "Due nel crepuscolo" in *La bufera*.

The theme of the reification of the memory into a relic accompanies Montale's work down to his last verses, published a few months before he died.

[39] W. Benjamin, *Parco centrale*, cit., p. 139. The reference to the "tempest" which we call "progress" is from the XI thesis "Sul concetto della storia" in *Angelus Novus*, cit.

[40] W. Benjamin, *Lob der Puppe* cit., p. 215. In the text, there is a reference to the Nietzschean Superman, who connects in himself as conflict the *ich denke* and the *es denkt*, as was theorized by Nietzsche in many writings, but above all in *Beyond Good and Evil* and the *Genealogy of Morals*.

[41] *Lob der Puppe*, cit.

[42] W. Benjamin, *Ich packe meine Bibliothek aus*, cit., p. 388.

[43] W. Benjamin, *Ich packe...*, cit., p. 390 and H. Arendt, *Il futuro alle spalle*, cit., p. 163.

[44] P. Valéry, *Oeuvres* II, cit., p.. 1291.

[45] H. Arendt, *Il futuro alle spalle* cit., p. 163: "History itself, that is to say the reading of the tradition performed at the start of this century, has exonerated it from this very work of destruction and at the same time need only stoop to gather up the precious fragments from the heap of ruins of the past." Note, further, how the breaking of the aura, of *The work of art in the age of its technical reproducibility*, is central in the line of development of the collector into "historian", put forward by Benjamin in this period and in these decisive texts. All too often, instead, this essay by Benjamin has been read as a sociologistic perversion, extraneous, for instance, to the spirit of the *Theses*, which it actually heralds.

[46] W. Benjamin, *Letters 1913-1940*, Italian translation by A. Marietti and G. Backhaus, Einaudi, Turin, 1978, p. 397.

[47] T. Mann, *Tonio Kröger*, Italian translation by A.R. Azzone Zweifel (here modified), Rizzoli, Milan, 1977, p. 212. The problem of this "zwischen zwei Welten stehen" is the high point of Mann's work, which is resolved in *parody* and *irony*: in the figure of the triumphant ambiguity, for instance, in the *Confessions of Felix Krull*, which concluded — and not by chance — his works.

[48] USQ, p. 635.

[49] USQ, pp. 1411-1415; 1343-1348 (this is a text — one of the most interesting from a theoretical viewpoint — that was left amongst his notes and published in an appendix to the Italian edition of USQ that I have used here).

[50] "It is said of a *Gleichnis* that it is also an image (*Bild*). And also of every image one might say that it is a *Gleichnis*. But neither of them is a sameness (*Gleichheit*). And this is because it belongs to a world regulated not by sameness but by figurative capacity (*Gleichnishaftigkeit*)..." (USQ, p. 1415, modified in accordance with MoE, p. 1348). In this context *Gleichnis* (comparison, similitude) assumes a decisive gnoseological weight: it has the same root as sameness, *Gleichheit* (*gleich*), but is not reducible to it. And in fact the "figure" that embodies the difference is the figure in which *two* beings can have *one* experience. It should be stressed that Benjamin (II, 3 cit., p. 1256) considered *Gleichnis* as the typical language of the "modern" (and previously, on the threshold of the modern, of Goethe). Musil actually considered this "figure" as the structure of the world of appearance and experience. For this reason I have preferred to translate it by the term "figure" rather than "comparison," which seems to weaken the force of a new concept within an established and accepted rhetorical term.

[51] USQ, p. 1415, 1348.

[52] This sense of the metaphor-figure is clarified, in Proust's work, above all at the point of *Le Temps Retrouvé*. Cf. *M. Bongiovanni* Bertini, *Redenzione e metafora. Una lettura di Proust*, Feltrinelli, Milan, 1981. A "tensional" statute of metaphor is referred to by P. Ricoeur, *La métaphore vive*, Seuil, Paris, 1975. For Benjamin cf. especially thesis XVII "Sul concetto della storia," cit.

L'unione delle arti
La casa-museo di Sir John Soane

John Summerson

Sir John Soane non parlò del suo museo come di un museo *architettonico*. Preferiva pensarlo come una "unione di arti" in cui pittura, scultura e architettura partecipavano pariteticamente e con reciproco vantaggio. Questa idea di "unione" è essenziale alla comprensione del museo come edificio, cioè come architettura. È una struttura complessa, costruita nel corso di quarantacinque anni, durante i quali si formò e si articolò all'interno dell'edificio la raccolta di antichità e di opere d'arte. Il processo fu un'improvvisazione continua, l'aggiunta di oggetti suggeriva periodici ampliamenti e riorganizzazioni del complesso e idee architettoniche circa la disposizione degli oggetti. Fu solo dopo la morte del fondatore nel 1837 che il museo smise di crescere. Allora, in virtù di un atto del parlamento ottenuto da Soane quattro anni prima nel quale si prescriveva che l'edificio doveva essere conservato in futuro come sarebbe stato alla sua morte, esso si cristallizzò nell'"unione" integrata che oggi vediamo. Ad eccezione di pochi cambiamenti resi inevitabili dalle condizioni attuali, il museo è esattamente come Soane lo lasciò.

La storia del museo coinvolge tre case situate sul lato nord della più grande piazza di Londra, la Lincoln's Inn Fields. esse corrispondono ai numeri 12, 13 e 14 e agli edifici annessi situati dietro ad esse di fronte a una via chiamata Whetstone Park. In quel luogo vi erano state case risalenti al 1640 circa, poi riedificate attorno alla metà del XVIII secolo e infine ricostruite da Soane.

La prima casa acquistata da Soane fu il numero dodici. L'acquisto avvenne nel 1792, quando Soane aveva trentanove anni e iniziava il periodo di maggior successo e creatività della sua carriera. Era sposato e aveva due figli giovani. Come architetto della Banca d'Inghilterra (dal 1788) era ormai abbastanza ricco da potersi costruire una casa in una delle zone alla moda abitate da professionisti di successo, nonché di progettarla secondo il suo gusto personale. Avrebbe abbandonato il numero dodici nel 1812, quando ricostruì la contigua casa ad est (numero tredici) ma conservò la proprietà e la legò per testamento nel lascito del museo. Fu rioccupata dagli amministratori fiduciari nel 1869 e fa ora parte del museo.

Quando Soane costruì il numero dodici, stava già interessandosi di collezionismo su scala ridotta ma niente dimostra che stesse già pensando alla creazione di un museo. Si tratta di una casa stretta, con un fronte di mattoni bianchi e stanze di dimensioni assai modeste. Tutti i particolari hanno una forte impronta personale: il Breakfast Room al piano terra ha un soffitto decorato che allude ad una volta a crociera molto svasata che Soane avrebbe poi usato con innumerevoli varianti nelle successive costruzioni. Soane ristrutturò la scuderia posta dietro alla casa alla quale si accedeva da Whetstone Park, e ne fece il proprio ufficio professionale.

Uno dei primi interessi di Soane collezionista furono i calchi in gesso. Nel 1780 ne aveva portati alcuni dall'Italia, altri li aveva acquistati a Londra; il progetto per il numero dodici mostra un locale di passaggio sul retro della casa le cui pareti avrebbero dovuto "essere ornate di calchi di gesso". L'importanza che egli attribuiva a questa raccolta è comprovata da uno schizzo che egli fece per l'esterno del locale di passaggio. Questo locale guardava sullo stretto cortile ma lo si poteva vedere dalla finestra del Breakfast Room. Lo schizzo mostra una coppia di colonne doriche, poggianti su un arco; che sostengono una trabeazione e un frontone (la linea verticale sulla destra rappresenta la parete posteriore della casa). Questo progetto non fu mai eseguito ma è sintomatico per capire i futuri sviluppi della casa e non è irragionevole considerare la piccola stanza di passaggio del numero dodici come la culla del museo di Soane.

Nel 1800 Soane acquistò, e in parte ricostruì una casa di campagna a Ealing, a circa dodici chilometri da Lincolns Inn Fields. Qui, le sue ambizioni di collezionista si svilupparono rapidamente. Egli decorò le stanze principali con vasi italiani e urne cinerarie romane, acquistate da diverse vecchie collezioni già appartenenti all'aristocrazia che andavano disperse. Acquistò anche e installò ad Ealing, il *Rake's Progress* di Hogarth, il famoso ciclo di otto dipinti. Nel 1808, tuttavia, concentrò di nuovo la sua attenzione fu Lincoln's Inn Fields: acquistò, in quello stesso anno, la casa adiacente, la numero tredici, che non ricostruì subito, ma che affittò al precedente inquilino, prendendo possesso solo della parte posteriore verso Whetstone Park. Ricostruì questa parte nel 1808-1809.

I primi schizzi della nuova costruzione si sono conservati tra i disegni di Soane. Essi mostrano, al centro, la Stanza dei Calchi, un locale che si estende su tre piani, dal semin-

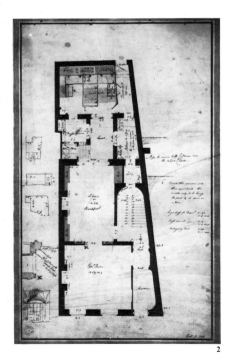

1, 2. 12 Lincoln's Inn Fields: schizzo di Soane per il passaggio esterno e pianta del piano terreno.

1, 2. 12 Lincoln's Inn Fields: Soane's sketch for exterior of passage and ground floor plan.

Union of the arts
Sir John Soane's museum-house

Sir John Soane did not describe his Museum as an *architectural* museum. He preferred to think of it as a "union of the arts" in which painting, sculpture and architecture participated on equal terms and to their mutual advantage. This idea of "union" is vital to an understanding of the museum as a building — i.e. as architecture. It is a complex fabric, built over a period of forty-five years, during which the collection of antiquities and works of art was formed and distributed within the building. The process was a continuous improvisation, the accession of objects suggesting periodic architectural extensions and re-arrangements, and architectural ideas affecting the display of objects. It was only with the death of its founder in 1837 that the museum ceased to grow. Then, under the Act of Parliament which Soane had obtained four years previously, and one of whose main provisions was that it should be preserved in perpetuity as arranged at his death, the museum crystallised as the integrated "union" which we see today. Barring a few alterations enforced by modern conditions, the museum remains as Soane left it.

The building history of the Museum involves three houses on the north side of London's largest square, Lincoln's Inn Fields. They comprise Nos. 12, 13 and 14, together with the premises behind them facing a narrow street called Whetstone Park. There had been houses on these sites since about 1640. They had been rebuilt in the middle of the 18th century and Soane was to rebuild them again.

The first house which Soane acquired was No. 12. This was in 1792 when he was 39 and just entering the most successful and creative period of his career. He was married, with two young sons. As architect (since 1788) to the Bank of England he found himself rich enough to build a house in an area favoured by successful professional men and to design it in his own peculiar taste. He was to abandon No. 12 in 1812 when he rebuilt the house to the east of it (No. 13) but he retained the freehold and bequeathed it as part of the endowment of his museum. It was reoccupied by the trustees in 1969 and now forms part of the museum.

When Soane built No. 12 he was already collecting in a small way but there is no evidence that he envisaged the creation of a museum. It is a narrow house, with a white brick front and rooms of very modest dimensions. The details throughout are of a strongly personal kind and the most interesting room, the Breakfast Room on the ground floor, has a decorated ceiling of the splayed cross-vault type which Soane was to use, with many mutations, in his later buildings. Behind the house was a stable building, approached from Whetstone Park, and this Soane rebuilt as his professional office.

As a collector, one of Soane's first interests was in plaster casts. He had brought some back from Italy in 1780 and acquired more in London and the plans for No. 12 show a passage-room at the back of the house whose walls are "to be ornamented with plaister casts." That he attached some importance to this display is proved by a sketch he made for the exterior of the passage-room. This looked onto a narrow court, but could be seen from the Breakfast-Room window. The sketch shows a pair of Doric columns supporting an entablature and pediment, standing over an arch. (The vertical line, on the right in the sketch, is the rear wall of the house.) This design was never executed but it is symptomatic of what was to come. It is not unreasonable to regard the little passage-room in No. 12 as the cradle of the Soane Museum.

In 1800, Soane bought, and partly rebuilt, a country house at Ealing, Pityhanger Manor, some 12 kilometres from Lincoln's Inn Fields. Here his ambitions as a collector rapidly developed. He decorated the main rooms with Italianate vases and Roman cinerary urns, bought from various older aristocratic collections which were being dispersed. He also bought and installed at Ealing Hogarth's *Rake's Progress*, the famous cycle of eight paintings. In 1808, however, he again concentrated his attention on Lincoln's Inn Fields and in that year purchased the adjoining house, No. 13. He did not immediately rebuild it but rented the dwelling house to the sitting tenant and took into his possession only the rear premises towards Whetstone Park. These he rebuilt in 1808-1809.

The first sketches for the new building are preserved among the Soane drawings. These show, in the centre, the Plaister Room, a chamber extending through three storeys, from the basement (inscribed Catacombs) to a lantern light in the roof. To the left (west) of this we see the old office, now converted to a library. To the right (east) is a new two

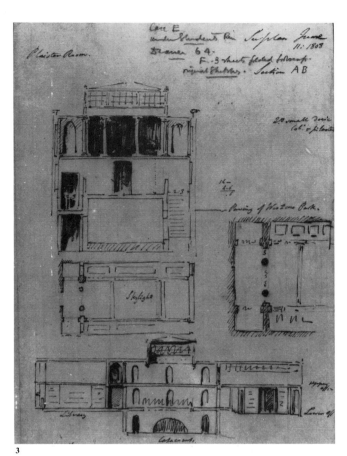

3

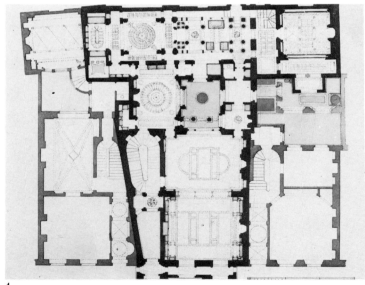

4

3. Estensione del 1808-1809: primi schizzi.
4. Pianta dei n. 12, 13 e 14 nel 1825.

3. Extensions of 1808-1809: first sketches.
4. Plan of 12, 13 and 14 in 1825.

terrato (con l'iscrizione "Catacombe") fino a un lucernario sul tetto. A sinistra (a ovest) di esso, possiamo vedere il vecchio Ufficio, ora trasformato in biblioteca, mentre a destra, a est, scorgiamo una nuova costruzione a due piani che, comprende un Ufficio superiore e un Ufficio inferiore. La data è l'11 giugno 1808. Per tutta la seconda parte di giugno e in luglio, Soane sviluppò questi disegni, creando una serie notevole di progetti, particolarmente per quanto riguarda la Stanza dei Calchi dove intendeva creare schemi di luce drammatici, allusioni a composizioni del Piranesi e, forse, ancor più, di Clerisseau, di cui Soane possedeva già alcuni disegni. Al piano terra inserì una piattaforma nel mezzo della quale c'era un'apertura che consentiva il passaggio della luce fino alle Catacombe nel seminterrato. La stanza superiore, coi gessi fissati alle pareti, era illuminata dal lucernario sovrastante mentre l'interrato restava in una funerea penombra alleviata solo da pozzi di luce attraverso l'apertura centrale. Il seminterrato era destinato alla raccolta di are romane, urne cinerarie e altri oggetti adatti al tema delle "catacombe".

Il primo progetto mostra una lunga apertura oblunga nella piattaforma. Il secondo, due aperture con una "passerella" intermedia. In entrambe, la luce proviene da un'apertura quadrata nel soffitto a travatura, sormontato nel primo caso da una lanterna vetrata rettangolare e, nel secondo, da una lanterna a cupola con lunette sui quattro lati.

Per il 19 luglio, Soane aveva abbandonato entrambi questi schemi e aveva deciso di eliminare la piattaforma e di lasciar salire la Stanza dei Calchi senza interruzione a tutta altezza, cioè circa sei metri. Il lucernario era ora diventato una struttura cilindrica vetrata poggiante su pennacchi. Da questo progetto Soane passò al progetto che fu poi realizzato nel 1809 e nel 1810 l'edificio era già letteralmente invaso da marmi antichi e da calchi in gesso.

Contemporaneamente Soane costruì dei nuovi uffici che dovevano sostituire quelli vecchi trasformati ora in biblioteca. C'era un Ufficio inferiore al piano terra per il suo uso personale, e un Ufficio superiore con scrivania per impiegati e allievi (erano, di solito, quattro o cinque). Entrambi questi uffici erano destinati a scomparire nel 1821, quando Soane alterò i livelli di questa parte del museo, ma sono rimasti i relativi disegni che mostrano com'erano costruiti. Da essi vediamo che la decorazione architettonica dell'Ufficio inferiore consisteva quasi interamente di materiali recuperati, probabilmente da parti della Banca d'Inghilterra che era in fase di demolizione mentre Soane stava costruen-

5. Picture Room.
6. Monk's Parlour.
7. Dining Room.
8. Breakfast Room.

9

storey building consisting of Lower Office and Upper Office. The date is 11 June 1808. Through late June and July Soane developed these designs, producing a remarkable series of projects particularly as regards the Plaister Room where he aimed at creating dramatic lighting effects of the kind associated with the compositions of Piranesi and still more, perhaps, those of Clerisseau, several of whose imaginative compositions Soane already possessed. At ground floor level he introduced a platform, in the middle of which was an opening, admitting light to the Catacombs in the basement. The upper room, with casts fixed to the walls, would be irradiated by the lantern-light in the ceiling, while the basement would remain in funereal twilight relieved only by shafts of light through the central opening. The basement would be for the display of Roman altars, cinerary urns and other objects appropriate to the catacombs theme.

The first design shows a long round-ended opening in the platform. The second shows two openings with a "gangway" between them. In both, the light comes from a square opening in the beamed ceiling, surmounted, in the first, by a rectangular glazed lantern and, in the second, a domed lantern with lunettes on all four sides.

By 19 July Soane had abandoned both these schemes and decided to eliminate the platform and let the Plaister Room rise, without interruption, to its full height of about 6m. The lantern-light now became a cylindrical glazed structure resting on pendentives. From this design Soane proceeded to the design which was executed in 1809 and which in 1810 was richly invested with antique marbles and plaster casts.

At the same time, Soane built two new offices to replace the old one, now converted into a library. These consisted of a Lower Office at ground floor level for his own use and an Upper Office, with benches, for his clerks and pupils (of which there were usually four or five). Both these offices were to disappear in 1821, when Soane altered the levels in this part of the museum, but drawings of them are preserved showing them as built. These views show the architectural decoration of the Lower Office to have consisted almost entirely of re-used materials, probably from parts of the Bank of England which were being demolished in connection with Soane's rebuilding there. There are fluted shafts without their capitals and carved enrichments which belong to an earlier date than Soane's, placed together in a grotesque improvisation which we may perhaps describe as *bricolage*. The Upper Office was a simple loft, lit from the roof but

9. Design for Plaister Room.   9. Prospetto per la Stanza dei Calchi.

do. Vi sono colonne scanalate senza capitelli con incisioni ornamentali che appartengono a una data precedente a Soane, accostate in un'improvvisazione grottesca che potremmo forse definire bricolage. L'Ufficio superiore era una semplice soffitta, illuminata dal tetto ma in parte sostenuta dai pilastri recuperati dalla parte inferiore.

Queste ricostruzioni del 1808-1809 comportarono l'erezione di una facciata su Whetstone Park. Soane progettò un muro cieco con due forti piedritti aggettanti che segnano la posizione della Stanza dei Calchi e una serie di strette nicchie al piano superiore. Anche se molto semplice, è un'opera estremamente permeata di idiosincrasia e squisitamente inimitabile.

Nel 1810 quando tutto questo fu compiuto Soane abbandonò la sua casa a Ealing, avendo deciso di fare di Lincoln's Inn Fields la sua unica residenza e il luogo di raccolta di tutta la sua collezione di antichità, dei suoi disegni e della sua biblioteca. Inizialmente decise di continuare a vivere al numero tredici, un edificio interamente destinato a museo, ma cambiò idea e decise infine di ricostruire il numero tredici adibendolo ad abitazione per se, lasciando il numero dodici all'inquilino del numero tredici, non appena egli stesso lo lasciò libero.

Il numero tredici di Lincoln's Inn Fields fu costruito nel 1812, quando Soane aveva ormai cinquantanove anni ed era, nella sua professione, una delle personalità più in vista. Aveva portato il suo stile personale fino agli estremi limiti di raffinatezza e la costruzione gli forniva l'opportunità di applicarlo, con assoluta libertà, per se stesso. Il risultato è uno delle sue opere più significative. Il fronte della casa, costruito in pietra Portland, consiste di due piani di archi, con un belvedere aperto sopra di essi, affiancato da cariatidi su imitazione della tribuna dell'Eretteo. Soane chiamava questa disposizione "veranda" e tale era, in quanto la parete principale della casa, con finestre vetrate, era situata dietro a questa. Negli anni successivi, egli dotò di vetri gli archi della veranda, aumentando lo spazio interno della casa e al tempo stesso costruì un terzo piano con un parapetto forato.

Dietro a questo fronte sono disposte le stanze principali: la biblioteca e la sala da pranzo a piano terreno, i due living al primo piano, le camere da letto al terzo. La biblioteca e la sala da pranzo sono praticamente un tutt'uno, separato solo da archi sospesi. Questi archi continuano sui lati est e ovest della sala da pranzo, sopra gli scaffali di mogano, con specchi incassati fra questi e gli archi, una invenzione che dà l'illusione che lo spazio si dilati oltre gli scaffali in un'altra

stanza. Lo schema decorativo dei due locali, con le pareti rosse e gli ornamenti verdi sembra derivare dalle decorazioni murali romane, in particolare da una serie di dipinti murali di Villa Negroni, segnalati nel 1778-1786 da Raphael Mengs e da altri e diffusi attraverso le incisioni di A. Campanella. Soane possedeva due serie di queste incisioni, alcune delle quali appese in bella vista nel nuovo Breakfast Room quasi fosse un riconoscimento di un debito nei loro confronti.

Il nuovo Breakfast Room è attiguo alla sala da pranzo. Esso si compone di uno spazio attuale quadrato, coperto da una cupola ribassata, con spazi laterali, illuminati dall'alto, e può essere considerata una versione in miniatura degli atrii a cupola della Banca d'Inghilterra. La cupola ed i pennacchi formano una unica superficie sferica; gli ornamenti sono incisi o in bassorilievo. C'è un forte senso di primitività e la decorazione comprende, sugli intradossi degli archi, un motivo ornamentale a forma di voluta preso dal tesoro di Ateo, del quale nel museo esiste un calco.

È evidente che in questo piano Soane voleva ottenere una certa trasparenza fra casa e museo. Dalla finestra della sala da pranzo si guarda, attraverso il Cortile Monumentale, su una finestra del museo, dietro la quale si profilano i marmi antichi. Analogamente, dal Breakfast Room si guarda, attraverso lo stesso Cortile, sullo spogliatoio e, oltre questo, sugli oggetti disposti nel Monk's Yard.

A questo punto Soane riportò la sua attenzione al museo sul retro dell'edificio; dopo aver sistemato la biblioteca nella stanza sul fronte del numero tredici, trasformò la vecchia biblioteca (originariamente l'Ufficio, in una Sala dei Quadri, illuminandola per mezzo di un nuovo soffitto con archi sospesi come quelli della biblioteca del numero tredici. Nel 1821 egli introdusse un nuovo piano sul lato est dell'edificio, cioè sul precedente Ufficio inferiore. La riorganizzazione si spiega con la sezione diagrammatica da nord a sud e con la lunga sezione est-ovest. L'Ufficio inferiore conteneva ora un colonnato che sosteneva l'Ufficio superiore indipendentemente dalle pareti laterali, con la luce che scendeva dall'Ufficio superiore a sua volta illuminato dall'alto e quindi scendeva ancora sul lato nord, fino a un piano ancor più basso, attraverso aperture nella cripta. Il colonnato consisteva di colonne riciclate alcune di pietra, altre di legno, con una cornice insolita costituita anch'essa da vecchi materiali: di nuovo il bricolage. Queste colonne e alcuni montanti di legno grezzo sostengono l'Ufficio superiore (chiamato ora Stanza degli Studenti), indipendentemente dalle pareti esterne. La Stanza degli Studenti è dunque "una

10

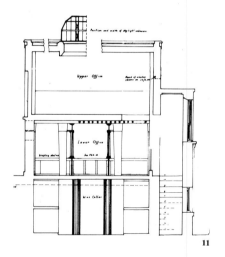

11

10. Sezione longitudinale, 1826.
11, 12. Sezioni trasversali delle gallerie (J. Summerson).

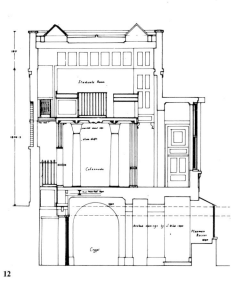

10. Longitudinal section, 1826.
11, 12. Cross sections of galleries (J. Summerson).

partly supported by the re-used columns of the lower part.

These rebuildings of 1808-1809 involved the creation of a facade to Whetstone Park. Soane designed this as a windowless wall with two projecting piers marking the position of the Plaister Room, and a series of narrow arched recesses in the upper storey. Although very simple, it is highly idiosyncratic and unmistakeably a work of Soane.

In 1810 when all this was finished, Soane gave up his house at Ealing, having decided to make Lincoln's Inn Fields his sole residence and the repository for his whole collection of antiquities, for his pictures and his library. At one moment he thought of continuing to live in No. 12 and building, on the site of No. 13, a building which should be entirely devoted to the Museum. He changed his mind, however, and finally decided to rebuild No. 13 as his own residence, leasing No. 12 to the tenant of No. 13 as soon as he himself had vacated it.

No. 13 Lincoln's Inn Fields was built in 1812. Soane was now 59 and one of the leaders of his profession. He had developed his personal style to its idiosyncratic limits and here was the opportunity to apply it to his own use with complete freedom. The result is among his most significant works. The front of the house, built of Portland stone, consists of two storeys of arches, originally open, with an open belvedere above, flanked by caryatid figures, imitated from the tribune of the Erectheum. This arrangement Soane called a "verandah," and such it was, for the main wall of the house, with glazed windows, was behind it. In later years he glazed the openings in the verandah, bringing the space inside the house, and at the same time raised a third storey with a pierced parapet.

Behind this front are the main rooms of the house: the library and dining room on the ground floor, the two drawing rooms on the first, bedrooms on the third. The library and dining room are virtually one, separated only by hanging arches. These arches continue along the east and west sides of the dining room, above the mahogany book-cases, with mirrors recessed between the book-cases and the arches, a device which gives the illusion of space flowing over the book-cases to an adjoining room. The decorative scheme of both rooms, with their red walls and green ornaments seems to derive from Roman mural decorations, especially perhaps from a series of wall-paintings at the Villa Negroni, recorded in 1778-1786 by Raphael Mengs and others and engraved by Arcangelo Campanella. Soane possessed two sets of these engravings, some of which hang conspicuously in the Breakfast Room, as if to acknowledge Soane's indebtedness to them.

The Breakfast Room projects to the rear of the Dining Room. It consists of a square, domed centre with lateral spaces, lit from above, and may be considered as a miniature version of the domed halls at the Bank of England. The dome and pendentives are in a single spherical plane; the ornaments are either incised or in low relief. There is a strong sense of the "primitive" and the enrichments include, on the soffits of the arches, a scroll ornament taken from the Treasury of Atreus, of which there is a cast in the museum.

It is evident that in the house at this level, Soane has been concerned to achieve transparency between house and museum. From the window of the Dining Room we look across Monument Court to a window in the museum, behind which antique marbles are seen in profile. Similarly, from the Breakfast Room we look again across the Court, to the Dressing Room and beyond the Dressing Room to objects in the Monk's Yard.

Soane now turned his attention again to the museum at the rear of the building. Having brought the Library into the front room of No. 13, he turned the old Library (originally the office) into a Picture Room, lighting it from a new ceiling with hanging arches like those in the Library of No. 13. In 1821 he introduced a new floor level in the eastern part of the building — i.e. the former Lower Office. The re-arrangement is explained by the diagrammatic section from north to south and the long east-west section. The Lower Office now contained a colonnade, supporting the Upper Office independently of the side walls, with light descending from the toplit Upper Office to the Lower Office and, on the north side, to a deeper level through openings into the Crypt. The colonnade consists of re-used columns, some stone, some wood, with an unconventional cornice also made of the old materials — *bricolage* again. These columns and some rough timber uprights support the Upper Office, (now called the Students Room), quite independently of the outer walls. The Students Room is thus "a room within a room," a most bizarre conception and one that I do not think any one but Soane would have thought of realizing.

No sooner were the new floor levels established and the two offices reconstructed than Soane set about a further extension to his buildings. In 1823 he bought the freehold of No. 14. In doing so he seems to have had two main objects. The first was to provide a

13

13. Veduta della lanterna (Gandy).
14. Sezione attraverso la lanterna.

13. View of the dome (Gandy).
14. Section through dome.

14

15, 16. Progetti per la Stanza di Calchi.

15, 16. Two designs for Plaister Room.

stanza dentro una stanza", concezione assai bizzarra che, io penso, solo Soane avrebbe potuto realizzare.

I nuovi piani erano appena stati costruiti e i due uffici riorganizzati che Soane diede inizio a un ulteriore ampliamento degli edifici. Nel 1823 acquistò la proprietà del numero quattordici. Sembra che, facendo questo, avesse due scopi principali: il primo di ottenere una nuova stanza per accogliervi i quadri, il secondo di ricostruire la casa con un prospetto che fosse quanto più possibile una ripetizione di quello del numero dodici, in modo che le tre case presentassero un fronte simmetrico su Lincoln's Inn Fields.

Il Picture Room venne per primo. In esso Soane adottò l'idea ingegnosa e innovatrice d'introdurre pannelli incernierati sulle pareti, ciascuno dei quali aveva appesi dipinti sulle due facce. I quadri quindi sono a tre spessori sulla parete nord, a tre spessori su due pannelli sulla parete laterale e a quattro spessori a sud, dove la seconda coppia di pannelli si apre su un recesso con una statua di Westmacott, un plastico della Banca d'Inghilterra e altri quadri. Ma l'ingegnoso gioco spaziale è ancora più complesso in quanto lo spazio del recesso scende fino all'interrato e la stanza sottostante al Picture Room acquisisce così una continuità verticale con quest'ultimo quando i pannelli sul lato sud sono aperti.

Soane chiamò la sala sotto il Picture Room, Stanza del Monaco e il cortile a sud Cortile del Monaco. Le sue intenzioni non devono essere fraintese: non si trattava di una dimostrazione di antiquaria. Il tema dei monaci era un satira semi-umoristica del revival gotico del periodo e Soane ci ammonisce, con una citazione di Orazio, che il "parlatorio dei monaci" non deve essere preso troppo sul serio. Gli oggetti esposti sono abbastanza disomogenei; molti sono calchi di gesso e pochi hanno un valore intrinseco. Non sono neanche tutti in stile gotico. Ma, il divertimento che Soane ricavava da queste aggiunte alla sua costruzione consisteva soprattutto nel complesso gioco di spazi e nei conseguenti effetti di luce. È ancora lo stesso spirito che permeava la piattaforma perforata della Sala dei Calchi del 1808. Ci sono, naturalmente, allusioni gotiche: gli archi sospesi del soffitto del Picture Room, l'inserimento di vetri colorati (alcuni dei quali antichi) nelle finestre e, nel camino della stessa stanza, una combinazione attentamente studiata di modanature gotiche e ornamentazioni classiche. Viene qui epitomizzato l'atteggiamento di Soane nei confronti del medioevalismo. Egli non disegnò mai volontariamente in stile gotico, ma riteneva che il gotico dovesse essere studiato per i suoi effetti

pittorici e questi ultimi fondersi con la sua interpretazione del classico.

Non appena il Picture Room, il Parlatorio e il Cortile del Monaco furono completi, Soane demolì la vecchia casa numero quattordici, e la ricostruì con una facciata di mattoni bianchi simile, per quanto possibile, a quella del numero dodici. L'interno del numero quattordici era dotato di dettagli tipici di Soane ma non ha peraltro grande importanza e, Soane, dopo aver raggiunto l'effetto simmetrico esterno desiderato, vendette la proprietà di questa parte del lotto.

La Cripta del seminterrato merita ancora qualche commento. Dal 1823, la maggior caratteristica fu il sarcofago scoperto da Belzoni nella Valle dei Re e che doveva poi (dopo la morte di Soane) essere identificato come quello del Faraone Seti IV. Il protettore di Belzoni offrì questo nobile oggetto ai fiduciari del British Museum, che però non avevano i fondi necessari all'acquisto. Soane fece prontamente un'offerta e si assicurò il sarcofago per il suo museo, calandolo in quella che doveva essergli sembrata la posizione predestinata (tanto sono appropriate le dimensioni) e cioè nello spazio centrale a cupola originariamente creato, come Stanza dei Calchi. Il sarcofago costituì il coronamento della carriera di collezionista di Soane ed ebbe anche l'effetto di conferire alla Stanza del Lucernario l'aspetto di una camera tombale; il sarcofago del Faraone egiziano era assai prossimo ad essere un cenotaffio dello stesso Soane.

Il museo oggi comprende i numeri dodici e tredici, con le stanze e le gallerie sul retro, e inoltre la Picture Room e il Parlatorio del Monaco sul retro del numero quattordici. Il numero dodici venne risistemato nel 1969 in modo da ottenere una stanza per gli studiosi, un archivio e altri servizi necessari per un efficiente amministrazione del museo. Inoltre, parte della biblioteca e alcuni modelli di Soane sono stati trasferiti dal numero tredici. Il museo è tuttora amministrato dai Trustees che sono i successori di quelli nominati da Soane nel 1833. La rendita del lascito originale cessò di essere sufficiente nel 1947; da quella data il Museo viene finanziato per mezzo di sovvenzioni governative attraverso il Dipartimento di Educazione e Scienza.

new room for the reception and storage of pictures. The second, to rebuild the house with a front as nearly as possible as a replica of that of No. 12, so that his three houses would present a symmetrical front to the Fields.

The Picture Room came first. Here Soane adopted the ingenious and unheard-of idea of introducing hinged planes on the walls, each plane carrying pictures on both its faces in addition to those on the walls behind. Thus the pictures are three-deep on the north wall, three-deep again on two panels on the side wall and four-deep on the south, where a second pair of planes opens to a recess with a statue by Westmacott, a model of the Bank of England and still more pictures. But the ingenious play of space goes still further; for the space in the recess descends to the basement and the room below the Picture Room thus becomes vertically continuous with the Picture Room itself, as soon as the planes on the south side are opened.

The room below the Picture Room was called by Soane the Monk's Parlour and the Courtyard to the south the Monk's Yard. Soane's intentions here must not be misunderstood; this was not a piece of antiquarianism. The Monk theme was a half-humourous satire on the Gothic revivalism of the period and Soane warns us, in a quotation from Horace, that the "Parlour of Padre Giovanni" (an eponyim for John Soane) should not be taken too seriously. The exhibits are miscellaneous; many are plaster casts and few are of intrinsic value. Not all of them are even Gothic in style. It seems that the amusement Soane derived from these additions to his building was mainly in the complex play of spaces and the resulting light-effects. It is in much the same spirit as the pierced platform he prepared for the Plaister Room in 1808. There are, indeed, Gothic allusions: the hanging arches of the Picture Room ceiling, the introduction of stained glass (some of it ancient) in the windows and, in the chimney-piece of the Picture Room, a carefully studied combination of Gothic mouldings and classical enrichments. Herein, Soane's attitude to medievalism is epitomised. He never willingly designed in Gothic; he believed that Gothic should be studied for its picturesque effects and those effects fused, as here, into his own interpretation of the classical.

When the Picture Room, Monk's Parlour and Monk's Yard were complete Soane demolished the old house, No. 14, and rebuilt it with a white brick facade matching, as nearly as possible, that of No. 12. The interior of No. 14 has characteristic Soanean details but it is of no great importance and,

in due course, Soane, having achieved the symmetrical exterior effect he desired, sold the freehold of this part of the site.

A few more words need to be said about the basement or crypt. From 1823 the great feature of the crypt was the sarcophagus discovered by Belzoni in the Valley of the Kings and which was later (after Soane's time) identified as that of the pharaoh Seti I. Belzoni's patron offered this noble object to the trustees of the British Museum who, however, lacked the funds necessary for its acquisition. Soane promptly made an offer and secured the sarcophagus for his own museum, lowering it into what must have seemed its predestined position (so appropriate are the dimensions) in the domed central space originally created as the Plaister Room. The sarcophagus crowned Soane's career as a collector. It also had the effect of giving the Dome the semblance of a tomb-chamber. Emotionally, the sarcophagus of the Egyptian pharaoh comes very close to being a cenotaph of Soane himself.

The museum as it stands today, consists of Nos. 12 and 13 with the rooms and galleries behind them and the Picture Room and Monk's Parlour behind No. 14. No. 12 was re-arranged in 1969 to comprise a student's room, conservation room and other accommodation necessary for the efficient administration of the original Museum. Part of the library and some of Soane's models were also transferred from No. 13. The Museum is still administered by Trustees who are the successors of those appointed by Soane in 1833. Income from the original endowment, however, ceased to be adequate in 1947, since which date the Museum has been maintained by government grants through the Department of Education and Science.

17

18

17. Sezione sulla Stanza della Lanterna e sulla Breakfast Room.
18. Il Lower Office nel 1809.

17. Section through dome and Breakfast Room.
18. Lower Office in 1809.

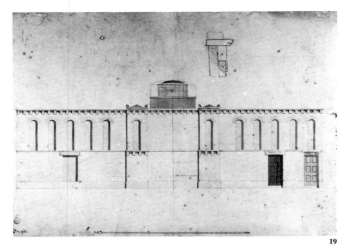

19

20

Nota bibliografica

La prima notizia stampata del museo è costituita dalle "Observations on the House of John Soane Esq., Holborn Row, Lincoln's Inn Fields", in *European Magazine*, LXII (1812), pp. 381-387. L'articolo descrive il museo come "un'Accademia per lo studio dell'*architettura* secondo principi al tempo stesso *scientifici* e *filosofici*". Pur approvando l'edificio, l'articolo cita una lettera comparsa nel *Morning Post*, 30 settembre 1812, nella quale "Ambulator" definisce la casa un "ridicolo pezzo di architettura" e un "reale pugno nell'occhio". Riporta anche un'affermazione rilasciata dal District Surveyor, in merito alla "veranda" sporgente, ch'egli asseriva essere contraria al Building Act del 1774.

La prima descrizione completa del museo è data da J. Britton, *The Union of Architecture, Sculpture and Painting... with descriptive Accounts of the House and Galleries of John Soane*, Londra, 1827. Essa comprende 18 incisioni dell'edificio e di parte del suo contenuto, con una prefazione di Britton e un testo critico-descrittivo al quale contribuì W.H. Leeds. Ad essa seguì l'opera di J. Soane, *Description of the House and Museum of Sir John Soane*. 1830, 1832, 1835, 1836. Gli obiettivi di quest'opera sono descritti nella prima edizione (1830) dove si dice, fra le altre cose, "di mostrare, mediante illustrazioni grafiche, il collegamento fra pittura, scultura e architettura". Questa edizione comprende diciassette tavole, quattro delle quali sono tratte dal Britton, mentre le altre tredici sono vedute litografiche della casa. Nelle edizioni successive, il numero delle illustrazioni aumentò e l'edizione del 1836 ne comprendeva trentotto, di cui tredici tratte dal Britton. La descrizione di Soane formò la base di tutte le guide ufficiali del museo preparate dai successivi curatori dal 1840 al 1955. L'attuale è quella di J. Summerson, *A New Description of Sir John Soane's Museum*, quinta edizione riveduta, 1981. Quest'ultima è aggiornata per quanto riguarda la descrizione degli oggetti esposti e comprende una cronologia della storia del museo, un'analisi sul suo contenuto e una nota su inventari e cataloghi.

Le più importanti fonti stampate della vita e del lavoro di Sir John Soane sono le seguenti: "Memoir of John Soane, Esq.," *European Magazine*, LXIII, (1813), pp. 3-7, J. Soane, *Memoirs of the Professional Life of an Architect between the Year 1768 and 1835*, scritto da Soane stesso, pubblicato privatamente a Londra, 1835 (le uniche copie di cui si ha notizia sono nel Soane Museum). J. Britton, *Brief Memoir of Sir John Soane*, Londra, 1834. T.L. Donaldson, *A Review of the Professional Life and Works of Sir John Soane... with remarks on his Genius and Productions* (Institute of British Architects), Londra, 1837. A.T. Bolton, *The Works of Sir John Soane*, Londra, 1924. H.J. Birnstingl, *Sir John Soane*, con fotografie di F.R. Yerbury, Londra, 1925. A.T. Bolton, *The Portrait of Sir John Soane* (per lo più lettere), Londra, 1927. A.T. Bolton (a cura di), *Lectures on Architecture* (lecture di Soane alla Royal Academy), Londra, 1929. H.R. Steele e F.R. Yerbury, *The Old Bank of England*, Londra, 1930. J. Summerson, *Sir John Soane*, Londra, 1952. D. Stroud, *The Architecture of Sir John Soane* (introd. H.R. Hitchcock), Londra, 1961. P. de la R. du Prey, *John Soane's Architectural Education* (Princeton University tesi di laurea), Garland Publishing New York, Londra, 1972.

Bibliographical notes

The first printed notice of the Museum is "Observation on the House of John Soane Esq., Holborn Row, Lincoln's Inn Fields," in *European Magazine*, LXII (1812), pp. 381-387. The article describes the Museum as "an Academy for the study of *architecture* upon principles at once *scientific* and *philosophical*." While approving the building, the article quotes a letter in the *Morning Post*, 30 Sept. 1812 in which "Ambulator" describes the house as a "ridiculous piece of architecture" and a "palpable eye-sore." It also reports the information laid by the District Surveyor, on account of the projecting "veranda" which he claimed was contrary to the Building Act of 1774.

The earliest complete description of the Museum is J. Britton, *The Union of Architecture, Sculpture and Painting... with descriptive Accounts of the House and Galleries of John Soane*, London, 1827. This contains 18 engraved plates of the building and some of its contents, with a preface by Britton and a critical and descriptive text to which W.H. Leeds contributed. This was followed by J. Soane, *Description of the House and Museum of Sir John Soane*, 1830, 1832, 1835, 1836. The objects of this work are described in the first (1830) edition as, among other things, "to show, by Graphic Illustrations, the connexion between Painting, Sculpture and Architecture." This edition contains 17 plates, of which four are from Britton, the remaining 13 being lithographic views of the house. In later editions the number of illustrations was increased, the edition of 1836 containing 38 including 13 from Britton. Soane's description formed the basis of all the official guides to the Museum prepared by successive curators from 1840 to 1955. The current guide is J. Summerson, *A New Description of Sir John Soane's Museum*, 5th. revised edition, 1981. This is up-dated as regards the descriptions of exhibits and includes a chronology of the Museum's history, an analysis of its contents and a note on inventories and catalogues.

The main printed sources for the life and work of Sir John Soane are as follows. "Memoir of John Soane, Esq.," *European Magazine*, LXIII, (1813), pp. 3-7, J. Soane, *Memoirs of the Professional Life of an Architect between the Year 1768 and 1835*, written by himself; privately printed, London, 1835 (the only known copies are in the Soane Museum). J. Britton, *Brief Memoir of Sir John Soane*, London, 1834. T.L. Donaldson, *A Review of the Professional Life and Works of Sir John Soane... with remarks on his Genius and Productions* (paper read at the Institute of British Architects), London, 1837. A.T. Bolton, *The Works of Sir John Soane*, London, 1924. H.J. Birnstingl, *Sir John Soane*, with photographs by F.R. Yerbury, London, 1925. A.T. Bolton, *The Portrait of Sir John Soane* (mainly correspondence), London, 1927. A.T. Bolton (ed.), *Lectures on Architecture* (Soane's lecture at the Royal Academy), London, 1929. H.R. Steele and F.R. Yerbury, *The Old Bank of England*, London, 1930. J. Summerson, *Sir John Soane*, London, 1952. D. Stroud, *The Architecture of Sir John Soane* (intro. H.R. Hitchcock), London, 1961. P. de la R. du Prey, *John Soane's Architectural Education* (Princeton University doctoral thesis), Garland Publishing Inc., New York and London, 1972.

19. Prospetto su Whetston Park.
20. Facciata del numero 13 di Lincoln's Inn Field.

19. Elevation on Whetston Park.
20. Facade of number 13, Lincoln's Inn Field.

Il museo di Scarpa
Il percorso museografico del Castelvecchio di Verona

Scarpa's museum
The museographic route of Castelvecchio, Verona

Licisco Magagnato

Dal 1924 Castelvecchio è diventato il principale museo dell'arte, dal medioevo alla fine del Settecento, di Verona. Nato nel 1354 come dimora alternativa rispetto al Palazzo di Piazza dei Signori della famiglia della Scala, il Castello di San Martino in Aquaro divenne un arsenale militare, e tale rimase fino al nostro secolo: prese il nome di Castelvecchio per distinguerlo dal nuovo Castello di San Pietro, costruito in epoca viscontea, alla fine del secolo XIV (poi distrutto in epoca napoleonica e ricostruito dalla fondamenta come caserma, posta a guardare sul colle dominante la città, dagli austriaci). La posizione strategica in cui il Castello Scaligero di San Martino in Aquaro fu costruito dall'architetto Bevilacqua per i Signori della città a metà del Trecento, lo destinava a rimanere una delle sedi più prestigiose dei presidi militari tenuti in salda mano dai dominatori.

Fu così abitato e decorato, ma non vi rimane traccia di nessuno degli affrescanti ricordati da antichi documenti dai carraresi nella loro breve permanenza in città; rimane collegato alla cittadella in epoca viscontea; divenne poi arsenale e deposito di armi, e munizioni e guardie in epoca veneziana, cioè dal 1404 in poi, ospitando anche alla fine della Repubblica, l'Accademia Militare della Serenissima, e subendo a tale scopo adattamenti per gli alloggi degli allievi su progetto di A.M. Lorgna. La rivolta antifrancese delle Pasque Veronesi ne fece un caposaldo delle sparatorie contro le truppe napoleoniche che ne succentellarono per punizione i merli ma poco dopo i francesi lo ricostruirono come fortino, munendolo di cannoniere e di una muraglia possente verso l'Adige quando, a seguito della pace di Luneville, la città era rimasta divisa in due. Tali trasformazioni hanno subito l'ultimo degrado nella costruzione di caserme prima austriache e poi dell'esercito italiano, dal 1866 al 1924. All'inizio, il Castello fu costruito inglobando nelle sue strutture (come spina costituente paratia tra il Cortile Maggiore e la vera e propria dimora scaligera) il muro di epoca comunale del XII secolo, in parte restaurato nel XIII dopo la rotta d'Adige del 1284.

Il restauro di Scarpa del 1958-1964 ha messo in rilievo i punti di attrito e di incontro-scontro tra le varie fasi di costruzioni e di trasformazioni del muro comunale, del Castello Scaligero e, del fortino di epoca napoleonica; il visitatore potrà cogliere le tracce di queste vicende nelle loro espressive articolazioni specialmente nel nodo tra il punto di collocamento della statua equestre di Cangrande, la porta del Morbio e il passaggio che di qui conduce, sotto la strada in salita del ponte di Castelvecchio, al Mastio scaligero, cardine di tutto il sistema; invece il ponte, coevo o di poco posteriore al castello, è il braccio, che da questo si protende oltre l'Adige in direzione dell'antica Campagnola, da cui i Signori della Scala avevano sempre aperta la via di fuga e rifugio in Alemagna, nella loro qualità di vicari imperiali, se il potere su Verona fosse stato messo in pericolo da rivolte cittadine o invasioni dei potenti vicini padovani e lombardi.

Fu un'idea geniale del prof. Antonio Avena allora direttore delle collezioni museali cittadine, raccolte tutte fino a quel momento in Palazzo Pompei, il portare nel 1924 il meglio delle pitture, sculture e "arti industriali" nel castello. Questo era stato precedentemente smilitarizzato e fu restaurato nelle sue strutture scaligere, dall'architetto Ferdinando Forlati ripristinandolo nelle parti mancanti che erano la cima delle torri e le merlature delle mura, le merlature del ponte erano state già restaurate in epoca austriaca mentre il prof. Avena provvide direttamente all'allestimento delle sale secondo criteri che trovavano il parallelo, in parte per l'ala delle dimore scaligere, in quelli adottati nel Castello Sforzesco di Milano, e in parte nell'intenzione di improntare le sa-

Since 1924 Castelvecchio has developed into the principal museum in Verona for art from the Middle Ages to the end of the 18th century.

The Castle of San Martino in Aquaro was created in 1354 as an alternative to the Palazzo in Piazza dei Signori as a residence of the Scaliger family: it became a military edifice and remained one until our own century. It was given the name Castelvecchio to distinguish it from the new castle of San Pietro built in the Visconti period at the end of the 14th century (then destroyed in the Napoleonic period and rebuilt as a barracks, placed so as to defend the hill dominating the city from the Austrians). The strategic position on which the Scaliger's castle of San Martino in Aquaro was built by the architect Bevilacqua for the rulers of the city in the mid-14th century ensured that it would remain one of the most important military strongholds in the firm grasp of the lords of Verona.

It was inhabited and decorated but no trace is left of the fresco-painters recorded by the ancient documents concerned with their brief stay in the city, and it remains connected to the citadel in the Visconti period; it then became an arsenal and weapons store, containing munitions and a garrison in the Venetian period, i.e. from 1404 on, and also becoming the premises of the Military Academy of the Serenissima towards the end of the Republic, being adapted to this purpose with the installation of accommodation for the pupils to a design by A.M. Lorgna. The anti-French rising of the *Pasque Veronesi* saw it turned into a fortress during the attacks on the Napoleonic troops, who destroyed its battlements as a punishment. Soon after the French rebuilt it as a fort, equipping it with gun embrasures and a sturdy wall facing the Adige. Following the peace of Lunéville, the city was left divided in two. These alterations saw the final degradation in the construction of barracks, first by the Austrians and then by the Italian army (the latter between 1866 and 1924). Originally, the castle was built by incorporating into its structures (as a spine constituting a bastion between the Cortile Maggiore and the dwelling proper of the Scaligers) the wall from the period of the Communes, in the 12th century, partly restored in the 13th after the rout of the Adige in 1284.

Scarpa's restoration of 1958-1964 has brought out the points of friction and encounter/conflict between the different phases of construction and transformation of the wall from the period of the Communes, of the Castello Scaligero and of the Napoleonic fort. The visitor will be able to see the traces of these events in their expressive articulations especially in the nexus between the point of collocation of the equestrian statue of Cangrande, the entrance of the Morbio and the passage leading from here, under the rising road of the bridge of Castelvecchio, to the Scaliger keep (Mastio), the pivot of the whole system. The *ponte Calvo*, set slightly to the rear of the castle, is like an arm extending across the Adige in the direction of the ancient Campagnola, by which the Signori della Scala always had a path of flight and escape into Germany, in their role as Imperial vicars, if their power over Verona happened to be threatened by risings amongst the townspeople or invasions by the powerful neighbouring Paduans or Lombards.

It was a stroke of genius on the part of Antonio Avena, then the director of the city's museums, to bring the best works of painting, sculpture and "industrial art" into the Castle in 1924, which had previously been demilitarized and its structures associated with the Scala family restored by the architect Ferdinando Forlati. He renewed its missing parts — the summits of the towers

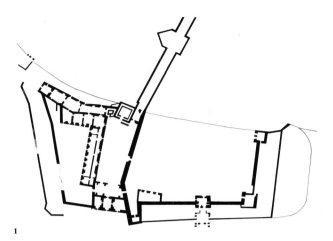

1

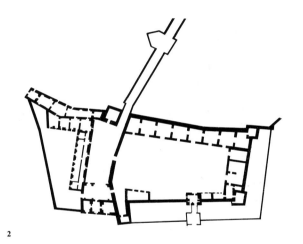

2

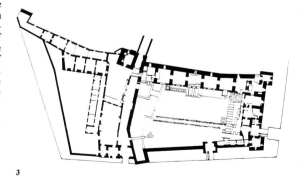

3

1-3. Pianta di Castelvecchio nel 1801, dopo i lavori del 1806 e dopo il restauro di C. Scarpa.

1-3. Plan of Castelvecchio in 1801; after the 1806 interventions; after the restoration by C. Scarpa.

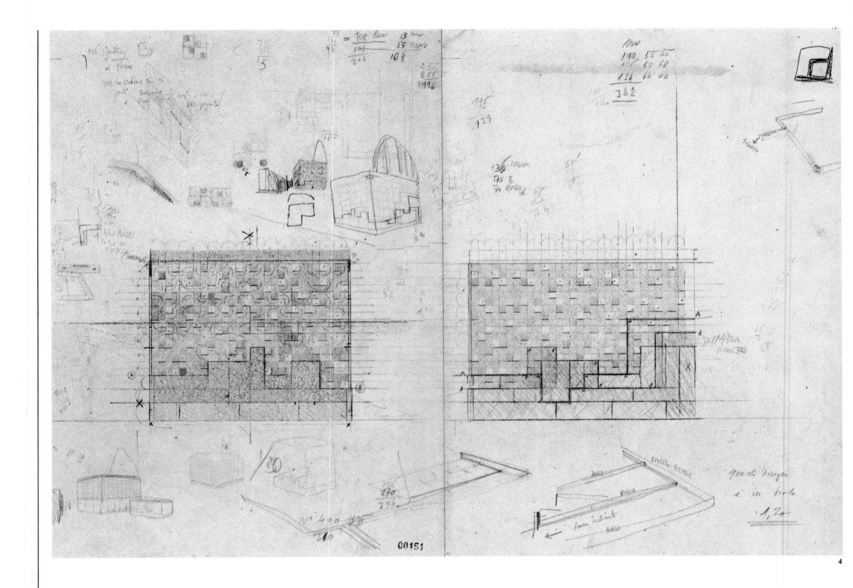

4. Prospetti del sacello con lastre in pietra di Prun alla base.
5. Il fronte d'ingresso.
6. Dettaglio del fianco del sacello.

4. Elevations of the sacellum with base of Prun stone slabs.
5. Entrance front.
6. Detail of the side of the sacellum.

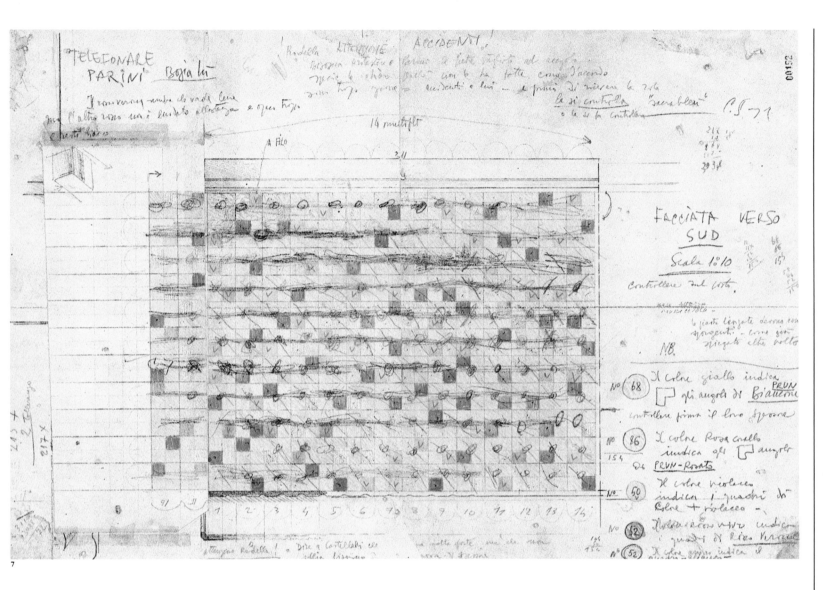

7. Disegno esecutivo della facciata sud del sacello.
8. Particolare della trama delle tessere.
9. Veduta del sacello.

7. Final drawing of the south facade of the sacellum.
8. Detail of the weft of the tesserae.
9. View of the sacellum.

le della galleria all'aspetto scenografico di ambienti arredati di antichi palazzi cittadini.

La facciata esterna della galleria in particolare fu usata come supporto di balconi e polifore provenienti da palazzi veronesi del tardo Quattrocento, abbattuti nell'Isolo a seguito della grande inondazione del 1882, nel 1890 circa.

Colpito dalle bombe alla fine del 1944, nell'ala ove si era svolto il processo ai membri del Gran Consiglio del Fascio, e mutilato delle ardite arcate del ponte proteso oltre Adige, fatto saltare dalle truppe tedesche in fuga, il giorno prima della liberazione, il castello venne riportato in parte alla situazione anteguerra con la ricostruzione, in anastilosi, diretta dal prof. Pietro Gazzola nel 1950, e con un allestimento in parte rimodellato sul precedente dal prof. Avena tra il 1947 e il 1948.

La nuova direzione nel 1956 propose all'amministrazione comunale una revisione del restauro con criteri che tenessero maggiormente conto delle strutture originali del castello, e aggiornasse l'allestimento in base agli orientamenti della museologia più moderna.

L'architetto Carlo Scarpa fu l'autore dell'impresa che ebbe inizio alla fine del 1957 e si concluse sostanzialmente nel 1964, con qualche aggiunta (la biblioteca Lina Arianna Jenna, e la Sala Avena presso la torre di nord-est) tra il 1965 e il 1973.

Il progetto di Scarpa è leggibile chiaramente dal visitatore, perché in realtà consiste sostanzialmente di un percorso che ha inizio dal portone di ingresso dopo il ponte levatoio del castello e si svolge lineare, con alcune possibilità di uscire all'aperto e rientrare nel giro di visita passando dalla percezione concreta delle varie parti restaurate dell'ambiente alla visione pausata delle varie sezioni delle raccolte: così l'opera del restauratore e creatore di architettura, e dell'inventore di un allestimento museografico ancora attualissimo a vent'anni di distanza, si dispiega in maniera piana ed evidente, creando la sensazione di una ideale convivenza tra le opere e il castello.

Le opere del resto sono scelte tra le molte appartenenti alle collezioni civiche, avendo cura di ricostruire un sintetico ritratto della storia artistica e della cultura artistica, che traspare dal gusto del collezionismo locale, di Verona; ed essendo i quadri accostati sincronicamente, alle sculture, agli affreschi e ad altri oggetti d'arte, se ne ricostruisce una storia urbana attraverso le forme che la città ha espresso dal medioevo all'unità.

La prima visione tutta scarpiana che si affaccia al visitatore è quella del grande cortile che si stende tra le mura del Comune, e la cinta muraria e di torri aggiunte dagli Scaligeri; attraverso lo scavo, avvenuto nel 1962, del vallo di difesa interna, si è riscoperto un brano di storia del castello che la esile struttura della passerella di Scarpa permette di esaminare dall'alto e superare per chi voglia giungere per via interna al ponte scaligero. Il cortile è stato reso un giardino schiettamente moderno da un grande rettangolo di prato chiuso su un lato da due siepi abbinate parallele alla facciata della galleria; sull'estremo lato destro del prato invece, ortogonalmente all'asse del primo tratto del percorso della galleria, ci si avvia, fra specchi d'acqua in vasche e fontane, all'entrata su una corsia in lievissima salita, realizzata in caratteristiche lastre rosa di quella pietra di Prun che è il materiale peculiare dei marciapiedi e delle piazze della città.

Altra ripresa del cromatismo tipico dei marmi veronesi, si osserva nella foderatura esterna, a intarsi a moduli quadrati (10x10 cm), del sacello a sinistra dell'entrata. Da questa si penetra nella serie di sei sale del piano terra della galleria tutte, dopo quelle d'ingresso in cui sbocca anche l'uscita, dedicate alla scultura veronese medievale. La prima e la terza sono caratterizzate da pannelli in calce, tirata in toni molto vivaci, ma tutte nelle strutture sono unificate da un pavimento di cemento in bande listate di strisce di pietra bocciardata, corrente da cima a fondo, e, da soffitti tutti uguali, con crociere di cemento (nei riquadri di cotto tinte color oliva chiaro), sorrette da una serie ininterrotta di travi composte di ferro che segnano l'asse centrale di tutta la sezione.

Questa parte del museo e la sovrastante è stata realizzata dal 1962 al 1964, e reca l'impronta di un contenuto, ma vivo cromatismo, caratteristica di Scarpa dopo l'esperienza del Padiglione Veneto di "Torino '61". Questa sezione di sculture, collocate in gruppi che le accostano per famiglie e contemporaneamente assegnano a ciascuna di esse un ideale spazio di rispetto secondo il criterio museologico fondamentale degli allestimenti di Scarpa, sbocca dirimpetto alla porta del Morbio (scoperta nel 1957) che era stata l'avvio a un nuovo percorso nel museo, determinato dal passaggio scoperto da Scarpa sotto la strada che conduce alla sommità del ponte scaligero. Da questo punto lo sguardo spazia verso l'alto, sulla parete a pietre bianche, irregolari, resto del muro del XII secolo nel quale si apriva la porta che portava a San Zeno, detta appunto del Morbio; di netto vi si accosta il tratto del muro, pure comunale, ma dal XIII secolo e in cotto, sormontato dal camminamento di ronda. Al livello di questo camminamento Scarpa ha poggiata la doppia trave foderata di rame, che regge tutto un padiglione di protezione per la statua equestre di Cangrande che si vede da questo punto, sul suo plinto di cemento altissimo, sovrastare sullo strapiombo del vallo sottostante, e campire araldicamente contro il cielo. Questo mondo complesso di situazioni (anche la mole altissima del Mastio incombe dall'alto) è percepibile, in sempre nuove prospettive, da più punti vicini e lontani; la collocazione della statua equestre è stata appunto studiata dall'architetto per essere il fulcro d'interesse di tutta la composizione, la necessità di circondarla di scorci e piani liberi e stimolanti dal punto di vista spaziale ed emotivo, ha determinato tutta una serie di soluzioni architettoniche che si scoprono progressivamente nell'iter della visita.

Si può ben dire che è questo il cardine, la cerniera di tutto il restauro. Superato il passaggio della porta del Morbio, si entra, significativamente, in quello che, in questo come tutti i castelli, specie nell'età cortese, è il perno centrale, cioè il Mastio: e qui al piano terra (da una porta dalla cui soglia, voltandosi, si vede l'effetto plasticamente rivelatore dell'intervento scarpiano nello scavo sotto la strada del ponte sfiorante le mura del XII secolo) riprende il percorso, tra chiuso ed aperto nel museo, per una scala di nuova costruzione, e poi per una passerella che conduce alla cosidetta, "Reggia", che è poi la parte residenziale dell'antica dimora scaligera. In queste sale, il cui tracciato segue la spezzata dei due saloni sovrapposti ed uguali che segnano tutto il percorso del castello dal Mastio alla torre estrema sull'Adige, sono collocati i dipinti veronesi e veneti dal medioevo alla fine del Quattrocento, con vetrine di gioielli e ancora sculture d'età scaligera.

Lo svolgimento del progetto di Scarpa è cominciato di qui, con l'allestimento della mostra "Da Altichiero a Pisanello" (1958), e si è limitato alla rimozione di tutte le ridipinture del 1924 con cui si erano "accompagnati" tra di loro i frammenti di affreschi autentici del Trecento, trovati ripulendo le camerate delle caserme sette-ottocentesche; il nuovo restauro si limitò a far comparire, e quindi a rimettere in valore nella loro autenticità gli affreschi trecenteschi, e a rinnovare i pavimenti senza rimuovere i solai, colmando il trapasso tra i vecchi muri ondulati con i nuovi pavimenti di marmo clausetto o di legno Mansonia, con uno zoccolo (che funge da battiscopa) in pietra tenera di Vicenza.

Tornando all'aperto, dalla sala dell'armeria sul Mastio, si penetra nuovamente, attraverso lo spessore delle mura comunali, per un ennesimo tratto di scala in cemento, in uno spazio di pertinenza della statua di Cangrande; è il punto nel quale dall'alto si aggira la statua, da una passerella in diagonale fino ad un balcone, dal quale la si rivede dal basso e di rovescio. Alla fine della passerella è il punto di vista privilegiato, da cui si scopre l'indimenticabile volto ridente di Cangrande, di contro il muro medievale, alto sopra il taglio profondo del vallo. Intorno, ancora una volta l'operazione di restauro e di costruttore dell'architetto, si esprime integralmente nell'identificazione di percorsi rivelatori e di affondi e

scandagli in profondità nel corpo sbrecciato e nelle strutture cardine dell'edificio: questo lavoro conferisce un carattere di assoluta autenticità dell'intervento, e dà all'osservatore la sensazione di trovarsi in un rapporto diretto quasi tattile con il monumento, e nello stesso tempo con le opere.

Con una serie di sette sale, che contengono la pinacoteca dal Cinquecento al Settecento, il museo veronese di Scarpa giunge a conclusione. La nuda pulizia degli intonaci dà risalto al caldo pavimento di cotto e alla preziosità dei pannelli dei soffitti di stucchi e tinte intense ora opache ora (le ultime due) lucide. La geometria regolare dei pavimenti quadrati serve come al solito all'architetto quale parametro di riferimento all'andamento angolato verso il centro del corridoio laterale; un effetto di fuga da cima a fondo della galleria, e di restringimento al centro di questo percorso supplementare rispetto al percorso normale del visitatore, fortemente stimolante dal punto di vista architettonico e unificante del blocco finale delle sale.

La prima e l'ultima sala meritano un cenno particolare perché come sempre Scarpa pone molta attenzione alla struttura di ogni episodio del suo discorso architettonico specie quando, come questo, si compone di tre o quattro blocchi in un certo senso autonomi, ma legati da un centro unificante — in questo caso l'area intorno alla porta del Morbio e al Mastio con tutti i legami inseritivi. Ma come la sezione della scultura ha chiare clausole d'inizio e fine, e così la sezione della pittura dal medioevo al Quattrocento in Reggia, anche la pinacoteca dal Cinquecento al Settecento, in galleria, principia con l'originalissima sala del Cavazzolo ove la parete a ridosso del Cangrande s'apre intorno al politico della Pietà, quasi fosse circondata da un foro retrostante ad esso e si conclude con la sala Avena tutta aperta verso il cielo con una vetrata e idealmente intonata, con il cobalto intenso del soffitto, alle pitture settecentesche ivi raccolte. E, uscendo, ancora vedute sull'Adige e la torre di nord-est, cui guarda anche la sala della biblioteca, attraverso un ennesimo squarcio ottenuto riaprendo un varco di luce e una liberazione di strutture sepolte da aggiunte murarie ottocentesche.

Forse in nessun'altra opera di Scarpa restauro e creazione, architettura e museologia si fondono così intimamente, realizzando un'invenzione fortemente motivata da spirito storico critico: da questo punto di vista Castelvecchio si pone come momento singolare dello scontro dialettico tra passato e presente che avvia in modo concreto, dal punto di vista operativo, il discorso sui centri storici.

and the battlements of the walls; the battlements of the bridge had already been restored in the Austrian period, while Avena provided for the fitting of the rooms in accordance with criteria which were partly parallel to those adopted in the Castello Sforzesco, Milan (with regard to the wing of the residence of the Scala family) and partly based on the aim of preparing the rooms of the gallery for the scenographic mounting of furnished interiors from the antique palaces in the city.

The outer facade of the gallery, in particular, was used as a support for balconies and lobed windows from Veronese palaces of the later 15th century, knocked down on the Isolo in about 1890, following the great flood of 1882.

Hit by bombs towards the end of 1944, in the wing where the members of the Fascist Grand Council had been put on trial, and mutilated of the bold arches of the bridge extending across the Adige, blown up by the fleeing German troops on the day before Liberation, the Castle was partly restored to its prewar state through the reconstruction directed by Pietro Gazzola in 1950, and with a structure partly remodelled on the previous one by Avena between 1947 and 1948.

The new bearings followed in 1956 proposed to the municipal administration a revision of restoration work on criteria that gave greater consideration to the castle's original structures and would update its arrangement on the basis of the most modern trends in museum science.

The architect Carlo Scarpa was responsible for the project that started late in 1957 and ended in 1964, except for same additions (the library, Lina Arianna Jenna, and the Sala Avena in the north-east tower), between 1965 and 1973.

Scarpa's plan is clearly visible to the visitor because it consists substantially of a circuit which starts from the entrance gate after the castle's drawbridge and develops in straightforward fashion, providing the visitor with opportunities to emerge into the open and then re-enter on the tour of inspection, passing from a concrete perception of the various restored sections of the building to a leisurely viewing of the various sections of the collection. In this way the work of the restorer and creator of the architecture, and of the person responsible for the arrangement of the museum, which is still perfectly relevant twenty years on, develops in clear and unambiguous fashion, creating the impression of an ideal co-existence of the works displayed and the castle.

The works, for their part, have been chosen from among the very full civic collections, with care to reconstruct an epitome of the artistic culture and artistic history that emerge from the taste embodied in local collections. Since the paintings are arranged synchronically next to the sculptures, frescoes and other works of art, they together form a history of the city through the forms that the city had produced, from mediaeval times down to the unification of Italy.

The first view presented to the visitor is that of the great courtyard lying between the walls from the period of the Communes and towers added under the Scala family. Through excavation (in 1962) of the inner rampart an episode of the castle's history was rediscovered which the slender structure of Scarpa's catwalk makes it possible to study from above before going on, if you wish to arrive at the Scaliger bridge through the interior. The courtyard consists of a quite modern garden with large rectangular lawn closed off on one side by two hedges coupled parallel to the façade of the gallery: on the far right end of the lawn, at right angles to the axis of the first stretch of the gallery, one passes between pools of water in ponds and fountains, to the entrance, placed on a slightly raised path, paved with the characteristic pink slabs of Prun stone used in the sidewalks and squares of the city.

Another use of the colouring so typical of Veronese marbles appears in the outer facing of the chapel in laid with square blocks (10x10 cm each) on the left of the entrance.

One passes into the series of six rooms on the ground floor of the gallery, all following on from the entrance room (it also has the exit-door in it), devoted to mediaeval Veronese sculpture. The first and third rooms feature panels in vivid tones but all the rooms are unified by cement flooring in bands edged with strips of stonework, slightly patterned with bushhammering, running their full length, and identical ceilings with concrete cross-braces (in squares of brickwork coloured a light olive hue), supported on a continuous sequence of iron beams marking the central axis of the whole section.

This section of the museum and that above it were created between 1962 and 1964 and bear the imprint of a content, as well as a brilliant handling of colour, characteristic of Scarpa after his experience of the Padiglione Veneto of Torino '61.''

This section of sculptures, set out in groups which bring them together in families and at the same time assign to each an ideal zone of isolation in accordance with the basic museological principle found in Scarpa's handling of this theme, opens out towards the door, set directly opposite, of the Morbio (discovered in 1957), which was the beginning of a new route through the museum, determined by the passage-way Scarpa discovered under the road leading to the top of the Scaliger bridge. From here one's gaze sweeps upwards along the wall of irregularly-shaped white stones, the remains of the Communal wall of the 12th century, into which opened the door leading to San Zeno and called the *porta del Morbio*; against this stands the stretch of wall, also from the Communal period but of the 13th century and of brickwork, with the sentinels' circuit running along its top. At the level of this circuit Scarpa has set the double beam, faced with copper, that supports a pavilion sheltering the equestrian statue of Cangrande, which stands out here on its lofty cement plinth, high over the sheer drop of the valley below, heraldically outlined against the sky. This complex set of elements (the looming bulk of the keep also towers above us here) is visible in constantly changing perspective from several points, both nearer and farther off. The collocation of the equestrian statue was planned by the architect to be the pivot of the whole composition; the need to surround it by perspectives and stimulating, uncluttered planes both spatially and emotively determined a whole series of architectural arrangements that gradually reveal themselves as one moves round the circuit of the exhibition.

This is undoubtedly, therefore, the fulcrum, the focal point of the whole work of restoration. Passing through the passage of the *porta del Morbio* one enters, significantly enough, what in this as in all castles, especially in the age of chivalry, is its central point, the keep: and here, on the ground floor (through a door from the threshold of which, when one turns round, one sees the plastically revealing effect of Scarpa's treatment of the excavation under the road of the bridge running past the 12th century walls) the circuit is resumed, between the open and the enclosed sections in the museum along a newly built staircase and then along a catwalk leading to the so-called "Reggia" (palace), which is the residential section of the ancient dwelling of the Scala family. In these rooms, whose layout follows the line of the two superimposed and identical halls marking the whole layout of the castle from the keep to the furthest tower on the Adige, are exhibited Veronese and Venetian paintings from the Middle Ages to the end of the 15th century, with showcases containing jewelry and more sculptures from the Scaliger period.

The development of Scarpa's project began here, with the mounting of the exhibition "From Altichiero to Pisanello" (1958), and was limited to the removal of all the 1924 repainting which had surrounded the fragments of authentic 14th century frescoes, found by clearing the 18th-19th century barracks; the new restoration work was limited to bringing out and hence re-enhancing the Trecento frescoes in all their authenticity, renewing the pavements without removing the slabs, filling the space between the old irregular walls and the new flooring of

marmo clausetto or Mansonia wood with a skirting board in soft Vicenza stone.

Returning outdoors, from the armoury in the keep, one again passes through the breadth of the Communal walls and along yet another stretch of concrete staircase, into a space which is once more related to the statue of Cangrande. This is the point above where one walks round the statue, from a catwalk set diagonally to a balcony, which gives one another view of it from below and then behind; at the end of the catwalk, one gets the most favoured viewpoint from which to see the unforgettable laughing features of Cangrande, against the mediaeval wall, lofty above the deep gulf of the rampart, with all around the architect's work of restoration and construction, expressing itself fully in the identification of revealing circuits and probing glances deep into the clefts in the body of the building and the pivotal structures of the edifice. This work gives a quality of complete authenticity to the operation and the observer gets the feeling of a direct relationship, almost a tactile one, with the building and the works on show. Scarpa's Veronese museum comes to an end with a set of six rooms containing the gallery of paintings from the 16th century to the 18th. The uncluttered bareness of the whitewashed walls adds contrast to the warm brick paving, the refinement of the stuccoed ceiling panels and the intense hues, some given a matt finish and some (the last two) gloss. The regular geometry of the square floors serves the architect, as usual, as a frame of reference for the angling of the layout towards the side corridor; he creates an effect of perspective from end to end of the gallery, and of a narrowing at the centre of this supplementary circuit for the visitor, but one that is intensely stimulating architecturally and has a unifying effect on the final set of rooms.

The first and last rooms deserve special mention because, as always, Scarpa devotes great care to the structure of every episode of his architectural argument, especially when, as here, it is made up of three or four blocks which are in a certain sense independent, though linked with a unifying centre, in this case the area around the door of the Morbio and the keep, with all the linking elements they contain. But just as the sculpture section has clear declarations of its beginning and end, and similarly the section devoted to painting from the Middle Ages to the Quattrocento in the *Reggia*, so also the gallery of the 16th to the 17th centuries begins with the highly original Cavazzolo room where the wall behind the statue of Cangrande opens out around the polyptych of the Pietà, as if it were surrounded by an opening set behind it, and ends with the Avena room which is all open to the sky by its glazing and ideally harmonized, with the intense cobalt of the ceiling, and the 18th century paintings kept there. As one emerges there are further views onto the Adige and the north-east tower, onto which the library also looks, through yet another cleft created by re-opening a passage for the light and freeing certain structures buried by the addition of masonry in the 19th century. Perhaps in no other work by Scarpa have restoration and creation, architecture and museology been so intimately fused, producing a work strongly motivated by a critical historical sense: from this point of view, Castelvecchio presents itself as a unique achievement in the dialectical encounter of past and present, providing a concrete point of departure for discussion of historical centres.

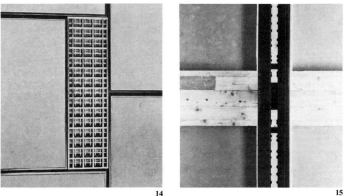

10-13. Particolari delle pavimentazioni interne ed esterne.
14, 15. Particolari dei soffitti della galleria al piano inferiore e superiore.

10-13. Details of different types of internal and external pavings.
14, 15. Details of the gallery ceilings from the lower and upper levels.

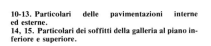

18

19

20

21

22

16. Particolare della zona dell'ingresso.
17. La finestra sull'Adige al termine della galleria.
18. Veduta del piano terreno della galleria.
19-22. Particolari delle pavimentazioni interne.

16. Details of the entrance area.
17. Window facing the Adige at the end of the gallery.
18. Gallery, view of the ground floor.
19-22. Details of internal paving.

23

24

25

23, 24. Vedute della passerella che collega il Mastio col piano superiore della galleria presso la statua di Cangrande.
25. Carlo Scarpa di fronte a una statua del Trecento veronese. (Foto U. Mulas)
26. Veduta della zona di Cangrande.

23, 24. Views of the passageway linking the Mastio with the upper floor of the gallery, near the statue of Cangrande.
25. Carlo Scarpa in front of a Veronese 14th century statue. (Photo U. Mulas)
26. View of the Cangrande area.

26

27

28

29

30

31

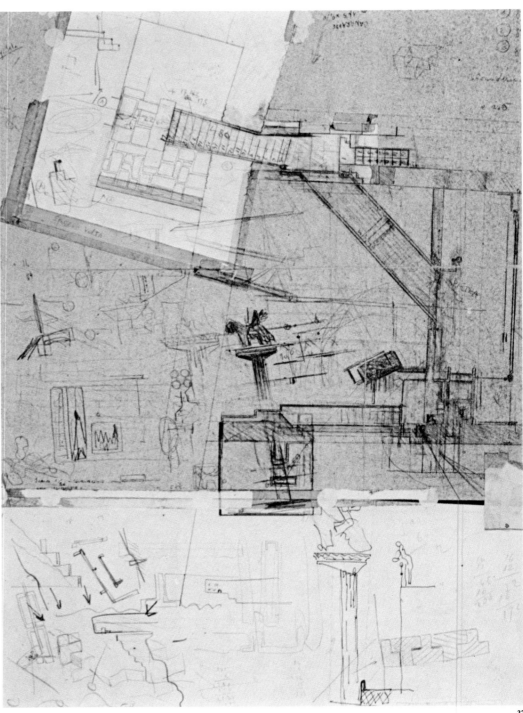

32

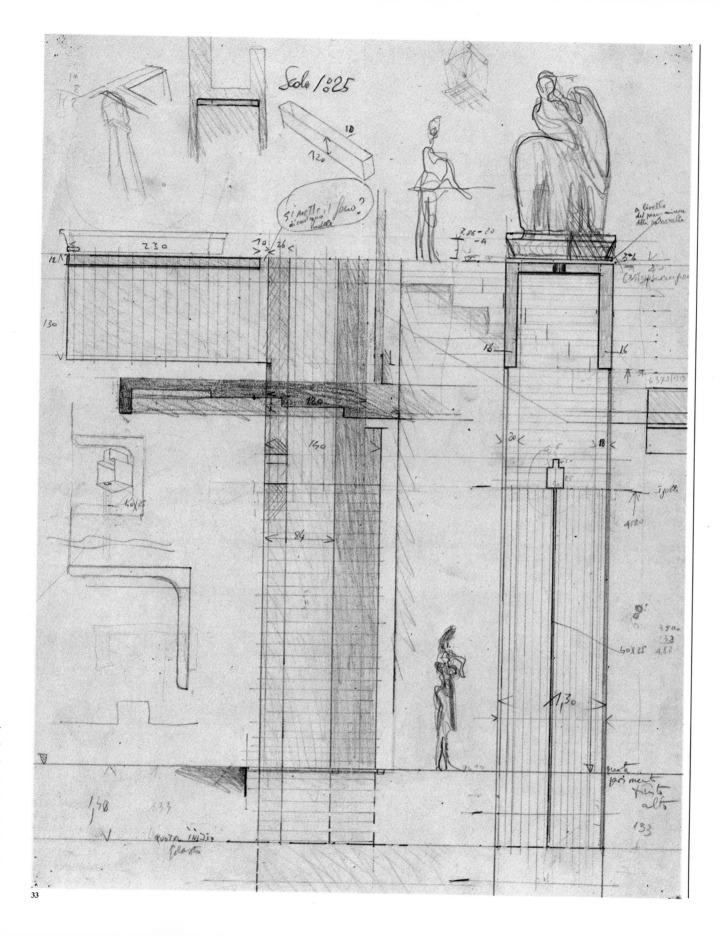

27-29. Particolari della sistemazione della statua di Cangrande.
30. Particolare della scala all'inizio della passerella.
31. Basamento della statua di Cangrande.
32. Pianta della zona di Cangrande e studi per il basamento.
33. Disegno definitivo per il basamento di Cangrande.

27-29. Details of the arrangement of Cangrande statue.
30. Detail of the stairs at the head of the passageway.
31. Base of the Cangrande statue.
32. Plan of the Cangrande zone and studies for the base.
33. Final drawing for the Cangrande base.

33

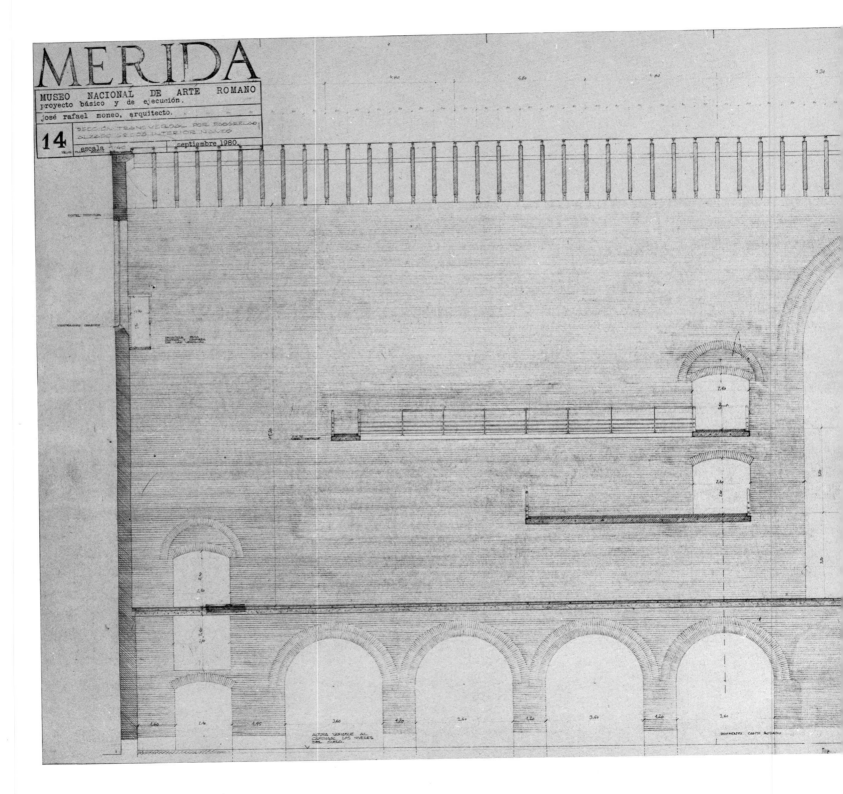

1. Sezione trasversale.   1. Cross section.

Ignasi De Solá Morales

Support, surface
Il progetto di Rafael Moneo per il Museo Archeologico di Merida

Support, Surface
Rafael Moneo's design for the Archaeological Museum of Merida

1

I differenti tipi di museo che si sono succeduti in architettura costituiscono il risultato dello sviluppo di un'idea dominante. Il palazzo dei ricordi accumulati come tesori dal collezionista, il panorama come successione, la luce come condizione naturale della visione, la mobilità spaziale come adattamento permanente dell'edificio agli oggetti variabili che in esso vengono esposti. E senza dubbio in tutti questi tipi, che potremmo esemplificare con edifici concreti, il problema dell'involucro quasi sempre è stato risolto con elementi neutri e poveri. Il rapporto dell'oggetto col proprio supporto fu considerata a tal punto una questione minore, scenografica e di dettaglio, che solo certa architettura parlante si occupò di progettarla con qualche attenzione. Sembrerebbe che l'architettura del museo, da sempre, sia stata concepita come la creazione di una scena vuota: un luogo allestito in modo tale da permettere il massimo splendore ai vari attori che avrebbero assunto il ruolo di protagonisti, al cospetto dei quali il progetto architettonico doveva scegliere la strada della neutralità e del servizio.

Il progetto di Rafael Moneo per il Museo Archeologico di Merida propone un diverso punto di partenza. Il problema del supporto non viene inteso in modo neutrale, né come risultato immateriale di alcune condizioni attraverso le quali l'opera si mostra, bensì, sin dall'inizio, viene affrontato come o più delle opere stesse. Partire dalla materialità concreta di un muro romano in mattoni, con la ripetizione costante e dilatata dei suoi corsi e l'uniforme disposizione del suo impianto, significa aver previsto l'installazione delle opere del museo in modo preciso: il bianco dei marmi risalta con il colore rosato della costruzione in mattoni e la squisitezza della sua cesellatura con la rugosità aspra delle ceramiche.

Tre immagini sembrano essere alla base dell'idea configurante il progetto di Merida. Da una parte la forma romantica, che risale a Piranesi, del percepire come il frammento è giunto fino a noi: incastonato in altri edifici, parte decontestualizzata di altre strutture edilizie che enfatizza la sua posizione aleatoria rivelando le differenze del tempo attraverso la struttura e l'interruzione della sistemazione nel muro. Dall'altra parte la tradizione moderna del restauro. Dopo Giovannoni e la Carta di Venezia la teoria della distinzione tra vecchio e nuovo per mezzo dell'uso di materiali diversi è divenuta abi-

The different types of museum that have followed one another in architecture have been, in each instance, the result of the development of some dominant idea. The palace of memories accumulated as the treasures of the collector, the panorama as succession before the viewing of paintings and scenes, light as a natural condition of viewing, spatial mobility as a permanent adaptation of the building to the variable objects exhibited in it. And without doubt in all these types, which we could exemplify as concrete buildings, the problem of the material support displayed has nearly always been approached by the idea of a neutral, insignificant element. The relation of the object with its support has been regarded as a minor issue, a question of decor and detail, which only some "talking" architecture bothered to deal with at all carefully. It would seem that the architecture of the museum has always been considered as the creation of an empty stage: a place so arranged as to confer the maximum of splendour on the various actors who play the leading role, and before whom the architectural design has to opt for the path of neutrality and serviceableness.

Rafael Moneo's design for the Archaeological Museum of Merida proposes a different starting point. The problem of the support is not interpreted neutrally nor as the immaterial result of certain conditions through which the works come to be displayed; instead, right from the start, it is defined to the same extent as or even more then the works themselves. To start from the concrete materiality of a Roman brick wall, with the expanded regularity of its courses and the uniformity of its layout, means conceiving the works of the museum as installed in it in a precise manner, bringing out the white of the marble against the pinkish colour of the brickwork and the delicacy of its chasing against the roughness of the ceramic.

Three images seem to underlie this concept, which gives shape to Merida's whole plan. On the one hand, the Romantic form, to perceive, going back to Piranesi, how this fragment has come down to us: set in other buildings, forming a part, decontextualized, of other structures and emphasizing its random position, explaining its differences in time through the structure and break in the arrangement of the wall. On the other hand, there is the modern tradition of restoration.

tuale. Le parti distrutte di un edificio non si possono restaurare alla maniera di Viollet-le-Duc, bensì devono mostrare la differenza, all'interno della ricostruzione, con un cambio di materiale che, sovente, si evidenzia nel gioco del mattone e della pietra come tessitura alternata destinata a rendere evidente appunto l'incontro e il contrasto tra vecchio e nuovo, tra originale e restaurato, tra supporto e pezzo singolare. Infine la terza immagine, talvolta la più letteraria, quella che nasce da una ridondanza: l'iconografia del muro romano assunta come connotazione adeguata per la visualizzazione di resti archeologici romani. La delicatezza del mattone romano, la continuità omogenea del piano del muro in una disposizione semplice, la solidità della sua massa pesante: sono tutte immagini associate all'arte del costruire del mondo romano e pertanto posseggono la capacità immediata di evocare, attraverso il tipo di supporto prescelto, una contestualizzazione risultante non dal ricamo pittorico del rivestimento ornamentale dell'architettura romana, bensì dalla lettura moderna che oggi possiamo fare delle sue grandi strutture costruttive. A partire da questa immagine ricca e complessa nei suoi significati e che definisce l'idea del supporto, il progetto si sviluppa con una evidenza e una chiarezza imputabili solamente alla sicurezza con cui il tema centrale del museo è stato trattato.

Un sistema di muri paralleli, occupando la totalità dello spazio disponibile diviene semplice estensione dell'idea iniziale. L'insieme dello spazio espositivo si configurerà come una struttura industriale moderna o come un edificio gotico in cui la ripetizione costituisce il principio compositivo. Goticismo o modernità, in entrambi i casi si tratta di una logica del tutto aliena all'ordine classico ed in questo senso per nulla dipendente dalle caratteristiche cui abbiamo accennato. L'interesse sta per buona parte in questo contrasto: l'adozione di una idea di supporto determinata e decisiva non condiziona per nulla l'organizzazione spaziale del museo. La conformazione dell'edificio non è prodotta da un metodo classicista di ordinamento dello spazio né riutilizza l'ordine dell'architettura antica. Al contrario a questo proposito il progetto è completamente moderno, possiamo dire libero, e non subisce neppure la tentazione del nuovo monumentalismo kahniano per quanto di sgradevole vi permane della tradizione Beaux Arts.

Al contrario con un empirismo per niente utopico l'esposizione si organizza distribuendo su tutta la superficie disponibile un sistema parallelo di muri di supporto scelti con il fine di estendere in modo dilatato, fino a dove sia possibile, il sistema reiterativo di for-

Spaccato assonometrico

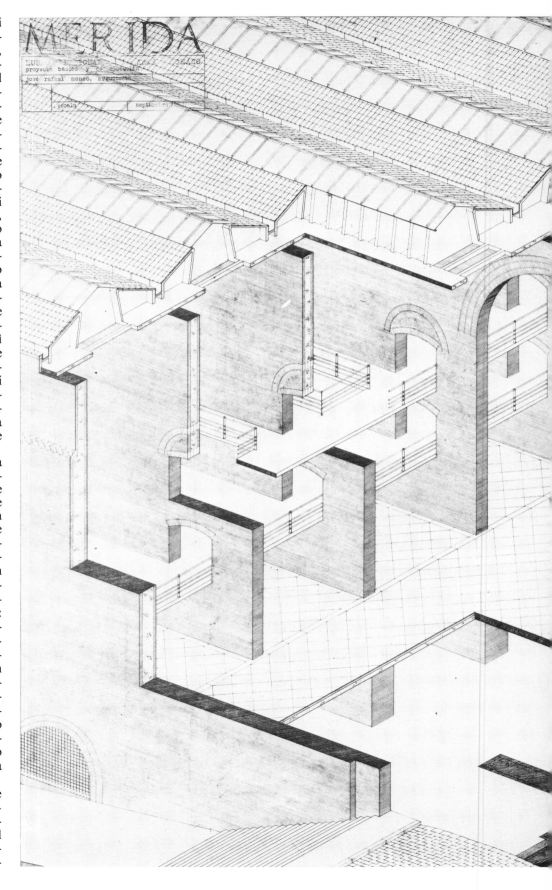

After Giovannoni and the charter of Venice, the concept of the distinction between old and new, through the use of different materials, has become routine. The destroyed parts of a building cannot be restored in the fashion of Viollet-le-Duc; they have instead to display a difference within the reconstruction through a change of material which, frequently, represents the interplay of brick and stone as alternate webs intended to emphasize the encounter and contrast between old and new, between original and restored, between the support and a piece.

Finally, the third image, at times the most literary one, is that which arises out of redundancy: the iconography of the Roman wall taken as the appropriate connotation for an exhibition of Roman archaeological remains. The delicacy of the Roman brickwork, the homogeneous continuity of the plane of the wall in a simple arrangement, the solidity of its weighty mass: these are all images associated with the art of building in the Roman world and hence they possess immediate evocative power, through a chosen type of support, a contextualization produced not by the pictorial decoration, which is more commonly used, of the ornamental covering of Roman architecture, but by the modern interpretation which we can make today of its constructional forms.

Starting from this image, rich and complex in its significance, which defines the idea of the support, the plan is developed with a clarity and directness attributable only to the confidence with which the central theme of the museum has been decided.

A system of parallel walls, taking up the whole of the available space, becomes the straightforward extension of the initial idea. The exhibition space as a whole will appear as a modern industrial structure or a Gothic building in which repetition constitutes the basic compositional principle. Gothicism or modernity, in either case it is a question of compositional logic wholly alien to the classical order and in this sense in no way dependent on the connotations we mentioned earlier. The interest lies to a great extent in this contrast: the adoption of a definite and decisive concept of the support by no means restricts the final organization of the spatial system which gives shape to the building. The conformation of the building is not the product of a classicist method of ordering space nor a reutilization of the order of ancient architecture. On the contrary, in this regard the design is completely modern, free — we might say — and does not betray the slightest temptation of the new monumentalism of Kahn towards the residue of the unpleasant that lingers in it of

Axonometric cutaway

mazione dello spazio espositivo. Questo modo di intendere la configurazione finale dell'edificio significa non partire da apriorismi sulla forma del complesso, bensì intendere il progetto come la semplice applicazione strategica di un'idea ben definita alla totalità dello spazio disponibile.

Sulla base di questo criterio, la caratteristica di imponente grandiosità che i disegni progettuali producono non risulta tanto da un concetto di gerarchia o di unità spaziale quanto dal puro effetto provocato dalla scala di attuazione. Attraversare la teoria dei muri paralleli con grandi arcate lungo una linea disassata, creare percorsi di scala minore a livelli intermedi, introdurre differenze negli effetti di luce o aprire connessioni con i livelli del sottosuolo, non sono che operazioni parziali che poggiano sulla solidità e sulla immobilità del modello di base definito dal sistema dei muri paralleli. In questo modo ciò che organizza e ordina le differenti proposte circolatorie, di illuminazione, di mobilità e di osservazione, gli abituali punti di partenza di un museo, è un'opzione elementare e sobria, a cavallo tra la pura costruzione e l'architettura, che consiste nel sistema dei grandi muri paralleli in mattoni.

Museo stabile e permanente contro i topoi della mobilità e del mutamento. Esposizione elementare contro il preziosismo dei decoratori, il progetto di Merida è interessante, come la maggior parte dei progetti di Moneo, per la sua singolarità, e particolarissima condizione di essere un caso concreto in una situazione determinata.

In questo momento in cui nell'architettura prevale la tendenza a portare il discorso architettonico su livelli di generalità in qualche direzione paradigmatica, critica, utopica, Rafael Moneo dirige invece i suoi sforzi sull'oggetto e sul caso delimitato che deve risolvere, effettuando una scelta iniziale ben precisa in cui concentra la sua proposta: egli pensa il museo a partire dal supporto e rinuncia così ad altre possibilità e all'eclettico montaggio di suggerimenti diversi. Ma soprattutto ciò a cui rinuncia è che il progetto abbia la pretesa di andare molto oltre se stesso, trasformandosi in una proposta generale o in un manifesto cedendo alla tentazione totalizzante di molta architettura moderna.

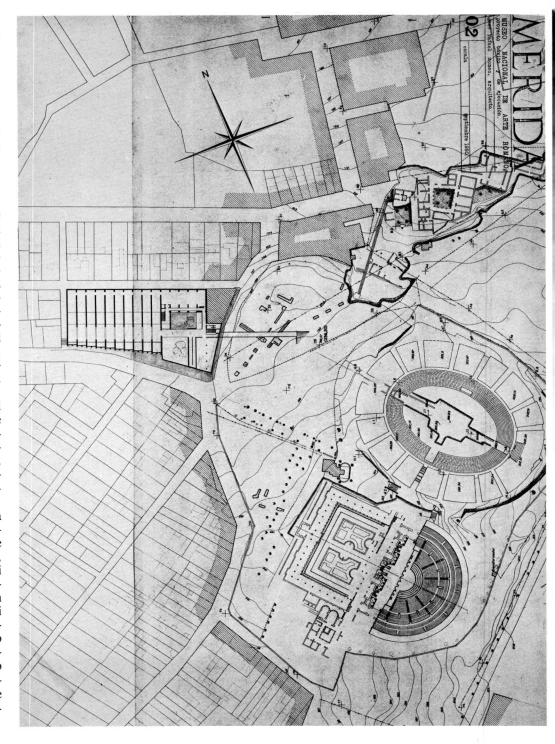

2. Pianta della zona archeologica con l'inserimento del progetto.
3. Pianta a livello degli scavi.
4. Foto del modello sovrapposto all'area degli scavi.

2. Plan of the archaeological zone with the insertion of the design.
3. Plan of the excavation level.
4. Photo of the model superimposed over the excavation area.

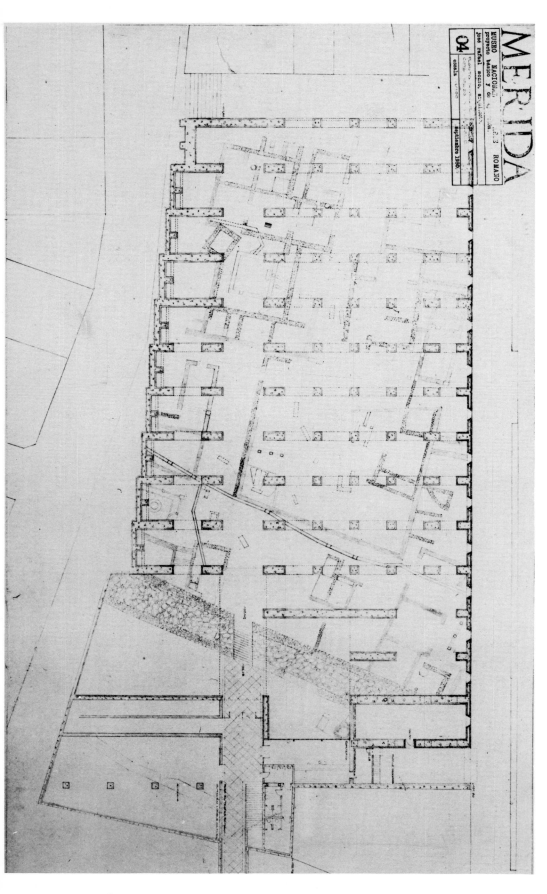

the Beaux Arts tradition.

On the contrary, with an empiricism that is not in the least Utopian, the exhibition is organized by distributing over the whole available surface a parallel system of supporting walls chosen with the aim of extending in expanded fashion, as far as possible, the reiterative system of the formation of the exhibition area. This interpretation of the final configuration of the building means not starting from a priori premises, regarding the form of the whole, but seeing the design as the straightforward strategic application of a clearly defined idea to the whole space.

On the basis of this criterion, the imposing grandeur produced by the drawings of the plan does not rest so much on a concept of a spatial hierarchy or unity as on the pure effect produced by the scale of realization.

Traversing the system of parallel walls with great arches along a non-axial line or creating circuits on a lesser scale at intermediate levels or introducing differences into the effects of light of one wall or another or opening connections with the subterranean levels — these are all partial operations resting on the solidity and immoveableness of the underlying model, defined by the system of parallel walls.

In this way, the thing that organizes orders the various plans of circulation, lighting, movement and observation, the usual starting points of a museum, is an elementary and realistic option, mid-way between pure contruction and architecture, which consists of the system of great parallel brick walls.

A stable and permanent museum, set against the themes of mobility and mutability. An elementary exhibition opposed to the preciosity of decorators, the design for Merida is interesting, as are most of Moneo's designs, by its uniqueness, by its strictly individualized relevance to one concrete case.

In this sense, its attraction, at this moment when current architecture seems dominated by a desire for architectural discussion to rise to levels of generality in some paradigmatic form, critical and Utopian, the work of Rafael Moneo directs its efforts towards the object and the circumscribed case which it has to resolve, so making the effort to concentrate its proposals on the choice of a specific approach — conceiving the museum from the support — and in so doing foregoing other possibilities and the eclectic montage of different suggested approaches. But above all, what it foregoes is the claim that the design goes far beyond itself, becoming transformed into a general proposal or a manifesto, which means foregoing the temptation towards totalization to be found in much modern architecture.

4

L'accesso al Muro del Pianto
Progettare all'interno della griglia archeologica

Access to the Wailing Wall
Designing in the archaeological grid

Adolfo Natalini / Superstudio con/with David Palterer

Secondo la Bibbia, il Signore dette a Mosè sul monte Sinai le tavole della legge, ma anche una serie di indicazioni di come costruire l'arca, il propiziatorio, la tavola, il candelabro, il tabernacolo, la tenda, le assi del tabernacolo, il velo, l'altare degli olocausti, il cortile, i sacri paramenti, l'Efod, il pettorale e il manto dell'Efod e le vesti per i sacerdoti. Besaleel e Oholiab "e tutti gli uomini d'ingegno" eseguirono i lavori per il Santuario (Esodo, 25).

Le tavole di pietra stavano nell'arca di legno d'acacia rivestita d'oro che stava con gli altri sacri utensili nel tabernacolo di dieci teli di puro lino ritorto, il filo violaceo, circondato di assi, nel cortile, sotto la tenda, per tutto il tempo delle peregrinazioni.

Alla fine del regno di David, sembrava che il popolo d'Israele fosse finalmente entrato nella terra premessa. David pensava: "Ecco, io abito in una reggia di cedro mentre l'arca del Signore è sotto una tenda". Il profeta Natan gli annunciò che sarebbe stato suo figlio a costruire il Tempio. E Salomone infatti "decise di costruire il Tempio al nome del Signore". Hiram, re di Tiro, mandò a Salomone "un uomo abile e intelligente, Hiram Abi: egli sa lavorare in oro, in argento, in rame, in ferro, in pietre, in legno, come pure in filati violetti, in porpora, in bisso e in cremisi; sa eseguire ogni sorta di sculture ed attuare qualsiasi progetto che gli venga affidato" (2° Cronache, 2, 12-13).

Radunati 153.600 uomini, "Salomone cominciò a costruire la casa del Signore a Gerusalemme, sul monte Moriah, là dove il Signore era apparso a suo padre David" (2° Cron. 3, 1). Il primo Libro dei Re e il secondo Libro delle Cronache, descrivono il tempio: la costruzione iniziò 480 anni dopo che gli ebrei erano usciti dall'Egitto (quindi verso il 970 a.C.).

Davanti al Tempio stavano due colonne: quella di destra si chiamava "Jachin" (Dio rende stabile) e quella di sinistra "Boaz" (in Lui è forza). Quando il lavoro per il Tempio e le suppellettili fu terminato, Salomone vi fece trasportare tutto ciò che suo padre aveva consacrato al Signore, e pose l'Arca nel Santuario.

Poi "la casa del Signore fu riempita da una nube". E infine Salomone disse: "il Signore ha detto di voler abitare nell'oscurità: io invece ho costruito una casa per la Tua dimora, un luogo di permanenza nei secoli" (2° Cron. 6, 1).

Grazie all'opera delle maestranze fenice, il Tempio era una costruzione fenicio-egiziana con elementi mesopotamici. Era costituita da un corpo rettangolare (di 35x10 metri, alto 15,20) diviso in tre parti, con un annesso su tre lati.

"Per la costruzione del Tempio furono impiegate delle pietre tutte squadrate, di modo che durante la costruzione del Tempio non si sentì nessun colpo di mar-

tello, di scure o di altri arnesi di ferro" (I Re, 6, 7). Aldilà delle dimensioni il Tempio colpiva per la sua magnificenza: era composto di materiali vari e preziosi, in gran parte coperto d'oro, con decorazioni intagliate e a bassorilievo. La descrizione della Bibbia, nell'enumerare i materiali e le opere, compone un lungo elenco di meraviglie combinate in un catalogo magico da cabalista. (Chi conosce il lavoro di Walter Pichler capisce cosa voglio dire.)

Nel 587 Nabucodonosor conquistò Gerusalemme e depredò il Tempio, senza trovar l'Arca che era stata nascosta dal profeta Geremia così bene che nessuno l'ha più trovata. Il nono giorno del mese di Ab Nabucodonosor incendiò il Tempio. Migliaia di ebrei furono deportati a Babilonia e lì rimasero finché Ciro il Grande conquistò Babilonia (538) e permise loro di tornare in patria (490). A Gerusalemme, nello stesso luogo del primo, gli ebrei iniziarono la costruzione del secondo Tempio, che fu dedicato al Signore nel 515: simile come struttura, non era assolutamente comparabile alla ricchezza del primo. Nella sua semplicità però il secondo Tempio durò a lungo. Il tentativo compiuto da Antioco Epifane di convertire all'ellenismo il Tempio e il popolo per contrastare l'astro nascente di Roma, portò alla ribellione popolare guidata dai Maccabei nel 167 a.C. Nel 20

gold, in silver, in brass, in iron, in stone and in timber, in purple, in blue and in fine linen, and in crimson; also to grave any manner of engraving and to perform any kind of plan which shall be put to him" (2 Chronicles 2, 3).

Having gathered together 153,600 men, Solomon "began to build the house of the Lord at Jerusalem, on Mount Moriah, where the Lord appeared to David his father" (2 Chronicles 3, 1).

The first book of Kings and the second of Chronicles describe the temple: construction work began 480 years after the Jews came out of Egypt (about 970 B.C.).

Before the temple stood two pillars: the one on the right was called "Jachin" (God makes stable) and the one on the left "Boaz" (in Him is strength). When work for the temple and the furnishings was finished, Solomon had everything which his father had consecrated to the Lord brought into it and laid the Ark in the Sanctuary.

Then "the house of the Lord was filled with a cloud." And finally Solomon said, "The Lord hath said that He would dwell in darkness: but I have built a house of habitation for Thee, and a place for Thy dwelling forever" (2 Chronicles 6, 1).

With the work carried out by Phoenician craftsmen, the Temple was a Phoenician-Egyptian structure with Mesopotamian elements. It was made up of a rectangular body (35x10 metres and 15.20 metres high) divided into three parts with an annex on three sides.

"And the house, when it was in building, was built of stone made ready before it was brought thither: so that there was neither hammer nor axe not any tool of iron heard in the house, while it was building." (I Kings, 6, 7).

Apart from its dimensions, the Temple was remarkable for its magnificence: it was made of varied and precious materials, much of it sheathed in gold, with decorations in carving and bas-relief. The Biblical description lists the materials and the works carried out in a long tale of marvels combined in a magical cabalistic catalogue. (Anyone familiar with the work of Walter Pichler will understand my meaning.)

In the Bible it says that on Mount Sinai God dictated to Moses the tables of the Law, and also a series of instructions for the construction of the Ark, the mercy seat, the table, the candlestick, the tabernacle, the curtain, the staves of the tabernacle, the vail, the alter of sacrifice, the court, the sacred, the Ephod, the breastplate and the robe of the Ephod and the priest's garments. Bezaleel and Aholiab, "and all that are wise hearted", performed all the work for the Sanctuary (Exodus, 25).

The stone tables were laid in the Ark of shittim (acacia) wood, sheathed in gold, and placed with the other sacred instruments in the tabernacle of ten hangings of purest twined linen, of purple yarn, surrounded by staves, in the court, below the curtains, for the whole time of the wanderings.

At the end of David's reign, it seemed that the people of Israel had at last entered the promised land. David said: "Lo, I dwell in a house of cedarwood while the Ark of the Lord remaineth under curtains." The prophet Nathan told him that his son would build the temple.

In fact, Solomon decided "to build the temple in the name of the Lord". Huram, king of Tyre, sent Solomon "a cunning man, endued with understanding, Huram Abi, skilful to work in

In 587 B.C. Nebuchadnezzar conquered Jerusalem and despoiled the Temple, without finding the Ark, which had been hidden by the prophet Jeremiah, indeed so well that it has never been found since.

The ninth day of the month of Av, Nebuchadnezzar burnt down the Temple. Thousands of Jews were carried away into Babylon and remained there until Cyrus the Great conquered the city (538) and permitted them to return home (490).

In Jerusalem, on the same site as

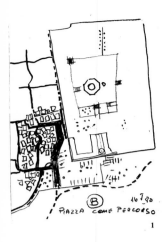

Il periodo del primo Tempio (dal 1000 al 587 a.C.) / The period of the first Temple (from 1000 to 587 b.C.)

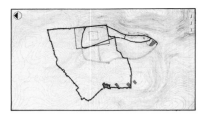

Il periodo del secondo Tempio (dal 537 a.C. al 70 d.C.) / The period of the second Temple (from 537 b.C. to 70 a.D.)

Il periodo della dominazione romana / The period of Roman domination (135-324)

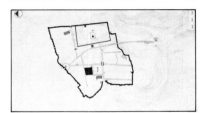

Il periodo bizantino / Byzantine period (324-638)

Il periodo dei Crociati / Period of the Crusades (1099-1187)

Il periodo dei Mammeluchi / The Mamelukes period (1250-1517)

Il periodo degli Ottomani / The Ottoman Empire period (1517-1917)

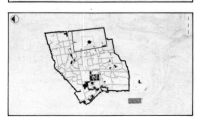

1. Ipotesi di piazza come tessuto di case e strade.
2. Zona archeologica, piazza e percorsi.
3. Ipotesi di 12 luoghi per 12 tribù.
4. Fasi storiche dello sviluppo di Gerusalemme.

1. Proposal of the square with houses and streets.
2. Archaeological zones, squares and streets.
3. Proposal for 12 places for 12 tribes.
4. Historical phases of the development of Jerusalem.

a.C., Erode il Grande, re di Giudea, appassionato di architettura, cercò di riportare il Tempio al suo antico splendore. La Giudea era sotto il dominio romano, e il tempio fu modificato in stile ellenistico-romano. 10.000 uomini vi lavorarono, e il risultato fu splendido. Secondo Arthur Kutcher, il Tempio di Erode era una costruzione ellenistica che univa diversi principi simbolici e spaziali di derivazione asiatica.

Aveva nove porte coperte d'oro e d'argento, una centrale in bronzo, e quattro cortili circondati da un colonnato lungo un miglio. Il tema mesopotamico di una piattaforma artificiale (lozziggurat) era stato sovrimposto su una cima di collina. Ma gli assi dei diversi edifici non si incrociavano rigidamente come nelle città romane, ma seguivano i punti focali di tutto il bacino in cui Gerusalemme era inserita.

Venne creata una piazza artificiale parzialmente sopraelevata (la spianata del Tempio) racchiusa tra quattro mura costruite con pietre di dimensioni eccezionali: le più piccole pesano da 2 a 8 tonnellate e la più grande è posata sul muro occidentale ed è lunga 12 metri, con un peso di circa 400 tonnellate. Lungo il muro occidentale (il più lungo, di circa 485 metri) correva una strada pavimentata larga 10 metri.

Nel 63 inizia la dominazione romana: nel 67 gli ebrei si ribellarono a Roma e dopo una guerra di tre anni Tito conquistò Gerusalemme, bruciò il Tempio nel nono giorno del mese di Av. Agli Ebrei venne proibito di rimetter piede in Gerusalemme. Si salvò solo un settore del muro occidentale.

Le restrizioni divennero ancora più dure dopo che venne domata la rivolta di Bar Kusiba (135 d.C.) e il Tempio venne quasi completamente distrutto: enormi blocchi di pietra giacciono ancora sulla strada erodiana nel posto dove vennero precipitati dalle mura. In seguito Adriano costruì sull'area un tempio a Giove, cambiando il nome di Gerusalemme in Elia Capitolina. Gli ebrei durante il II e III secolo dovettero accontentarsi di piangere la distruzione guardando le rovine dal Monte Uliveto. Dopo la conversione dei romani al Cristianesimo, le rovine del Tempio diventarono il simbolo della sostituzione della vecchia religione con la nuova. Solo nel giorno della distruzione del Tempio era consentito agli ebrei di piangere sulle rovine.

Scriveva Geronimo nel IV secolo "fino ad oggi è proibito agli Ebrei di venire a Gerusalemme. Essi hanno il permesso di entrare solo per piangere. E devono comprare con denaro la licenza di piangere per la distruzione del loro paese. Loro che prima hanno comprato con il lucro del denaro il sangue di Gesù sono obbligati ora a pagare il costo delle loro lacrime, neanche il pianto viene loro dato gratuitamente."

Dopo esser stata dominata dai romani e dai bizantini, Gerusalemme venne conquistata dai musulmani nel 638: questi permisero agli ebrei di insediarsi "vicino al muro occidentale".

I musulmani proclamarono Gerusalemme città santa. Il Muro del Pianto era il luogo dove l'arcangelo Gabriele aveva legato il cavallo del profeta durante il suo viaggio notturno in cielo. Costruirono la Cupola della Roccia, Al Aqsa e la Cupola della Catena, chiudendole con un muro che incorporava quello occidentale. Costruirono anche vaste strutture civili e militari tra il muro del Tempio e le mura della città.

Le Crociate eliminarono l'insediamento ebraico e il piazzale del Tempio divenne il centro dei Templari che trasformarono in Chiesa la Moschea di Omar e in monastero e ospedale (ostello) la zona dell'El-Aqsa.

Nel 1516 gli Ottomanni conquistarono Gerusalemme e, temendo una nuova crociata di Carlo V, iniziarono a fortificarla. Venne richiesto l'aiuto degli ebrei e in cambio venne loro concesso un diritto sul muro occidentale; l'architetto reale (Sinan) venne incaricato di apportarvi migliorie.

Gli ebrei, per evitare contrasti con gli alleati ottomanni, disposero di non salire sul piazzale del Tempio ma di limitare la zona di preghiera a una fascia lungo il muro, larga tre metri e sessanta centimetri e lunga ventidue metri. Questo piazzale, quasi una corte, fu il luogo di preghiera fino al 1948.

Durante questi 400 anni, il muro divenne un simbolo religioso, ma nel secolo scorso, con l'avvento delle idee nazionaliste (anche prima della nascita del sionismo) divenne un simbolo di unità nazionale. Gli inglesi, conquistata la Palestina nel 1917, mantennero lo status quo dei luoghi di preghiera. Israele divenne indipendente il 14 maggio 1948, e il giorno successivo iniziò la guerra d'indipendenza. Nel 1948 i giordani conquistarono il quartiere ebraico entro le mura, e anche dopo gli accordi di "cessate il fuoco" non fu permessa la visita al muro del pianto. Nel 1967 gli israeliani riconquistarono e riunificarono Gerusalemme con la guerra dei sei giorni. Nell'euforia del momento venne demolito l'insediamento magrabita raccolto nell'angolo nord-est, e venne così creato il piazzale di fronte al Muro del Pianto.

Una rampa rimase come accesso alla spianata del tempio, e questa rampa divide il piazzale dalla zona archeologica in cui avvengono scavi sistematici. Il luogo di preghiera si trasformò così da una corte di 100 metri quadri in un piazzale di 20.000.

La tradizione

Secondo la tradizione la spianata del Tempio è il luogo dove David e Salomone eressero l'altare, è il luogo dove Abramo doveva sacrificare Isacco, è il luogo del sacrificio di ringraziamento di Noè uscito dall'arca, è il luogo ove Caino e Abele offrirono sacrifici, è il luogo del primo sacrificio dell'uomo e là l'uomo è stato creato.

La roccia è quindi il centro del mondo.

Il Tempio rendeva il luogo sacro per sempre: il "santo dei santi" era la stanza oscura in cui dimorava il Signore. Il Messia atteso dal popolo d'Israele entrerà dalla porta d'oro (la porta della Pietà) sul muro orientale e allora il Tempio verrà ricostruito.

before, the Jews began work on the building of the second temple, dedicated to the Lord in 515: it resembled the first in structure but fell far short in richness. In its simplicity, however, the second temple endured a long time. Antiochus Epiphanes attempted to convert the people and temple to Hellenism, to combat the rising star of Rome, but this provoked a popular rebellion led by the Maccabees in 167 B.C. In 20 B.C. Herod the Great, king of Judaea and a lover of fine buildings, sought to restore the temple to its ancient splendour. Judaea was under Roman rule and the temple was modified in Hellenistic-Roman style. Ten thousand men worked on it and the result was magnificent. Arthur Kutcher tells us that the temple of Herod was a Hellenistic structure uniting various symbolical and spatial principles of Asian derivation.

It had nine doors covered with gold and silver, a central door of bronze and four courtyards surrounded by a colonnade a mile long.

The Mesopotamian feature of an artificial platform (*lozzigurat*) was set on a hilltop. But the axes of the various buildings did not intersect with the regularity of a Roman town layout; instead they followed the focal points of the whole depression in which Jerusalem stood.

An artificial square, partially raised, formed the temple yard, enclosed by four walls made of stones of exceptional size: the smallest weighed between 2 and 8 tons and the largest, laid in the west wall, was 12 metres long and weighed about 400 tons. Along the west wall (the longest, of about 485 metres) there ran a paved street 10 metres wide.

In 63 B.C. the Roman period of rule began. In 67 the Jews rebelled against Rome and after a war lasting three years Titus conquered Jerusalem and burnt the Temple on the ninth day of the month of Av. The Jews were forbidden to set foot in Jerusalem. Only a section of the west wall was left standing.

The restrictions became even harsher after the suppression of the revolt of Bar Kusiba (135 A.D.) and the Temple was almost completely destroyed: immense blocks of stone still lie on the Herodian road, where thay were thrust from the walls.

Later Hadrian built a temple to Jupiter on the site of the Temple, changing the name of Jerusalem to Elia Capitolina.

During the 2nd and 3rd centuries, the Jews could only weep over the destruction, gazing at the ruins from the Mount of Olives. After the conversion of Rome to Christianity, the ruins of the Temple became a symbol of the replacement of the old religion by the new. Only on the day of the destruction of the Temple were the Jews permitted to weep over the ruins.

In the 4th century, Jerome wrote: "Until now, the Jews have been forbidden to come to Jerusalem. They are permitted to enter only to weep. And they must pay money for the licence to weep for the destruction of their land. They, who first bought Christ's blood with lucre, are now compelled to purchase

their tears; not even weeping is given to them for nothing."

After being ruled by Rome and Byzantium, Jerusalem was conquered by the Muslims in 638: they allowed the Jews to settle "close to the west wall."

The Muslims proclaimed Jerusalem a holy city. The Wailing Wall was the place where the archangel Gabriel had tethered the prophet's horse during his night-time journey in Heaven. They built the Dome of the Rock, El Aqsa mosque and the Dome of the Chain, enclosing them with a wall which incorporated the west wall. They also built immense civil and military structures between the wall of the Temple and the city walls.

The Crusades eliminated the Jewish settlement and the square of the Temple became the centre of the Knights Templar, who converted the Mosque of Omar into a church and the El Aqsa area into a monastery and hospital.

In 1516 the Ottomans conquered Jerusalem, and fearing a new crusade led by Charles V, began to fortify it. They called on the Jews for help, in exchange conceding them rights on the west wall. The royal architect (Sinan) was commissioned to make improvements to it.

The Jews, to avoid friction with their Ottoman allies, agreed not to ascend the temple square but to limit the area of prayer to a strip along the wall, 3 metres 60 centimetres wide and twenty-two metres long. This strip, almost a courtyard, was the place of prayer until 1948.

During these 400 years, the wall became a religious symbol, but during the last century, with the advent of nationalist ideas (even before the rise of Zionism) it became a symbol of national unity. The British conquered Palistine in 1917 and maintained the status quo of the places of prayer. On 14 May 1948 Israel became independent and the next day the war of independence began. The Jordanians conquered the Jewish quarter inside the walls, and even after the ceasefire agreement the Jews were not allowed to visit the Wailing Wall.

In 1967 the Israelis reconquered and reunited Jerusalem in the seven-day war. In the euphoria of the moment, they demolished the Magrabite quarter in the north-east corner and so created the square opposite the Wailing Wall.

The place of prayer was thus transformed from a courtyard of 100 square metres into a square of 20,000 square metres. A ramp was left as access to the temple level, and this divides the square from the archaeological area where systematic excavation work is going on.

Tradition

According the Islamic tradition, the rock and level of the Temple is the place where David and Solomon raised the altar, where Abraham was going to sacrifice Isaac, where Noah gave thanks when he emerged from the Ark, where Cain and Avel made their sacrifices, where the first sacrifice was offered by the first created man and woman.

The rock is therefore the centre of the world.

5

6

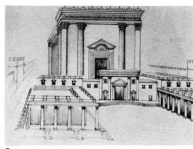

7

8

9

10

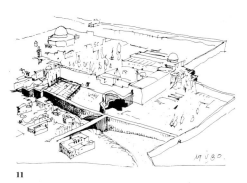

11

Ricostruzioni del Tempio di Gerusalemme
5. Il tabernacolo nel deserto con il recinto di pali e tende.
6. Ricostruzione schematica del primo Tempio con le due colonne Jachin e Boaz.
7. Ricostruzione schematica del secondo Tempio.
8. Il primo Tempio secondo la profezia di Ezechiele.
9. Il Tempio di Salomone secondo Ezechiele e Villalfandus in una incisione di Fisher von Erlach.
10, 11. Percorsi a altezze diverse.

Reconstructions of the Jerusalem Temple
5. The desert tabernacle with pole and curtain enclosure.
6. Schematic reconstruction of the first Temple with the two columns of Jachin and Boaz.
7. Schematic reconstruction of the second Temple.
8. First Temple according to the prophecy of Ezekiel.
9. Temple of Solomon according to Ezekiel and Villalfandus in an engraving by Fisher von Erlach.
10, 11. Streets at different levels.

12

14

15

16

13

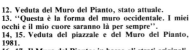

17

Delle mura che recingono la spianata, il muro occidentale è quello in migliori condizioni: la tradizione vuole che sia durato più a lungo perché costruito dai poveri, con le loro mani e le loro lacrime.

La spianata del Tempio è il terzo luogo sacro dell'Islam, dopo la Mecca e la Medina. La Cupola della Roccia (la Moschea di Omar) racchiude al suo interno la punta della montagna da cui il profeta Maometto è salito al cielo sul suo cavallo bianco El Burak: la roccia lo seguì verso il cielo e la mano dell'arcangelo Gabriele la respinse sulla terra. I musulmani mostrano l'impronta dello zoccolo del cavallo e della mano dell'arcangelo. La porta Berkley sul muro occidentale, da cui il profeta era entrato alla spianata del Tempio, rimane chiusa in attesa del suo ritorno (per questo l'accesso avviene dalla piccola porta Magrabita).

La devozione resa al muro è fatta di preghiera: molti inseriscono tra le pietre bigliettini con la richiesta di grazie. Anche le sale sotterranee (protette dal sole e dai rigori del clima) sono usate per la preghiera. Ogni venerdì e nelle altre festività religiose grandi folle si radunano sul piazzale davanti al muro, e in particolare in occasione delle tre grandi maggiori festività ebraiche nelle quali si saliva al Tempio (Pessach, Shavuot, Sukkot) e per la festa nazionale (giorno dell'indipendenza). Da almeno un secolo il luogo è diventato un simbolo dell'unità nazionale, e per questo ha assunto un enorme valore politico e sociale.

Preliminari

Quattro ipotesi progettuali:

1. Ricostruire una situazione urbana, fatta di luoghi, di case e strade, con la zona di preghiera raccolta in una strada lungo il muro. Ma la tradizione ebraica si oppone alla costruzione di un luogo di preghiera in sostituzione al tempio, ammettendo tutt'al più l'inizio di una costruzione che sarà completata solo quando i tempi saranno maturi.

2. Inventare una piazza per grandi manifestazioni e cerimonie, isolare una zona più raccolta per la preghiera e definire e delimitare la zona archeologica. Ma in questo modo si creano divisioni e contrasti tra fruizioni diverse dello stesso luogo.

3. Estendere la zona archeologica a tutta la piazza, inventare una struttura leggera, permanente o temporanea per le manifestazioni e situare la zona di preghiera sul livello della strada erodiana e delle sale sotterranee. Ma la zona di preghiera non è mai stata a questo livello, e le strutture temporanee ingombrano con la loro estraneità in una città fatta di pietre.

4. Tentare un progetto sincretico, capace di integrare i tempi e i luoghi, le diverse esigenze, i bisogni e i desideri. Tentare quindi un progetto strutturato per allegorie e metafore, dove le pietre siano costruzione e segno, architettura parlante e diagramma da decifrare seguendo forse le istruzioni del misterioso misuratore di cui parla il profeta Ezechiele: "ecco un uomo, il cui aspetto era come di rame, ritto sulla porta con un nastro di lino in mano e una canna da misurare."

Ma l'architettura parlante è spesso solo architettura balbettante. Abbiamo scelto di correre il rischio.

Una proposta per la ricostruzione della zona del Muro del Pianto a Gerusalemme, 1980-1982
Adolfo Natalini/Superstudio con David Palterer

La zona archeologica viene estesa a tutta la piazza e regolarizzata con una griglia. Ai nodi nascono degli "indicatori": elementi verticali, ibridi tra albero, colonna e segnale, che portano indicazioni sul livello di scavo e sui ritrovamenti (gli indicatori alludono a un'estensione verticale e temporale infinita della superficie orizzontale della piazza...). Nella zona prospiciente al Muro del Pianto, ai nodi della griglia nascono elementi strutturali (pilastri) che portano una piattaforma a due livelli.

Il livello inferiore (la piazza bassa) diviene il luogo della preghiera, concentrato sul muro ma protetto alle spalle da un secondo muro perforato verso i livelli archeologici sottostanti. Il livello superiore (la piazza alta) è un luogo per feste, cerimonie, incontri e manifestazioni.

Sulla piazza alta agli incroci della griglia nascono "torri d'ombra", cilindri perforati di pietra che, oltre a dar luce e ventilazione ai livelli archeologici sottostanti, creano zone d'ombra e d'aggregazione. Offrono anche il supporto per il raccoglimento (come presso il muro di una casa) ed evocano una situazione urbana: una città a molti livelli attraversata dal sole, dal vento e dai passi degli uomini. A queste torri d'ombra possono agganciarsi strutture temporanee come pergole o supporti per tende e per bandiere. La piazza superiore presenta una frattura sul bordo sud, come una lacerazione di vesti in segno di lutto. L'accesso alla zona di preghiera avviene attraverso una rampa che attraverso le sale sotterranee o attraverso una seconda rampa (doppia) dalla piazza superiore. L'accesso alla spianata del tempio avviene attraverso la porta Magrabita con una scala contenuta in un volume curvo addossato al muro. L'accesso principale attraverso la Porta dell'Immondizia è stato reso pedonale, fuorché per i veicoli di servizio. La zona fuori della porta è stata riorganizzata con parcheggi.

12. Veduta del Muro del Pianto, stato attuale.
13. "Questa è la forma del muro occidentale. I miei occhi e il mio cuore saranno là per sempre".
14, 15. Veduta del piazzale e del Muro del Pianto, 1981.
16, 17. Il Muro del Pianto: in basso gli strati originali, in alto i rifacimenti.

12. View of the Wailing Wall, present state.
13. "This is the shape of the West wall. My eyes and heart will always remain there."
14, 15. View of the "piazzale" and of the Wailing Wall, 1981.
16, 17. The Wailing Wall: below, original layers, above, the rebuilt portions.

The Temple rendered the place sacred forever: the "Holy of Holies" was the darkened chamber wherein dwelt the Lord. The Messiah awaited by the people of Israel will enter in by the Golden Gate (the gate of Mercy) on the west wall and then the Temple will be rebuilt.

Of the walls surrounding the Temple level, the west wall is in the best state of preservation. Tradition has it that it lasted longest because it was built by the poor with their own hands and their tears.

The Temple level is the third of Islam's sacred places, after Mecca and Medina. The Dome of the Rock (the Mosque of Omar) encloses within it the tip of the mountain from which the prophet Mahomet ascended to Heaven on his white steed, El Burak: the rock followed him heavenwards and the hand of the archangel Gabriel brought it back to earth. The Muslims show the imprint of the horse's hoof and the archangel's hand on it. The Berkley gate in the west wall, through which the prophet entered the Temple level, is left closed to await his return. (This is why access is provided through the small Magrabite gate.)

The devotion at the wall consists of prayer: many insert notes bearing pleas for grace between the stones. The underground chambers (protected from the sun and the elements) are also used for prayer.

Every Friday and on other religious festivals, great crowds collect on the square before the wall, and particularly on the occasion of the three major festivals when ascent was made to the Temple (Pessach, Shavuot, Sukkot) and for the national festival (independence day).

For at least a century now, the place has been a symbol of national unity and has therefore acquired an immense social and political value.

Preliminaries

Four planning hypotheses:

1. Reconstruct an urban situation made up of places, homes and streets, with the prayer zone set in a street along the wall. But Jewish tradition is opposed to construction of a place of prayer to replace the temple, admitting at most a start on construction which will be completed only when the times are ripe.
2. Invent a square for big events and ceremonies, isolating a more compact zone for prayer and defining and limiting the archaeological zone. But in this way divisions and contrasts are created between different uses of the same place.
3. Extend the archaeological zone to the whole square, inventing a light structure, permanent or temporary, for events and ceremonies and siting the prayer zone on the level of the Herodian road and the subterranean chambers. But the prayer zone has never been on this level and the temporary structures would be out of place in a city of stone.
4. Attempt a syncretic plan, capable of integrating the temples and places, different requirements, needs and demands. Then attempt a plan structured by allegories and metaphors, in which the stones will be construction and sign, speaking architecture and diagram to be deciphered, perhaps following the instructions of the mysterious measurer of whom the prophet Ezekiel speaks: "Behold, there was a man, whose appearance was like the appearance of brass, with a line of flax in his hand, and a measuring reed." But speaking architecture is often merely stuttering architecture. We have chosen to take the risk.

Proposal for reconstruction of the area of the Wailing Wall in Jerusalem, 1980-1982.
Adolfo Natalini/Superstudio with David Palterer

The archaeological zone is extended to the whole square and regularized with a grid. At the intersecting points stand "indicators", vertical elements, a cross between a tree, pillar and sign, giving information about the excavation levels and finds (the indicators refer to an infinite vertical and temporal extension of the horizontal surface of the square). In the zone facing the Wailing Wall, structural elements (pillars) stand at the intersections of the grid, bearing a two-level platform.

The lower level (the lower square) becomes the place of prayer centred on the wall but protected from behind by a second wall with openings towards the underlying archaeological levels. The upper level (the upper square) is a venue for festivals, ceremonies, meetings and other functions. On the upper square, "shadow towers" stand at the intersections of the grid: perforated stone cylinders which not only provide light and ventilation for the underlying archaeological levels but also create shaded areas for meeting. They also provide shelter for withdrawal (as near the wall of a house) and evoke an urban milieu: a city on a number of levels traversed by sun, wind and men's footsteps. These shade towers could be points of support for temporary structures like awnings and bonners. The upper square has a fracture on its southern edge, like a garment torn in sign of mourning. Access to the prayer zone is provided by one ramp crossing the subterranean chambers or another one (double) running from the upper square.

Access to the temple level is provided through the Magrabite gate with a staircase contained in a curved volume against the wall. The main access through the Dung Gate has been restricted to pedestrians, except for service vehicles. The area outside the gate has been reorganized with parking facilities.

18

19

20

21

22

23

18. Le sale sotterranee con l'arco di Wilson (uno dei due ponti che collegavano la città alta con il Tempio)
19. Foto aerea, 1975.
20. Ritrovamento della pavimentazione originale della strada erodiana lungo il muro.
21. La zona del Muro del Pianto. (Da "La Terre Sainte", Paris 1882.)
22. La piazza bassa, il luogo della preghiera con gli accessi dalle sale sotterranee.
23. La piazza bassa, vista dal muro con le aperture sulla zona archeologica sottostante.

18. The subterranean rooms with the Wilson arch (bridge connecting the upper city with the Temple).
19. Aerial photo, 1975.
20. Discovery of the original Herodian road along the wall.
21. The Wailing Wall area. (From "La Terre Sainte," Paris, 1882.)
22. The lower square, the prayer area with accesses to the subterranean rooms.
23. The lower square, view of the wall with the openings on the underlying archaeological zones.

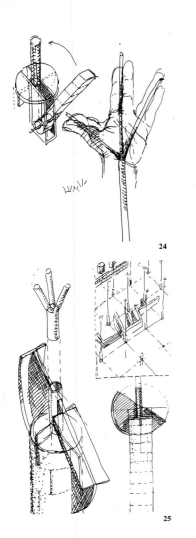

24

25

24, 25. Studi per "indicatori": basamento cilindrico in pietra, elemento mediano in bronzo (come macchina del tempo) con informazioni incise, elemento superiore in legno come un albero con terminale a tre ramificazioni che indicano il livello originale del terreno.
26. Progetto definitivo con le "torri d'ombra" circolari.
27. Fotomontaggio con l'inserimento del progetto.
28. Sezione longitudinale (la linea tratteggiata che congiunge le ramificazioni degli indicatori segna il livello attuale del terreno, la linea tratteggiata inferiore segna il livello ritrovato della strada erodiana. In centro, la porta di Berkley, sulla sinistra il livello archeologico, la piazza bassa e la piazza alta).

24, 25. Studies for "indicators": cylindrical stone base, median element in bronze (like a time machine) with information engraved, upper element in wood like a tree with three terminal branches which indicate the original level of the ground.
26. Definitive design with the circular "shade towers."
27. Photomontage with the insertion of the design.
28. Longitudinal section (the dotted line that joins the branches of the indicators marks the present level of the ground, the lower dotted line marks the level of the Herodian road. Center, the Berkley gate on the left the archaeological level, the lower and upper squares).

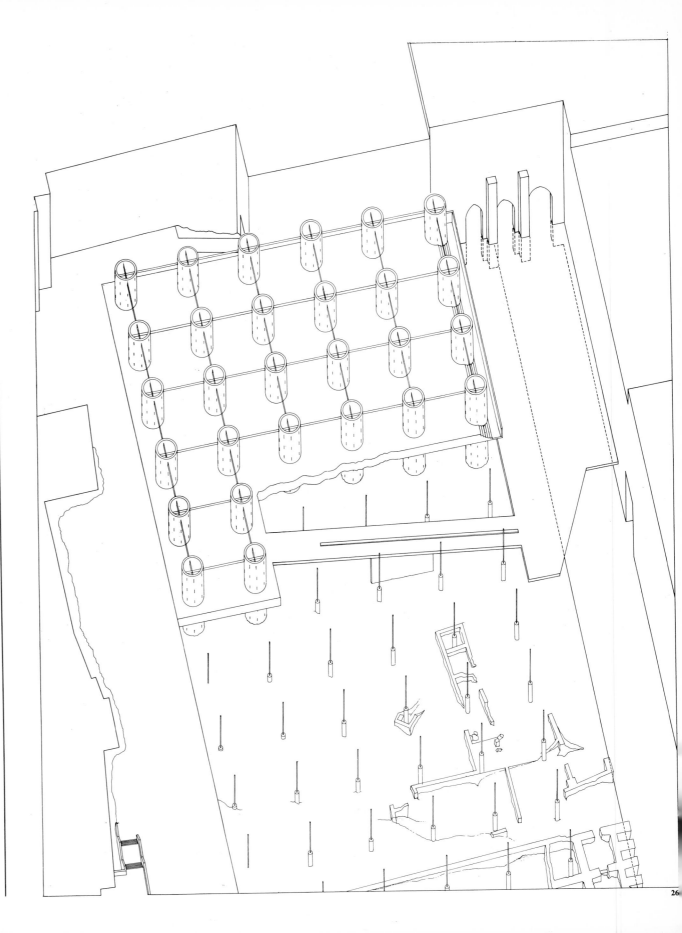

26

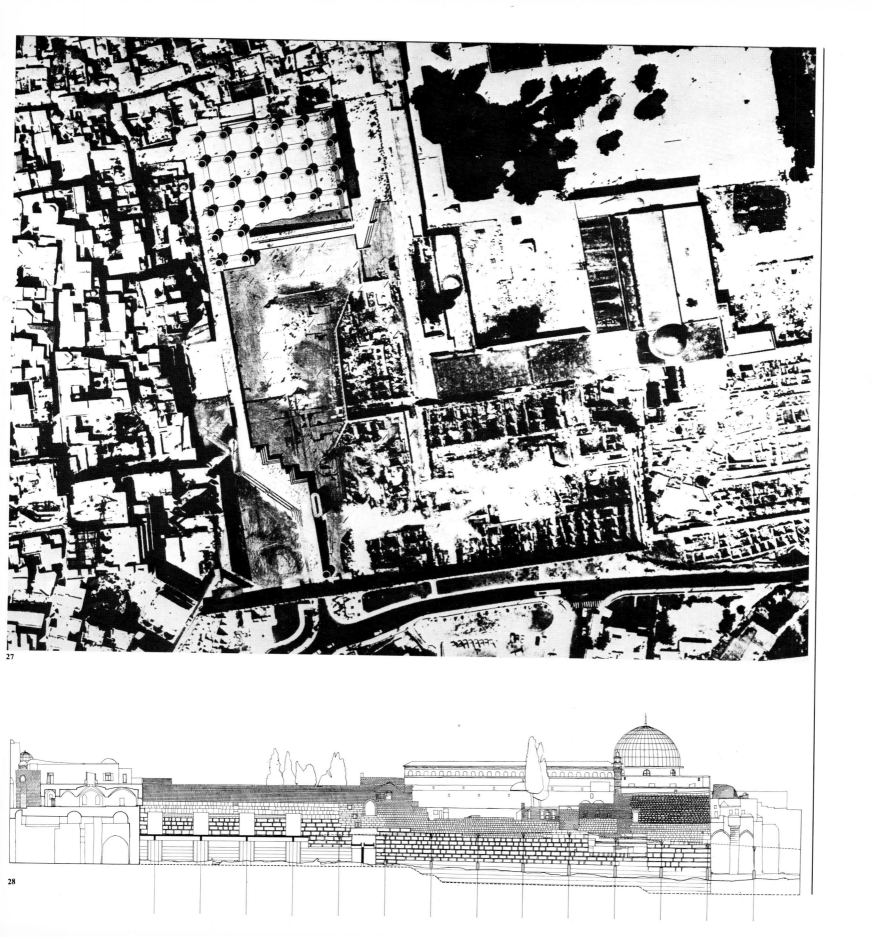

27

28

Musei d'America: tre esempi
Dai Cloisters a Michael Graves

Barbara Weiss

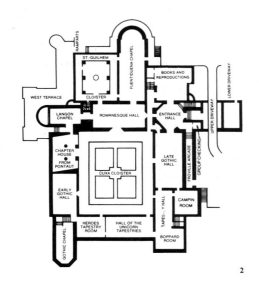

The Cloisters a New York

Appollaiato su una collina, alto sopra l'Hudson, the Cloisters è uno degli esempi più insoliti di architettura per musei degli Stati Uniti. Esso consiste in una ricostruzione su vasta scala di frammenti storici, ristrutturati in un complesso organico ubicato in un paese del tutto alieno allo scenario originale dell'opera che esso contiene. Gli sforzi di un uomo e una serie di circostanze specifiche degli anni '20 e '30 portarono alla creazione di questa collezione e alla conseguente costruzione di un museo che l'alloggiasse.

George Gray Barnard (1863-1938) iniziò a lavorare come scultore. Poi, nella sua attività d'insegnamento a New York, andò maturando ben presto la convinzione che il miglior modo perché i suoi allievi apprendessero l'arte dello scolpire era di porli a contatto coi pezzi originali dei grandi maestri europei del Medioevo. Questa teoria portò Barnard a cercar frammenti da riportare negli Stati Uniti a illustrazione dei suoi corsi: iniziò così la sua carriera di saccheggiatore dell'arte gotica e romanica in Francia e in Spagna. Quella che era iniziata come un hobby divenne presto un'impresa finanziaria remunerativa quando Barnard trovò molti acquirenti per i frammenti da lui "salvati" dai campi e dalle fattorie del meridione della Francia. Pezzi d'altare vennero ripescati dai fiumi che contribuivano ad arginare, statue vennero recuperate dalle concimaie dov'erano state messe per tenerne lontani gli spiriti maligni.

Non passò molto che le autorità francesi presero ad obiettare contro questa massiccia esportazione d'arte francese negli Stati Uniti. Ma Barnard persistette nel suo commercio per molti anni, acquistando interi conventi in rovina e vendendo molti preziosi frammenti a musei e a collezionisti per finanziare le continue ricerche e per accrescere la collezione personale. Sono illuminanti i commenti irosi di riviste francesi contemporanee quali *Les Pierres de France*, che accusava Barnard di "elginismo", invocando più severe misure per proteggere la Francia da una simile razzia della sua eredità: "L'elginismo, oggi, è soprattutto una malattia americana. Il troppo famoso George Gray Barnard è in larga misura responsabile di questo saccheggio... L'America è grande, le città vi crescono a ritmo vertiginoso... Come sopravviveranno i nostri bei monumenti francesi fra tanto rumore, tanto movimento, al confine col nulla? Ma queste città senza un passato vogliono improvvisarsi titoli di nobiltà. Non potendo rifarsi alla propria storia, che parte da zero, si rifanno a prestiti. In queste città, che si moltiplicano senza sosta, essi aprono nuovi musei, simili a tumori, simili a pozzi senza fondo, musei-primato. Innescata dalla follia di un mondo che è l'esatta antitesi del nostro mondo, o almeno del nostro Passato, è iniziata una pericolosa competitività fra gli amministratori di questi musei. È un'emulazione testarda e puerile, ma fondata su una grande ricchezza di mezzi, per la quale ognuno vuol qualcosa di più e di meglio dei suoi vicini. Ognuno vuole esemplari, campioni di qualsiasi cosa, e questi esemplari sono tanto più ricercati e apprezzati quanto più sono rari e preziosi, perché rappresenteranno il più "questo" o il più "quello" del mondo... Che l'America voglia diventar più ricca di monumenti francesi della Francia?..."

Troppppo tardi. Il male era fatto. Casse di pietre numerate venivano spedite negli Stati Uniti, dov'erano riassiemate nell'improbabile località di Washington Heights, una collina alberata all'estremità nord di Manhattan. L'originale rifugio della collezione di Barnard era una nuova basilica di mattoni, ove i frammenti erano organizzati in modo da riflettere, nella loro composizione, le scelte estetiche personali dello scultore. I pezzi venivano trattati come frammenti isolati e riassiemati in modo arbitrario e romantico, accentuato da tocchi teatrali, quali drammatiche luci di candele e la presenza di una guida in abiti da monaco.

Molti anni dopo, Barnard ricostruì il suo museo privato che, infine, vendette alla famiglia Rockfeller, per finanziare una nuova impresa. I Rockfeller decisero di donare la collezione al New York Metropolitan Museum of Art che, a sua volta, diede allo studio Charles Colleen di Boston, nel 1930, l'incarico di costruire una sede permanente per la collezione a Washington Heights, come annesso alla già enorme sede nel centro della città.

Come in altri esempi simili — Williamsburg, Dearborn Village — i Rockfeller si trovarono a dover affrontare il controverso problema di racchiudere elementi architettonici d'epoca entro un involucro moderno. Si convenne che il nuovo museo non sarebbe stato né una copia di uno o più edifici né un mosaico di elementi, ma che avrebbe riassiemato, con la massima fedeltà possibile, i frammenti in chiostri separati, secondo la loro vicinanza storica e geografica. Le parti nuove della costruzione avrebbero armonizzato coi pezzi d'epoca grazie a un analogo trattamento delle forme e dei materiali, ma si sarebbero evitate decorazioni e imitazioni che avrebbero creato nei visitatori confusioni cronologiche.

Il museo che ne uscì è un agglomerato di quattro chiostri, o sale capitolari, e di due hall, una in stile primo gotico, l'altra in tardo gotico. Questi elementi sono organizzati secondo un percorso cronologico, soluzione, questa, che asseconda gli scopi fortemente didattici del museo. Vani, porte, finestre, colonne e bassorilievi sono inseriti nell'edificio in modo da ottenere un'integrazione unica fra museo e oggetto esposto. (È interessante notare che, non essendo state recuperate tutte le colonne, il chiostro di Cuxa fu ricostruito a scala dimezzata rispetto all'originale).

Per il visitatore europeo, abituato a vedere le abbazie medioevali nel loro scenario reale, evocativo di una storia e di una cultura ancora ricche e vive, i Cloisters appaiono di prim'acchito un esperimento teatrale di cattivo gusto. La vista del ponte George Washington sullo sfondo e il profilo di New York e del New Jersey ricordano sin troppo chiaramente l'estraneità di queste pietre su suolo americano. Di più, per quanto gli architetti abbiano cercato di evitare di produrre un pastiche, diversi elementi — ad esempio il campanile — sono sempre leggibili come una rozza copia, mentre altri sono riprodotti con tale accuratezza che è difficile distinguerli da quelli veri. Ciò può creare nel visitatore un senso di disagio circa l'autenticità della mostra.

Concettualmente, i Cloisters presentano un'ideologia che è chiara e provocatoria. Ci si chiede se i frammenti del passato — siano essi dipinti, opere di scultura o d'architettura — siano fruibili al meglio contro uno sfondo neutro, isolati, o se la ricostruzione di un contesto, anche se in larga misura artificiale, ne faciliti la lettura e ne metta in risalto la bellezza. È dubbio che il tentativo di Barnard di costruire e disporre i suoi reperti secondo criteri che sollecitavano la sua immaginazione, fossero più stimolanti e suggestivi dell'attuale, troppo levigata ricostruzione. D'altro lato, il museo di Barnard non offriva una presentazione "scientifica" dei frammenti, ma solo un'interpretazione visionaria.

Si può pensare a una terza opzione per gli architetti, cioè di esporre i pezzi storici in uno scenario completamente moderno. In questo caso si sarebbe evitata l'ambiguità dei Cloisters, ma i frammenti avrebbero perso la loro vitalità in nome di una maggiore erudizione. Sarebbe stato allora meglio lasciare statue e capitelli nei fiumi e nelle concimaie della Francia meridionale, dove, alme-

American museums: three examples
From the Cloisters to Michael Graves

The Cloisters in New York

Perched on a hill, high above the Hudson River, the Cloisters is one of the most unusual examples of American museum architecture. It consists of a large scale reconstruction of historical fragments, reconsti— tuted into an organic building located in a country total- ly alien to the original setting of the artifacts it contains. The efforts of one man, and a series of circumstances particular to the 1920's and 1930's, brought about the creation of this collection and the subsequent construc- tion of a museum to house it.

George Gray Barnard (1863-1938) started profes- sionally as a sculptor. As a teacher in New York City, he soon developed the conviction that the best way for his pupils to learn the art of sculpting was for them to become acquainted with the original pieces of the great European masters of the Middle Ages. This theory led Barnard to search for fragments to bring back to the United States as illustrations for his courses, and in- itiated his career as the great looter of France's and Spain's Gothic and Romanesque artwork. What started as a hobby soon became a financially rewarding enter- prise, as Barnard found many purchasers for the pieces he "rescued" from the fields and farms of Southern France. Altarpieces were retrieved from rivers they helped dam and statues were plucked from manure piles, where they had been placed by farmers to ward off evil spirits.

Before long, the French authorities began to object to this massive exportation of French art to the United States. Nevertheless, Barnard persisted in his commerce for many years, buying up whole ruined cloisters and, to finance his continual searches and to increase his per- sonal collection, selling many valuable fragments to ex- isting museums and private collectors. Most il- luminating are the irate comments of such contem- porary French reviews as *Les Pierres de France*, which accused Barnard of "Elginism," while advocating stronger measures to protect France from such a pillage of its heritage: "Elginism today is principally an American illness. The too famous George Gray Barnard has, for a large part, been responsible for this pillage... America is vast. Cities there grow at a vertiginous rate... How do our beautiful French monuments survive amidst so much noise, amidst so much movement, at the border of nothingness? But these cities without a past want to improvise for themselves titles of nobility. As they cannot reach back to their own history, which starts from zero, they think of borrowing. In these cities, which multiply without stopping, they open new museums, museums which are like tumors, like endless pits, record-setting museum. Excited by the madness of a world which is the exact antithesis of ours, or at least of our Past, a dangerous competitiveness has started amongst the administrators of such museums. It is a childish and stubborn emulation, but one which relies upon wealthy means, each one wanting more and much better that its neighbors. Each one wants examples, specimens of everything, and these specimens are all the more sought after and valued according to how precious and rare they are, as they will constitute the most "this" or the most "that" in the world... Does America want to became wealthier than France in French monu- ments?..."

Too late. The harm was done. Crates of numbered stones were shipped to the States, to be reassembled in the unlikely location of Washington Heights, on a wooded hill at the Northern tip of Manhattan. The original home for Barnard's collection was a new brick basilica in which the fragments were arranged in a man- ner that reflected the sculptor's personal aesthetic choices in composition. The pieces were kept as isolated fragments and reassembled in an arbitrary and romantic way that was heightened by such theatrical touches as dramatic candlelighting and the presence of a guide dressed in monk's clothing.

Many years later, Barnard rebuilt his private museum, and he finally sold it to the Rockefeller family in order to finance a new venture. The Rockefellers decided to donate the collection to the New York Metropolitan Museum of Art, which in turn, commis- sioned the office of Charles Colleen in Boston, in 1930, to build a permanent seat for the collection at the Washington Heights site as an annex to the museum's already enormous headquarters downtown.

As in similar examples — Williamsburg, Dearborn Village — the Rockefellers were faced with the con- troversial issue of enclosing authentic architectural elements within a modern envelope. It was agreed that the new museum was to be neither a copy of one or more buildings nor a composite of elements, but rather that it should, as faithfully as possible, reassemble the fragments into individual cloisters according to their chronological and geographical proximity. The new parts of the construction were to harmonize with the authentic pieces through similar handling of forms and materials, but were to avoid decoration and imitation that might confuse the viewer as to their date.

The resulting museum is a conglomerate of four cloisters, a chapter house, a Gothic chapel and two halls, one early Gothic, the other late Gothic. These elements are arranged according to a chronological route — a device that serves the strongly didactic aim of the museum. The doorways, windows, columns and sculptural reliefs are incorporated into the building pro- per, thus achieving a unique integration of the exhibi- tion and the museum. It is interesting to note that, because not all the columns were recovered, the Cuxa Cloister was rebuilt at half its original scale.

To the European visitor accustomed to encountering medieval abbeys in their true setting, evocative of a rich and still vivid history and culture, the Cloisters can at first appear a tasteless exercise in theatrics. The view of the George Washington Bridge in the background and the skylines of New York City and New Jersey are clear reminders of just how foreign these stones are to American soil. Furthermore, as much as the architects tried to avoid producing a pastiche, several elements — the belfry, for example — still read as crude replicas while others are so accurately reproduced that it becomes difficult to distinguish them from real ones. This can create in the visitor a sense of uneasiness as to the authenticity of the display.

Conceptually, the Cloisters presents an ideology that is clear and provocative. Are fragments from the past — whether paintings, sculpture or architecture — best ex- hibited against neutral backgrounds, in isolation, or does the recreation of a context, even if largely artificial, facilitate their reading and enhance their beauty? It is arguable that Barnard's attempts to build and place his findings in a way that appealed to his imagination were more inventive and suggestive than the present, too polished, reconstruction. On the other hand, Barnard's museum did not offer a "scientific" presentation of the fragments, only a visionary interpretation.

It is possible to imagine a third option for the ar- chitects — displaying the historical pieces in a complete- ly modern setting. In that case, the ambiguity of the Cloisters would have been avoided, but the fragments themselves would have lost their essential vitality, in the

3

4

3. Barnard's Cloisters: veduta in- terna.
4. Ricostruzione del St. Guilhelm Cloister.

3. Barnard's Cloisters: interior view.
4. Reconstruction of the St. Guil- helm Cloister.

5

no, l'immaginazione popolare avrebbe continuato a venerarli come reliquie di un glorioso passato.

Il problema dei Cloisters s'incarna infine nella qualità letteraria della ricostruzione. È evidente che i pezzi esposti si avvantaggiano dalla loro emogeneità qualitativa e dal loro stesso numero. Ma i progettisti, nel tentativo di rispettare la storia, hanno creato un luogo che dà la sensazione d'esser fuori della dimensione temporale, quasi che le pietre si fossero liberate dei secoli. Ciò che impedisce un inqualificato successo dei Cloisters è l'implacabile serietà dell'approccio, che non riconosce l'ironia di un complesso gotico/romanico nella New York contemporanea.

Kahn progettista di musei

Se si considera la quantità di commissioni passate per lo studio di Louis Kahn (1901-1974) in tutti gli anni, è assai sorprendente che, nel corso della sua lunga carriera, abbia costruito solo tre grandi gallerie d'arte, due delle quali l'una di fronte all'altra in una strada di New Haven, Connecticut. Malgrado la vicinanza fisica di due di esse, le date di costruzione delle tre gallerie coprono vent'anni. Quindi, un'analisi delle strutture è indicativa dell'evoluzione del pensiero di Kahn circa i musei e la loro progettazione.

Paul Goldberger, in un articolo dal titolo *What Should a Museum Building Be?* cita un'affermazione di Kahn: "Quando pensai per la prima volta ai musei quel che mi venne in mente era che mi stancavo dopo pochi passi." Quest'atteggiamento negativo è rivelatore, ove si pensi alla scala dei musei che finì poi per costruire. Ciascuno di essi contiene una raccolta piccola, intima, e, in più, le zone espositive sono interrotte da zone di studio e di lettura, per evitare così quell'inesorabile succedersi di spazi che caratterizza molti musei.

Nel Kimbell Art Museum, di Port Worth, Texas, come nel Centre for British Art and Studies, di New Haven, Connecticut, Kahn si è concentrato sia sul carattere dei locali espositivi, sia sulla qualità dell'illuminazione: "Ho insistito sulla luce naturale; come una sorta di differenza rispetto alla natura e al rapporto fra natura e uomo... ho anche pensato al pittore che dipinge con la luce e agli umori mutevoli di un dipinto alla luce naturale. Volevo creare stanze in cui dipinti e sculture potessero sentirsi adatti e a loro agio".

La strutturazione delle sale in questi due edifici mostra la forte convinzione di Kahn che una stanza è l'inizio dell'architettura e che la pianta è una "società di stanze". Era un esperto costruttore di stanze. Il guscio inarticolato, sovraddimensionato non faceva per lui. Mentre nella sua prima galleria d'arte, lo Yale Arts Centre, Kahn aveva realizzato una completa flessibilità di pianta, grazie all'uso di divisori mobili che articolavano lo spazio, nei musei più tardi rinnegò quest'impostazione a favore di una più permanente: "Vi sono naturalmente spazi che dovrebbero essere anche flessibili, ma ve ne sono alcuni che dovrebbero essere del tutto inflessibili. Dovrebbero essere ispirazione pura... spazio che non cambia se non per le persone che vanno e vengono..."

Di Kimbell, Kahn affermava con orgoglio che "anche articolata da divisori, la stanza resta una stanza... La natura di una stanza è di aver sempre un carattere di completezza." E in verità i divisori accuratamente progettati ben si adattano ai montanti delle finestre e sono commisurati alla scala di queste. Una volta montati, sembrano galleggiare nello spazio. Benché Kahn scoraggiasse le ristrutturazioni radicali, sosteneva però sempre alcuni cambiamenti, in ispecie di luce, come fenomeno vitale degli edifici: "...il museo ha tanti umori quanti momenti temporali e mai, finché un museo si conserverà come edificio, vi sarà un giorno uguale a un altro..."

Il Kimbell Art Museum e il Centre for British Art and Studies furono concepiti entrambi come monumenti pubblici e collezioni private: un compito alquanto difficile, ma che rispecchia il contrasto in termini fisici. Kahn risolse il dilemma col creare edifici intimi nell'atmosfera, ma di quell'intimità che troviamo nelle grandi dimore inglesi di campagna graziosamente aperte agli estranei. Era proprio di Kahn l'adattare la funzione allo spazio piuttosto che lasciarsi confinare dal programma del cliente: "Credo che la prima cosa che un architetto deve fare sia di prendere il programma che gli portano e cambiarlo. L'architettura è una meditata creazione di spazi. Non è seguire le istruzioni del cliente come vuole lui. Non è adattare funzioni in aree dimensionate. È creazione di spazi che evochino l'atmosfera dell'uso a cui sono destinati. Spazi che si formino in buon'armonia con la funzione che l'edificio deve assolvere".

Il Kimbell e il British Centre sono entrambi strutture silenziose e moumentali. Se la volumetria del British Centre è meno drammatica che quella dei progetti più tardi tipici di Kahn, William Jordy ha però osservato come essa dia scarse indicazioni dei volumi all'interno dell'inclucro. Sotto quest'aspetto, Kimbell è più caratteristico di Kahn. Con la scelta della forma ripetitiva di una volta "cicloide", Kahn alludeva alla grandezza delle sue precedenti destinazioni d'uso, come nell'architettura romana, pur mantenendo, al tempo stesso, una scala a dimensione d'uomo. La forma della volta suggeriva a Kahn "la sensazione d'essere a casa e al sicuro." E infatti, si è detto che Kimbell ricorda un "alloggio monofamiliare progettato su misura."

Kahn progettò per Kimbell sedici volte, nelle quali sono alloggiate tutte le varie funzioni del museo. Benché le volte abbiano tutte forma identica, ad eccezione di quando si aprono su cortili, Kahn sottolineava che "un modulo non è la ripetizione di un motivo, ma l'espressione di un principio architettonico." La circolazione è sia ortogonale che parallela alla direzione delle volte. Nel complesso, l'immagine di Kimbell è informale e rilassata, ciò è dovuto in parte all'aria di casa che Khan voleva ottenere e in parte alla naturalezza che viene associata alla vita di provincia nel Texas.

Il British Centre, a confronto, ha un'apparenza più vecchia, più contegnosa: sempre familiare, ma notevolmente più formale. Ad esempio, la quercia del cortile interno è destinata, come disse Vincent Scully, a portare alla luce tutta l'"anglicità" del programma, "suggerendo vecchie pannellature, librerie ducali, e così via... anzi, a Kahn piaceva chiamare il cortile 'il maniero'".

Questo senso di grandiosa dimora di campagna è ulteriormente sottolineato dall'imprevista separazione fra il cortile d'accesso del piano inferiore e la sequenza di stanze ai piani superiori. I diversi piani sembrano divisi in comparti, ma Kahn evitò la ripetitività con l'introdurre ad ogni livello un "particolare" accadimento, come la biblioteca o la grande galleria sul retro. Benché ogni piano si conservi distinto, resta la sensazione di una totalità dell'edificio, grazie alle ricorrenti vedute del cortile d'accesso interno, punto focale del museo. Quest'esperienza è assai vicina al rapporto funzionale di una casa di quanto ci si aspetterebbe da un edificio pubblico. Scully, anzi, narra che Kahn accennò anche alla possibilità d'inserire dei caminetti fra le raccolte; che quest'idea non ortodossa sembri appropriata è un'indicazione in più di quanto ci si senta a proprio agio in un museo di Kahn. Dagli schizzi di Kahn salta agli occhi com'egli prediligesse una disposizione disordinata dei dipinti, evocante studi d'artisti e collezioni private. Quest'atteggiamento si rivela a Kimbell, dove Kahn cercò di avvicinare in uno stesso spazio elementi cronologicamente eterogenei, seguendo il suo istinto, per cui le opere d'arte avrebbero dovuto sentirsi "adatte e a proprio agio" insieme nella stessa stanza.

La vitalità, sia del Kimbell Art Museum e del Centre for British Art and Studies deriva dall'abilità di Kahn nel gioco dell'ambientazione domestica su scala pubblica. E, poiché quest'architettura si basa su geometrie e soluzioni semplici e ripetitive, il museo può accogliere le più svariate raccolte senz'apparire caotico. I temi per Kahn — luce e creazione di spazi — sono paradossi identificabili, insieme costanti e mutevoli.

Michael Graves: il Red River Valley Heritage Interpretive Center

Nel 1976, Michael Graves fu invitato dalle comunità

name of scholarly advancement. The statues and capitals would perhaps then have been better off left in the rivers and on the manure piles of Southern France, where at least the popular imagination worshipped them as relics of a glorious past.

The problems with the Cloisters is finally embodied in the literal quality of the reconstruction. It is evident that the exhibition itself profits from homogeneous quality and from the sheer quantity of pieces on display. But the architects, attempting to respect history, have produced a place that gives the sensation of being removed from time, as if the centuries had been purged from the stones. What prevents the unqualified success of the Cloisters is the approach's relentless seriousness, which does not acknowledge the irony of a Romanesque/Gothic complex in contemporary New York City.

Kahn as a designer of museums

Considering the large number of commissions that passed through the office of Louis Kahn (1901-1974) over the years, it is quite surprising that during his long career, he built only three major art galleries, two of which face each other across a street in New Haven, Connecticut. Though two of the buildings are in close physical proximity, the construction dates of the three span twenty years. Thus, an analysis of the structure can indicate the evolution of Khan's thoughts about museums and how they might be designed.

Paul Goldberger, in an article entitled *What Should a Museum Building Be?* quotes Kahn as saying, "When I first thought about museums I remember that they made me tired as soon as I walked into them." This negative attitude is revealing in view of the scale of the museums that he eventually built. Each of them houses a small, intimate collection and, in addition, intersperses areas for study and lectures, thus avoiding the relentless succession of spaces that distinguishes many of the world's larger museums.

In the Kimbell Art Museum, in Fort Worth, Texas, as in the Centre for British Art and Studies in New Haven, Connecticut, Kahn focused on both the character of the rooms in which the art is to be hung and on the quality of the light provided: "I insisted on natural light; as a kind of difference to nature, (sic) and to the relationship of nature to man... I also thought of the painter who paints by light, and the changing moods of a painting under natural light. I wished to create rooms where paintings and sculptures could feel suitable and comfortable."

The room-making in these two buildings shows Kahn's strong belief that the room is the beginning of architecture and that the plan is a "society of rooms." He was a consummate room-maker. Not for him the unarticulated, oversized shell. Whereas in his first art gallery, the Yale Arts Centre, Kahn provided for total flexibility in the layout through the use of movable partitions to define the spaces, in his later museums, he rejected this approach in favour of a more permanent one: "Of course there are some spaces which should also be flexible, but there are also some which should be completely inflexible. They should be sheer inspiration... just the place to be, the place which does not change, except for the people who go in and out..."

Of Kimbell, Kahn proudly announced that "even when partitioned, the room remains a room... The nature of a room is that it always has a character of completeness.." Indeed, the carefully designed partitions fit into the window mullions and are scaled to the height of the windows. When installed, they seem to float within the space. Though Kahn discouraged radical rearrangements, he continued to advocate some changes, particularly changes in light, as a vital phenomenon of the buildings: "...the museum has as many moods as there are moments in time, and never as long as the museum remains as a building will there be a single day like the other..."

The Kimbell Art Museum and the Centre of British Art and Studies were both conceived as public monuments and private assemblages — a somewhat difficult assignment, but one that reflects the contrast between the character of the collections and the importance of the buildings in civic terms. Khan resolved this dilemma by making buildings that are quite domestic in feel, but domestic in the sense of a great English country house that is graciously open to outsiders. It was a practice of Khan's to adapt the function to the space rather that to be confined by the client's program: "I believe the architect's first act is to take the program that comes to him and change it. Architecture is a thoughtful making of spaces. It is not filling prescriptions as clients want them filled. It is not fitting uses into dimensioned areas. It is creating of spaces that evoke a feeling of use. Spaces which form themselves in a harmony good for the use to which the building is to be put."

The Kimbell and the British Centre are both silent and monumental structures. While the British Centre is a less dramatic massing than is typical of later Kahn projects, William Jordy has observed that it offers little indication of the volumes within its skin. In this respect, Kimbell is more typical of Kahn. By choosing a cycloid vault as the repeated form, Khan at once implied the greatness of its earlier uses, as in Roman architecture, while maintaining a scale appropriate to the size of the individual. The vault form suggested to Kahn "a feeling of being home and safe." Indeed, it has beed said of Kimbell that it resembles a "custom-designed single-family dwelling."

In Kimbell, Khan employed sixteen vaults in which all the various functions of the museum are accommodated. Though all the vaults are identical in form except when opened into courtyards, Kahn emphasized that "a module is not the repetition of a motif, but the expression of an architectural principle." The circulation is both orthogonal and parallel to the direction of the vaults. Overall, the image of Kimbell is informal and relaxed, partly due to the domestic air that Khan cultivated and partly due to the casualness one associates with life in suburban Texas.

The British Centre, by comparison, appears the elder, more staid relation — still family, but noticeably more formal in manners. For example, the oak of the interior court is intended, as Vincent Scully has said, to bring out the "Englishness" of the program, "suggestive of old panelling, ducal libraries, and so on... Indeed, Kahn liked to refer to the court as a hall."

This sense of a grand old country house is further enhanced by the unanticipated separation of the downstairs entry court and the upstairs sequence of rooms. The different floors appear compartmentalized, but Khan avoided repetition by introducing at each level a "special" event, such as the library or the large rear gallery. While every floor remains distinctive, one manages to maintain a feeling of the totality of the building through the reappearing views of the internal entrance court, the one strong reference point in the museum. This experience is much closer to the functional relationship of a house than what we expect in a public building. In fact, Scully tells us that Khan even mentioned the possibility of fireplaces among the collections. That this unorthodox idea seems appropriate is one more indication of how "comforting" a Khan museum might be.

It is obvious in Kahn's sketches that he favored a cluttered manner of hanging paintings, reminiscent of artists' studios and of traditional private collections, in which paintings often are placed side by side for reasons known only to the owner. This attitude reveals itself in Kimbell, where Kahn attempted to assemble in the same space chronologically unmatched elements, following his instinct that works of art should be made to be "suitable and comfortable" together in the same room.

The vitality of both the Kimbell Art Museum and the Centre for British Art and Studies resulted from Kahn's skill in playing domestic ambiance against public scale. Because the architecture so based on simple, repeated geometries and devices, the museums can accommodate

6-8. Abside di Fuentiduena (Spagna XII secolo): stato originario, centina in legno per la ricostruzione, l'opera ricostruita.

6-8. Fuentiduena Apse (Spain, 12th century): original state, wooden framework for the reconstruction, the reconstructed work.

9

10

Louis Kahn
9. Interno del Kimbell Art Museum.
10. Interno del Yale Center for British Art and Studies.

Louis Kahn
9. Interior of the Kimbell Art Museum.
10. Interior of the Yale Center for British Art and Studies.

widely varied collections without appearing chaotic. Kahn's themes — of light and of room-making — are identifiable paradoxes, at once constant and transforming.

Michael Graves: the Red River Valley Heritage Interpretive Center

In 1976, Michael Graves was invited by the communities of Fargo, North Dakota and Moorhead, Minnesota, to work on a major arts complex intended as a physical and symbolic link between the two towns divided by the Red River. The occasion of its conception was the centenary of the communities and their wish to strengthen their united identity. With an inspiring initial fervor, they wished to incorporate historical exhibits, performance facilities and media centers into an architectural and civic event. Their idea, in the skilled hands of the architect, evolved into the Fargo-Moorhead Cultural Bridge. But, as energy and funds diminished and bureaucratic obstacles surfaced, it became clear that, for the time being architect and community alike would have to settle for a fragment of their dream.

The portion of the project that is now most likely to be realized is the Red River Valley Heritage Interpretive Center, to be located on the Moorhead side of the river. Even this modest piece would allow the theme and imagery of the larger scheme to develop. In plan, a pastiche of small temple forms and trellised colonnades, the building gestures to the garden from within and without. This relationship of inside to outside and cultural institution to nature, together with a skillfully organized route through the building defines the museum. Graves has learned from both pre-modern and modern architects how to base comprehension of a building on one's passage through it. In the Red River Valley plan, the spaces are discrete and identifiable and, at the same time are connected by a network of thresholds marking their sequence. The centralized organization is a key orienting device, strong enough that, as in Florence's Uffizi, the visitor has several options as to how to proceed through, without losing the coherence of the experience. The multiple subordinate axes reinforce the whole.

The Red River Valley program and Grave's own intentions are in some measure equally historical. The project includes a study of the development of agrarian culture, reflected in the landscape, and the historical evolution of the towns, represented, to a degree, in the architecture. It is precisely because these coinciding concerns exist that one expects more of a correspondence between the building and the Red River Valley story. In this museum, the relationship of passage through the building and the implications of the program are probably a great deal closer that in most types of buildings. Graves has extended this relationship into expressions as plan, facades (greens and trellises, pediments and porches) and details that give a distinct character to the array of rooms.

Although the hierarchy of spaces is clearly expressed in the plan and elevations, the *precise* nature of those spaces is less obvious, especially in the facades. Knowing the traditional organization of similar buildings that house public exhibition spaces as well as administrative quarters, one could guess where the scholarly staff is located. Ironically, perhaps fortunately, this reading of the arrangement of the program is made more difficult because of the degree of articulation in the scheme.

In fact, the integration of these public and administrative parts in Red River Valley is quite resolved in plan; the quality of a building evolving over time is very much in evidence even in the scaled-down first step of this ambitious project. This is another lesson learned from the failings of modern architecture; here, distinctions in function can be expressed in a sophisticated formal language. If there is room for improvement, if Graves intends this building to be comprehensible to a lay audience, then perhaps the problem is in the obscurity of these associations. They offer a challenge to those who have encountered these fragments elsewhere, but they are a part of the universal history of architecture and not necessarily of the specific history of the Red River Valley.

Graves clearly does not need to be given a commission for a "historical interpretive center" to employ his vast collection of relics of architectural history. Collaging fragments of classical architecture into a (sometimes) coherent whole is perhaps the most critical ambiguity of his work in a project such as this one. The bridge in the larger scheme had the obvious role of connecting the two cities as well as the disparate pieces of the program, and the form is therefore entirely understandable. It needn't symbolize the coming together of these elements; it is a literal connection. In its articulation, however, Graves chooses to apply a variety of forms that, were the visitor not aware of the architect's past work, might seem to suggest a specific reference to this project.

On the other hand, if the viewer is conscious of earlier projects by Graves, it is difficult not to see the choices as somewhat arbitrary. The selections from his historical "catalogue" suggest only an incidental reflection of the strong regional characteristics of midwestern architecture. Lacking a specific historical or iconographic rationale, the image of the Red River Valley project appears to be merely a signature of the architect.

Not only in the half dozen or so schemes for museums, but in virtually all of his work to date, Graves devotes himself to the re-establishment of a "rich and meaningful architectural vocabulary." Recognizing that the degree of abstraction characteristic of "modern" architecture seemed alienating and lifeless, it is understandable that his projects are typically full of fragments of architectural history, colour (often used metaphorically) and explicitly representational elements. If Graves wishes to be understood then he is placing a heavy burden on the sophisticated imagery he chooses. It is difficult to develop a scheme containing these complex references and, at the same time, to maintain clarity.

It is ironic that so many of Grave's persistent and admirable concerns are inherent in this particular building — the merging of a major urban institution with a rural environment, the city's self-conscious interest in its history, and an agrarian culture's appreciation of nature expressed in built form. These are fortuitous circumstances for an architect, and it is a credit to the community that they recognized the suitability of Michael Graves for the unique venture.

It is critical to their success as museums and as architecture that the Red River Valley Interpretive Center, the Kimbell Art Museum and the Centre for British Art and Studies all started with a strong concept as the germ of the building. Kahn investigated the spiritual "truth" of the nature of the institution and of the materials he used. Graves relies on the total clarity of the "parti." Both architects transform these beginnings into a reality that is no longer diagrammatic yet still asserts the initial ideas. This is, perhaps, what makes their buildings so legible and moving, even to non-architects. Khan respected function, yet goes beyond utility, Graves acknowledges context while creating another realm within it.

These are also architects deeply concerned with reactivating systems from the past. Khan's historicism stemmed in part from his early Beaux Arts training and also from his philosophical preoccupation with the totalities of early architecture. Graves is a collector of architectural history — some old favorites, familiar by now, some discoveries made as the exploration through an architectural past continues. If Khan found "essences" in the past, Graves creates a new architecture out of his own idiosyncratic history of architecture.

In Graves' work, the primary connection to the past is Renaissance in nature. Man exists at the center of his universe. Graves designs centralized voids to be occupied, around which all other rooms are organized.

The major hall of the Red River Valley plan is typical. Khan, though equally involved with the symmetries and stabile quality of the Renaissance, also shows a nostalgia for earlier periods. Khan often exploited a functionalist aesthetic, particularly in his details. Graves in contrast, rejects the technological domination of modern architecture by subordinating it to formal gestures. In Red River Valley, even structure seems somehow inserted, post facto, into a work of art. The sketches of the complex at once seem out of a distant past and out of the near, architectural future. Kahn may have masked the system he used in the Kimbell or the British Centre, but Graves omits evidence of the armature entirely.

Where Graves overlaps a complex array of simple geometries, Khan asserted the pure shape of the parts. In the plan of the British Centre, for example, almost entirely used orthogonals, with the dramatic exception of the huge cylinder housing the stair. Differentiations within the straight order Khan imposed are made by means of changes in scale, as in the small perimeter rooms on the second, third and fourth floors of the British Centre, and by changes in lighting, as in making the transition from track lighting in the lower floors to extensive skylighting on the top floor.

Especially on the surface of his buildings, Khan seemed increasingly the Classicist; in his buildings, Graves seems increasingly the Mannerist. There might seem to be considerable distance between Kahn's almost spiritual approach to architecture — asserting the "integrity" of the structure, employing "pure" forms, attributing immense power to the influence of light on a space — and Grave's theatrical conception with its illusionistic moves and the contrast of "sacred" and "profane." Yet as different as their attitudes are — Khan's perception of architecture as Truth, Graves' understanding of it as Art — both have made museums which are monumental and eloquent structures and have acknowledged that the architecture is much of the exhibition.

Where Khan and Graves have been able to put aside any scientific or typological approach to the building of a museum, this was not always easy and has to be considered a fairly modern phenomenon. Barnard, in fact, was a key transitional figure, representative, in so far as an eccentric individual can be, of a certain breed of Americans. Liberated from the necessity of importing whole collections of European relics and a fundamentally European museum architecture — he was able to visualize a more personal interpretation of Western history. This was the basis of Barnard's concept: to provide a vital context for period art, thereby enabling it to be linked to its past without diminishing its stature. Barnard, perhaps, was the most historically self-conscious of the three.

That these architects were and are almost obsessively attempting to capture an elusive timelessness in their museums is not surprising or new. The Futurists had already included museums in their global attack on institutions, comparing them with cemeteries: works of art are often displayed like so many bodies in a morgue. The graveyard, like the museum, is a timeless place. This funeral image disappears in the hands of those — like Barnard, Kahn and Graves — who consciously attempt to accommodate the past in the present, enriching through their imagination the imagination of the public. In such hands, the museum suggests both a permanence befitting a major cultural institution and the exuberant vitality of the creator.

The Metropolitan Museum of Art, New York, has contributed all the illustrations of the Cloisters Museum.
The photographs of Louis Khan's work are courtesy of the Khan Archives, University of Pennsylvania, Philadelphia, Penn., and Michael Lanford, New York.
All the illustrations of the Fargo-Moorhead project are from Michael Graves' office, Princeton, N J.
The remaining photos were taken by José P. Santos.
We wish to thank Joan Gould, Lisa Sorensen and Will Joyner for their efforts in helping us collect the material and write this article.

di Fargo, North Dakota, e di Moorhead, Minnesota, a studiare un grande complesso per le arti che doveva costituire un legame fisico e simbolico fra le due città divise dal Red River. L'occasione al progetto era data dal centenario delle comunità e dal loro desiderio di rafforzare la propria identità unificata. Con trascinante fervore iniziale, essi volevano riunire mostre storiche, attrezzature per lo spettacolo e centri d'informazione in un evento civico e architettonico. La loro idea, nelle abili mani dell'architetto, si sviluppò nel Fargo-Moorhead Cultural Bridge. Ma, col diminuire dell'energia e dei fondi e con l'affiorare di ostacoli burocratici, apparve chiaro che architetto e comunità avrebbero dovuto accontentarsi di un frammento dei loro sogni.

La parte di progetto che, oggi, ha maggiori probabilità di essere realizzata è il Red River Valley Heritage Interpretive Center, che dovrebbe sorgere sul lato di Moorhead. Ma anche questo modesto inizio consentirebbe al tema e alla concezione del progetto più ampio di svilupparsi. Costituito in pianta da un pastiche di forme a tempietto e di colonnati a traliccio, l'edificio accenna al giardino dall'interno e dall'esterno. Questo rapporto fra interno ed esterno, fra istituzione culturale e natura, insieme a un percorso abilmente organizzato attraverso l'edificio, definisce il museo. Graves ha imparato dagli architetti pre-moderni e moderni come basare la comprensione di un edificio sul suo attraversamento da parte del fruitore. Nel progetto di Red River Valley, gli spazi sono separati, identificabili e, al tempo stesso collegati da una rete di transizioni che segnano la sequenza. L'organizzazione centralizzata è uno strumento chiave per l'orientamento ed è sufficientemente flessibile perché, come per gli Uffizi a Firenze, siano offerti ai visitatori più percorsi opzionali, senza che con ciò si perda la possibilità di un'esperienza coerente. Gli assi subordinati multipli danno forza all'unitarietà.

Il programma di Red River Valley e le intenzioni di Graves sono, in certa misura ugualmente storici. Il progetto comprende uno studio dello sviluppo della cultura rurale, riflessa nel paesaggio, e dell'evoluzione storica delle città, rappresentata, entro certi limiti, dall'architettura. Ed è proprio per la coincidenza di questi interessi che ci si aspetterebbe una maggiore corrispondenza fra l'edificio e la storia di Red River Valley. Nel museo, il rapporto fra il suo attraversamento e le implicazioni del programma è probabilmente più stretto che in molte altre tipologie di edifici. Graves ha dilatato questo rapporto in espressioni, quali la pianta, le facciate (spazi a verde e tralicci, frontoni e porticati) e i particolari che conferiscono un preciso carattere allo spiegamento di sale da esposizione.

Benché la gerarchia degli spazi sia chiaramente espressa in piano e in alzato, la natura *esatta* di questi spazi è meno ovvia, in ispecie nelle facciate. Chi conosca la tradizionale organizzazione di questo genere di edifici, che alloggiano mostre pubbliche e locali di amministrazione, può supporre dove si trovi lo staff di esperti.

In realtà, l'integrazione di queste parti pubbliche e ad uffici è già risolta in pianta; la qualità di un edificio in evoluzione nel tempo è del tutto evidente già nella prima fase ridimensionata dell'ambizioso progetto. È questa, un'altra lezione appresa dai fallimenti dell'architettura moderna: qui, le distinzioni funzionali possono venire espresse in un linguaggio formale sofisticato. Se c'è spazio ha un'ulteriore messa a punto, se Graves vuole che quest'edificio risulti comprensibile a un pubblico di profani, allora forse il problema risiede nell'oscurità di queste associazioni. Esse offrono una sfida a coloro che hanno incontrato altrove questi frammenti, ma sono parte della storia universale dell'architettura e non, necessariamente, della storia specifica di Red River Valley.

È chiaro che a Graves non occorreva ricevere l'incarico di realizzare un "centro storico interpretativo" per dispiegare il suo ampio ventaglio di citazioni storiche. Il *collage* di frammenti di architettura classica in un tutto coerente (a volte) costituisce forse l'ambiguità più critica della sua opera in un progetto come questo. Il ponte, nel più ampio progetto iniziale, assolveva all'ovvio ruolo di collegare le due città, nonché i disparati pezzi del programma e la forma è quindi perfettamente comprensibile. Non deve simboleggiare l'accostarsi di questi elementi, è un collegamento letterale. Ma, nella sua articolazione, Graves preferisce applicare una varietà di forme che, ove il visitatore non conosca le sue opere passate, potrebbe suggerire un riferimento specifico a questo progetto.

D'altro lato, se si conoscono i precedenti progetti di Graves, è difficile non considerare alquanto arbitrarie le scelte. Le selezioni dal suo "catalogo" storico suggeriscono solo un riflesso casuale delle vigorose caratteristiche regionali dell'architettura del Midwest. Mancando uno specifico fondamento logico — storico e iconografico —, l'immagine del progetto di Red River Valley sembra essere puramente una firma dell'architetto.

Non solo nella mezza dozzina di progetti di musei, ma praticamente in tutte le sue opere, Graves s'impegna nella rifondazione di un "vocabolario architettonico ricco e significante". È comprensibile che i suoi progetti siano caratterizzati da una pienezza di frammenti di storia dell'architettura, di colore (spesso usato metaforicamente) e di elementi esplicitamente rappresentativi, visto che il grado di astrazione caratteristico dell'architettura "moderna" appare alienato e senza vita. Se Graves vuole che lo si comprenda, egli impone un ben grave fardello alla sofisticata iconografia che sceglie. È difficile sviluppare uno schema che contenga questi complessi riferimenti e che conservi la sua chiarezza.

È un fatto ironico che molti dei persistenti e ammirevoli interessi di Graves siano intrinseci in questa particolare costruzione: la fusione fra una grande istituzione urbana e un ambiente rurale, il cosciente interesse di una città nei confronti della propria storia e l'apprezzamento, da parte di una cultura rurale della natura espressa in forma costruita. Sono circostanze fortuite per un architetto e va a credito della comunità l'aver riconosciuto in Michael Graves l'uomo adatto a una siffatta impresa.

Il fatto critico per il loro successo come musei e come opere di architettura è, per il Red River Valley Interpretative Center, per il Kimbell Art Museum e per il Centre for British Art and Studies, l'esser partiti avendo come germe una forte concezione. Kahn studiava la "verità" spirituale della natura dell'istituzione e dei materiali che utilizzava. Graves si basa sulla chiarezza totale delle "parti'. Entrambi trasformano questi inizi in una realtà che non è più diagrammatica ma che ancora afferma l'idea iniziale. È questo, forse, ciò che rende le loro costruzioni tanto leggibili e toccanti, anche per i profani. Khan rispetta la funzione, ma va oltre l'utilità, Graves riconosce il contesto pur creando un altro regno al suo interno.

Sono anche architetti profondamente impegnati nella riattivazione di sistemi del passato. Lo storicismo kahniano derivava in parte dalla sua prima formazione Beaux Arts ed anche dalle sue preoccupazioni filosofiche sulla totalità delle prime architetture. Graves è un collezionista di storia dell'architettura: alcune vecchie predilezioni, ormai familiari, alcune scoperte effettuate man mano che procede l'esplorazione di un passato architettonico. Se Kahn scopriva "essenze" nel passato, Graves crea una nuova architettura dalla sua storia idiosincratica dell'architettura.

Nell'opera di Graves, il maggior collegamento col passato è la natura rinascimentale. L'uomo è il centro del suo universo. Graves progetta vuoti centralizzati che devono essere occupati, attorno ai quali sono organizzati tutti gli altri locali. La sala maggiore del progetto di Red River Valley è tipica. Khan, pur altrettanto interessato alle simmetrie e alla qualità stabile del Rinascimento, mostra anche una nostalgia per i periodi precedenti.

Kahn sfruttava spesso un'estetica funzionalista, in ispecie nei particolari. Graves, in contrasto, rifiuta il predominio tecnologico dell'architettura moderna, subordinandolo al gesto formale. A Red River Valley, anche le strutture sembrano in qualche modo inserite, post facto, in un'opera d'arte. I primi schizzi del complesso sembrano esere a un tempo indipendenti da un remoto passato e lontani dall'immediato futuro architettonico. Kahn può avere mascherato il sistema usato nel Kimbell o nel British Centre, ma Graves trascura del tutto la leggibilità dell'armatura.

Dove Graves sovrappone un complesso spiegamento di geometrie semplici, Kahn sottolineava la forma pura delle parti. Nel progetto del British Centre, ad esempio, usò quasi esclusivamente tracciati ortogonali, con la drammatica eccezione dell'immenso alloggiamento cilindrico delle scale. Le diversificazioni all'interno del severo ordine imposto da Kahn sono realizzate mediante cambiamenti di scala, come nelle salette perifiche al secondo, terzo e quarto piano del British Centre, e cambiamenti di luce, come nel passaggio dall'illuminazione a nastro dei piani inferiori agli ampi lucernari del piano superiore.

Khan sembrava farsi sempre più classicista, in ispecie per quanto riguardava la superficie dei suoi edifici, Graves sembrava divenire sempre più manierista. Può dunque sembrare che vi sia un divario considerevole fra l'approccio pressoché spirituale di Kahn all'architettura (Khan sostiene, infatti, che l' "integrità" della struttura, ricorre a forme "pure" e attribuisce grande potere all'influenza della luce) e la concezione teatrale di Graves, con le sue mosse illusionistiche e il contrasto fra "sacro" e "profano". Eppure, per quanto diversi siano questi atteggiamenti — la concezione dell'architettura di Kahn come Verità, quella di Graves come Arte — entrambi hanno realizzato musei che sono strutture monumentali ed eloquenti ed hanno visto l'architettura come parte essenziale di quanto viene in essa esposto.

Se Khan e Graves sono riusciti ad accantonare ogni approccio scientifico e tecnologico nella realizzazione di un museo, ciò non fu sempre altrettanto facile e dobbiamo considerarlo come un fenomeno abbastanza moderno. Barnard, in realtà, fu una figura chiave di transizione, rappresentativa, nei limiti in cui può esserlo una persona eccentrica, di un certo tipo di americani. Liberato dalla necessità d'importare intere collezioni di antichità europee, nonché un'architettura per musei fondamentalmente europea, egli riuscì a visualizzare una più personale interpretazione della storia occidentale. Fu questa la base della concezione di Barnard: fornire un contesto vitale per l'arte d'epoca, consentendo così di collegarla al suo passato, senza sminuirne la statura. Dei tre architetti, Barnard fu forse quello maggiormente dotato di coscienza storica. Se il Red River Valley Interpretive Center rifiuta di appartenere a un qualsiasi decennio o tradizione, i Cloisters sono una sfacciata e ingenua mescolanza di vecchio e nuovo. Kahn era forse meno letteralmente legato alla storia, ma, nella sua ricerca di costruzioni platoniche, evocava memorie di un passato architettonico collettivo.

Il fatto che questi architetti stessero e stiano tentando quasi ossessivamente di giungere nei musei ad un'atemporalità elusiva non è sorprendente né nuovo. I futuristi avevano già incluso i musei nel loro attacco globale alle istituzioni, paragonandole a cimiteri: le opere d'arte sono spesso esposte come cadaveri alla morgue. Il cimitero, come il museo, è un luogo senza tempo. Quest'immagine funerea scompare nelle mani di coloro che — come Barnard, Kahn e Graves — cercarono coscientemente di adattare il passato entro il presente, arricchendo, con la loro immaginazione, l'immaginazione del pubblico. In mani simili, il museo suggerisce sia quella permanenza che si addice ad una grande istituzione culturale, sia l'esuberante vitalità del creatore.

La pubblicazione delle fotografie dell'opera di Louis Kahn è dovuta alla cortesia dei Kahn Archives, University of Pennsylvania, Philadelphia, Penn., e di Michael Lanford, New York.
Tutte le illustrazioni del progetto Fargo-Moorehead provengono dallo studio di Michael Graves, Princeton, NJ. Le altre fotografie sono opera di Josè P. Santos.
Desideriamo ringraziare Joan Gould, Lisa Sorenson e Will Joyner per averci così validamente aiutato nella raccolta del materiale e nella stesura di quest'articolo.

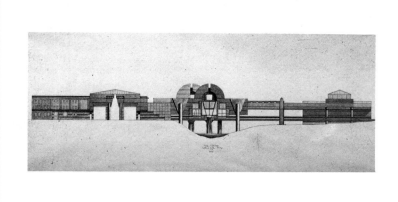
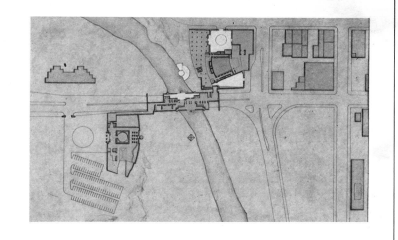

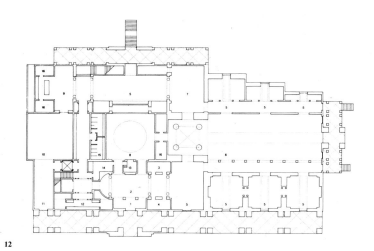
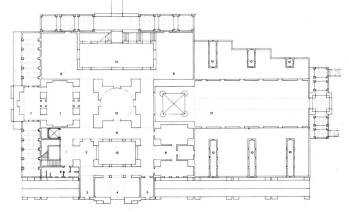

12

13

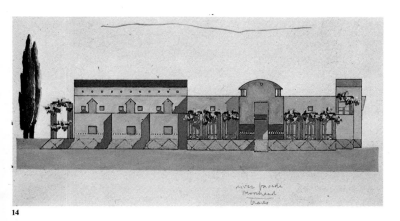
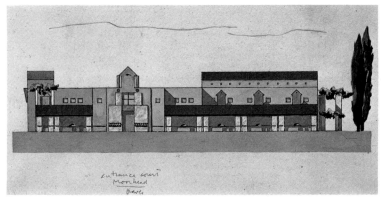

14

15

Michael Graves
11. Fargo-Moorhead Cultural Center: prospetto sud e pianta.
Red River Valley Heritage Center
12, 13. Pianta piano terreno e primo piano.
14, 15. Prospetto verso il fiume e fronte d'ingresso.

Michael Graves
11. Fargo-Moorhead Cultural Center: south elevation and plan.
Red River Valley Heritage Center
12, 13. Ground floor and first floor plans.
14, 15. Elevation onto the river and entrance front.

L'ampliamento del museo

*Due progetti di James Stirling per il Fogg Museum
(Cambridge, Mass.) e per la Tate Gallery (Londra)*

Museum expansion

*Two designs by James Stirling for the Fogg Museum
(Cambridge, Mass.) and the Tate Gallery (London)*

Nel discorso tenuto al R.I.B.A., Stirling nel 1980 per l'accettazione della Royal Gold Medal, James Stirling parla di Colin Rowe come di un maestro "allora (e si riferisce ai tempi della Scuola di Liverpool) come ora". Nel loro comune viaggio attraverso la storia dell'architettura, iniziato intorno agli anni Cinquanta con gli studi su Le Corbusier, sono poi approdati alla città ed all'architettura del '700 e dell'800, riprendendo in considerazione il periodo "eclettico".

Come già per il Wissenschaftzenrum a Berlino e per la Rice University a Houston, anche in questi due ultimi progetti di James Stirling, per l'ampliamento del Fogg Museum, e per il Turner Museum il tema è quello dell'addizione di un edificio ad un altro. I precedenti progetti di Stirling per musei, a Düsseldorf, Colonia, Stoccarda, erano dei "collages" urbani in cui i vari elementi, gli ingressi, le rampe, le gallerie, l'auditorium, si organizzavano lungo i percorsi o attorno al cortile circolare. Ora, invece, la pianta non risulta più dalla "libera" composizione di frammenti: sono due edifici ad L, tradizionali nella scelta tipologica e planimetrica, ma è entro questi limiti che si sviluppa il progetto.

Il rapporto tra gli ampliamenti e gli edifici esistenti è risolto in maniera diversa: nel caso del Fogg i due musei, separati da una strada, sono ricollegati da un ponte pedonale, mentre i due edifici, il vecchio ed il nuovo della Tate Gallery sono direttamente accostati. Ma l'ampliamento, è arretrato rispetto al filo della Tate Gallery, in modo da non intaccare il volume e l'angolo. Il lato minore della L riprende poi l'allineamento con un altro edificio esistente: anche le differenze di quota dell'ingresso e le pavimentazioni degli spazi esterni sottolineano il carattere di costruzione aggiunta, secondaria.

Gli ultimi progetti di Stirling sono guidati, come già è accaduto per la Rice University, da un desiderio di riconciliazione con la città, con il contesto, con gli edifici esistenti.

Questa particolare attenzione si traduce in un pragmatico eclettismo che, utilizzando di volta in volta linguaggi diversi e citazioni assai lontane, segue le suggestioni degli edifici circostanti o tenta di conferire particolari significati ad alcuni elementi, come gli ingressi. Il preminente interesse "linguistico" si traduce in una accresciuta importanza dei prospetti, tanto che si ritrovano anche all'interno: sia nel Fogg che nel Turner Museum, infatti, le pareti dell'atrio sono trattate come un prospetto, con lo stesso rivestimento dell'esterno, la luce che scende dall'alto, le finestre che vi si aprono.

A questo "centro compositivo" corrisponde il principale elemento esterno: l'ingresso. Per motivi diversi l'ingresso non si trova mai sul prospetto principale:

nell'ampliamento del Fogg Museum la sua collocazione su Broadway Street intende sottolineare la relazione con il vecchio edificio, quasi a costituire un elemento intermedio tra il vecchio ed il nuovo. Nel caso del Turner Museum la posizione dell'ingresso sul lato minore della L evita di stabilire un diretto confronto con l'ingresso esistente: in questo modo la nuova entrata non è visibile dal fiume.

Negato in pianta, è nell'alzato che viene riconfermato agli ingressi un ruolo preminente. Essi appaiono, infatti, dei veri e propri esercizi di retorica, in cui è riassunta tutta la carica monumentale dell'edificio: l'enfasi che lo sottende porta quasi a considerarli delle porte di città.

Ma quello che negli ingressi appare come arbitrario ricorso a particolari linguaggi, diventa, negli altri prospetti, una ricerca di "dialogo" con l'esistente attraverso la riutilizzazione di strumenti compositivi tradizionali che permettano il controllo formale della parete "bucata". Nel prospetto del Fogg Museum su Quincy e Cambridge Street il motivo delle fasce colorate, ripreso dal vicino Memorial Hall, conferisce un ordine alla disposizione delle finestre, che dall'esterno appare del tutto casuale, mentre risponde invece alla distribuzione degli uffici.

Nel Turner Museum non si ha un unico prospetto che, piegandosi, risolva tutti i fronti, ma piuttosto un montaggio di prospetti diversi. Quello principale, che continua la facciata della Tate Gallery, ne riprende la tripartizione in basamento, fascia centrale, cornicione. Il bugnato è ora sostituito da una pergola, la fascia mediana è segnata da modanature, il cornicione riprende il filo di quello esistente. La partitura del prospetto in una maglia quadrata non corrisponde ad alcun elemento strutturale; essa ricorda piuttosto l'ampliamento di Asplund per il Municipio di Göteborg. Questa griglia riappare anche su Bulinga Street e sul lato minore della L, ma, appena girato l'angolo, il motivo si interrompe, rivelando così il suo significato "decorativo".

Appaiono invece nel prospetto nord, ed in parte di quello est, i mattoni colorati, gli impianti, le superfici vetrate, gli elementi delle prime opere di Stirling. Ma questi due prospetti "moderni" sono le due facciate secondarie, di servizio; a dimostrazione che anche questo linguaggio è utilizzabile, anche se in occasioni "minori".

Non è possibile, cercare una coerenza linguistica in questi edifici. Il montaggio delle citazioni, dei frammenti, non avviene più in pianta, come per i musei tedeschi, ma in alzato. Ma la pratica di queste citazioni storiche è oggi così diffusa che, ormai non si capisce se provengano dal lontano passato o dall'immediato presente del "post-modern".

Mirko Zardini

In his address to the R.I.B.A. in 1980, on the occasion of his acceptance of the Royal Gold Medal, James Stirling speaks of Colin Rowe as a master "then as now" (recalling the days of the school of Liverpool). In their common journey through the history of architecture, begun in the fities with studies of Le Corbusier, they eventually reached the city and the architecture of the 18th and 19th centuries, reviewing the period of "Eclecticism." As earlier in the Science Centre, Berlin, and the Rice University, Houston, Stirling's earlier designs for museums in Düsseldorf, Cologne, Stuttgart, were urban "collages" in which the various elements — entrances, staircases, galleries, auditoriums — were organized along the circuits or around the circular courtyard. Now, however, the layout is no longer the product of the "free" composition of fragments: it consists of two L-shaped buildings, traditional in choice of typology and ground plan, but it is within these limits that the design is developed.

The relation between the extensions and the existing buildings is resolved in different ways: in the Fogg, the two museums are separated by a roadway and linked by a footbridge, while the two buildings of the Tate Gallery — the new and the old — are set directly alongside each other: but the extension is set back from the line of the Tate Gallery, so as not to impinge on its volume and corner. The short side of the L then carries on the alignment of another existing building: the differences in the entrance levels and the paving of the external spaces also emphasize the fact that this is an additional structure.

Stirling's latest designs are guided by a desire for reconciliation with the city, the setting, with pre-existing buildings, as already appeared in Rice University.

This special concern is translated into a pragmatic eclecticism which makes use, as the occasion demands, of different vocabularies and often distant allusions, taking up the stimulus of surrounding buildings or attempting to confer special significance on certain elements, such as entrances. The more prominent "linguistic" concern is translated into a greater stress on the importance of elevations, with the result that they even appear inside: in both the Fogg and the Turner museums, the walls of the lobby are treated as an elevation, with the same surface as the exterior, light descending from above, and windows that open.

The main external element — the entrance — corresponds to this compositional centre. For different reasons, the entrance is never set in the main elevation: in the case of the Fogg extension, its location on Broadway is meant to emphasize the relation with the old museum, as if to constitute an interme-

diate element between the old and the new. In the case of the Turner, the position of the entrance, on the smaller side of the L, avoids establishing a direct confrontation with the existing entrance. The new entrance is not visible from the river. But the main elevation of the Turner does not forego a central element: a bow-window, which defines a symmetry internal to the new facade.

Negated in the ground plan, it is in the elevation that the predominant role of the entrances is confirmed. They appear as nothing less than exercises in rhetoric, epitomizing the building's whole monumental weight, the emphasis underlying them almost suggesting that they are the gates of a city.

But what strikes one in the entrances as arbitrary recourse to special vocabularies, becomes, in the other elevations, a striving for a "dialogue" with the existing, by using traditional instruments of composition permitting formal control of the pierced wall. In the elevation of the Fogg Museum on Quincy and Cambridge streets, the motif of coloured bands taken over from the nearby Memorial Hall confers an order on the arrangement of the windows, which from the exterior appears quite random, while in reality it responds to the arrangement of the offices.

In the Turner, instead of a single elevation which turns the corner and resolves the treatment of all the facades there is a montage of different elevations. The main one, which continues the facade of the Tate Gallery, takes over its tripartite division into base, central strip, cornice. The ashlar is replaced by a pergola, the middle strip is patterned with mouldings, the cornice repeats the line of the existing one. The treatment of the elevation as a square grid does not correspond to any structural element: it is instead reminiscent of Asplund extension of the Göteborg Town Hall. The grid reappears also on Bulinga Street and on the shorter side of the L, but on turning the corner this motif immediately ends and so reveals its decorative significance.

On the north elevation and partly on the east, there appear the coloured brickwork, layouts, glazed surfaces, that are features of Stirling's early works. But these two "modern" elevations are the two secondary facades, service facades, demonstrating that even this language is usable, though for minor occasions.

It is impossible to look for any linguistic coherence in these buildings. The montage of allusions, fragments, no longer appears in the plan, as in the German museums, but in the elevations. But the use of these historical allusions is now so widespread that, at times, one no longer understands whether they originate in the distant past or the immediate "post-modern" present.

James Stirling, Michael Wilford and Associates (London)
in association with Perry, Dean, Stahl & Rogers (Boston)

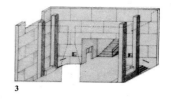

3

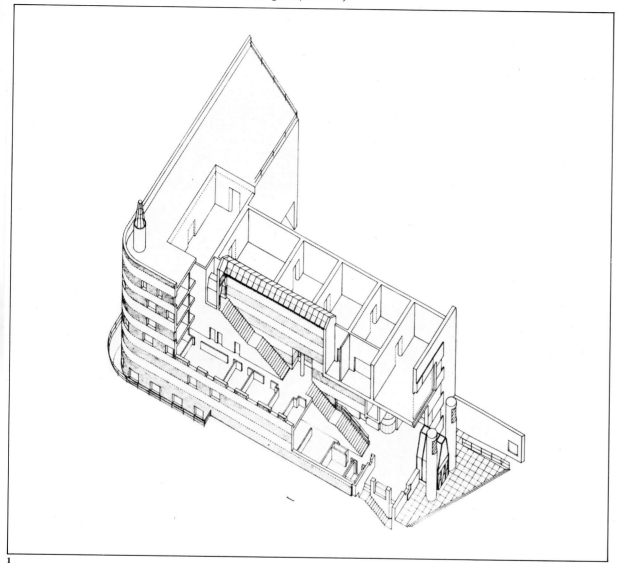

1

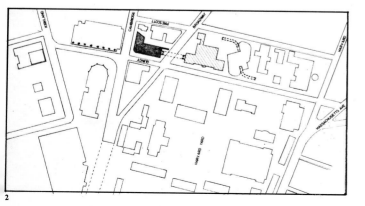

4

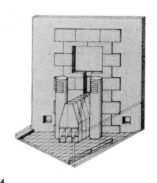

2

1. Spaccato assonometrico dell'intero edificio.
2. Planimetria.
3. Assonometria dell'atrio d'ingresso.
4, 5. Le due versioni dell'ingresso con e senza la passerella di collegamento.

1. Axonometric cutaway of the entire building.
2. General plan.
3. Axonometric of the entrance hall.
4, 5. Two versions of the entrance hall with and
without the connecting passageway.

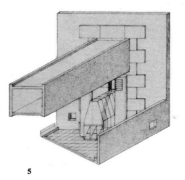

5

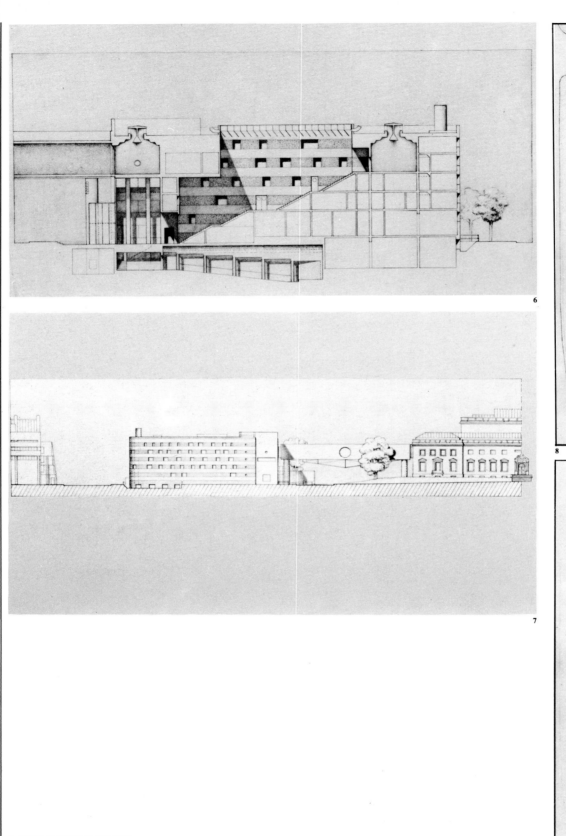

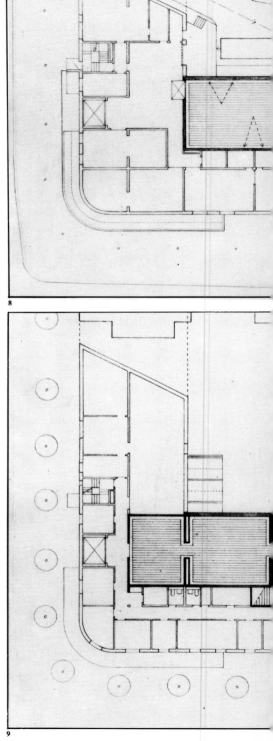

6. Sezione longitudinale sulla scala.
7. Prospetto ovest con la passerella di collegamento.
8, 9. Piante del piano terreno e del secondo piano.
10. Sezione trasversale sull'atrio d'ingresso.
11. Sezione trasversale che evidenzia il rapporto tra gli uffici e gli spazi espositivi.

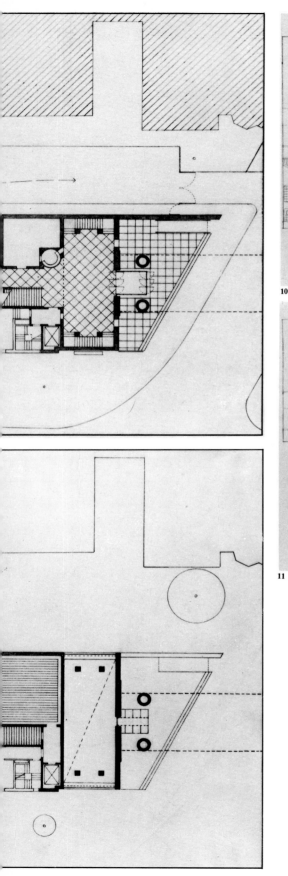

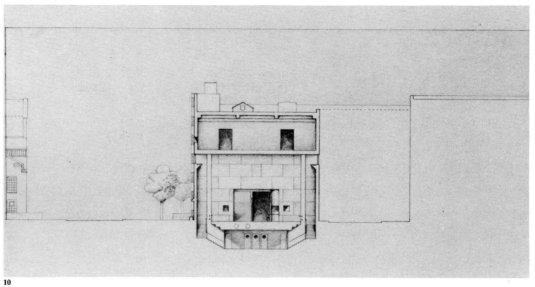

10

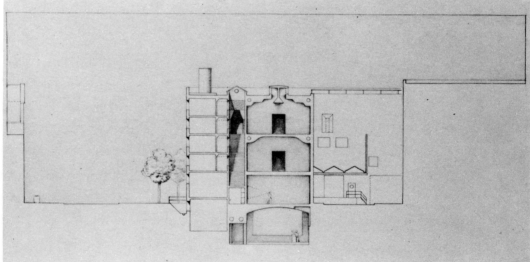

11

6. Longitudinal section through the stairs.
7. West elevation with the connecting passageway.
8, 9. Ground floor and second floor plans.
10. Cross section through the entrance hall.
11. Cross section showing the relationship of the offices to exhibition spaces.

12

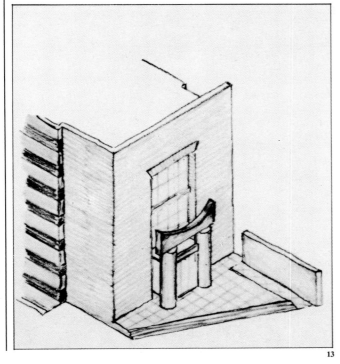

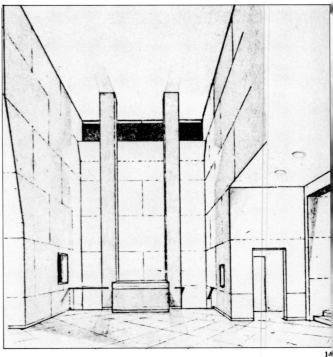

12. Veduta dalla strada.
13, 14. Particolari dell'ingresso e dell'atrio.

12. View from the road.
13, 14. Details of the entrance way and the lobby.

13

14

James Stirling, Michael Wilford and Associates
Associate in charge: R. Bevington

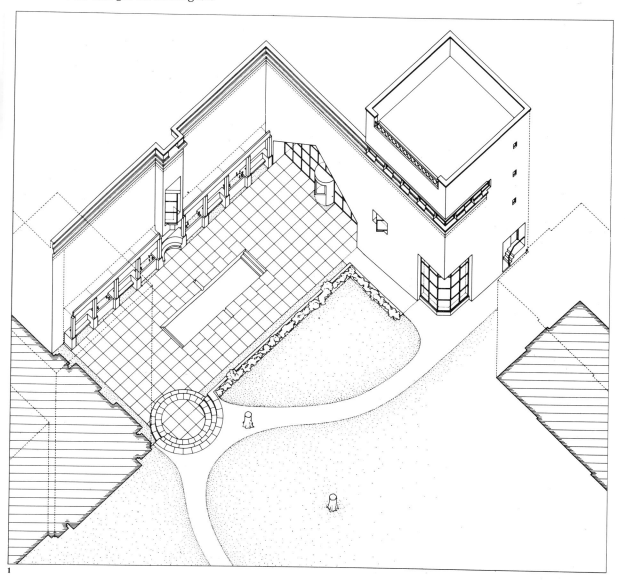

1

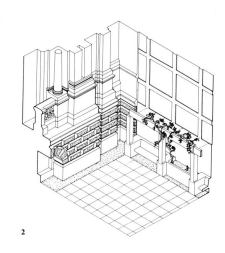

2

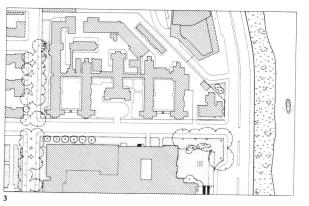

3

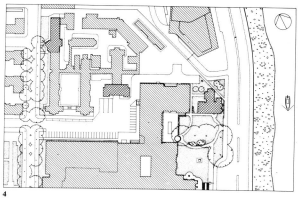

4

1. Assonometria del cortile d'ingresso del nuovo edificio.
2. Particolare dell'attacco fra il vecchio e il nuovo edificio.
3, 4. Planimetria prima e dopo l'intervento.

1. Axonometric of entrance courtyard of the new building.
2. Detail of the link between the old and new buildings.
3, 4. General plan before and after intervention.

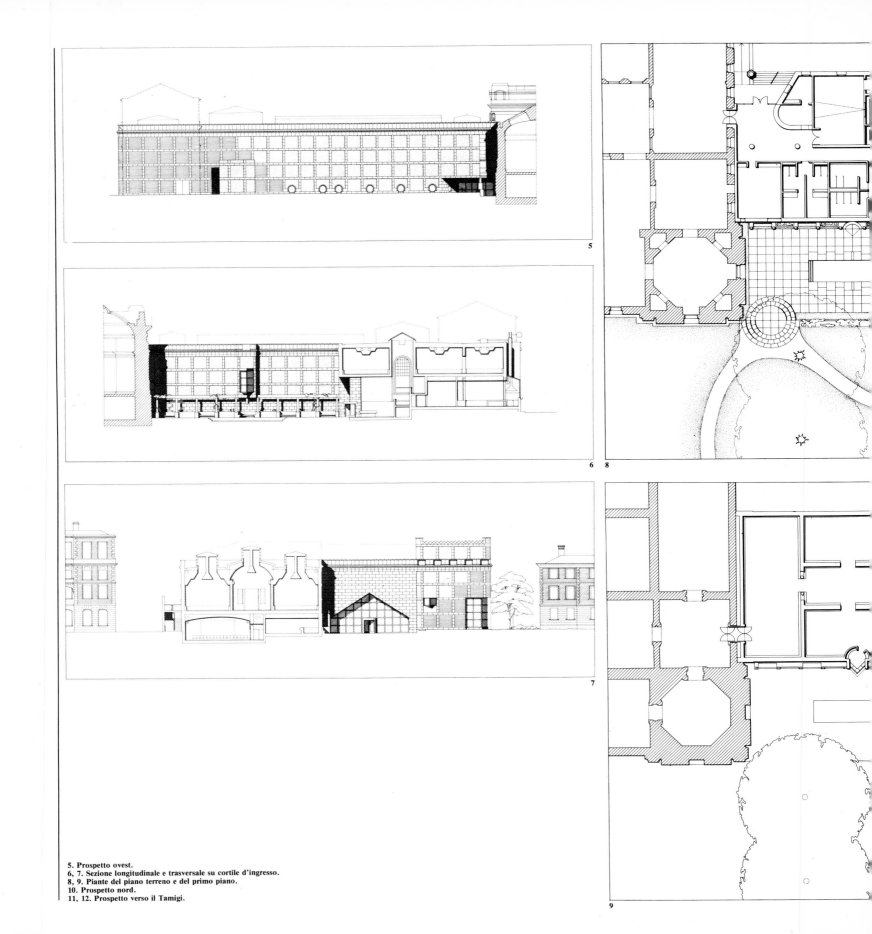

5. Prospetto ovest.
6, 7. Sezione longitudinale e trasversale su cortile d'ingresso.
8, 9. Piante del piano terreno e del primo piano.
10. Prospetto nord.
11, 12. Prospetto verso il Tamigi.

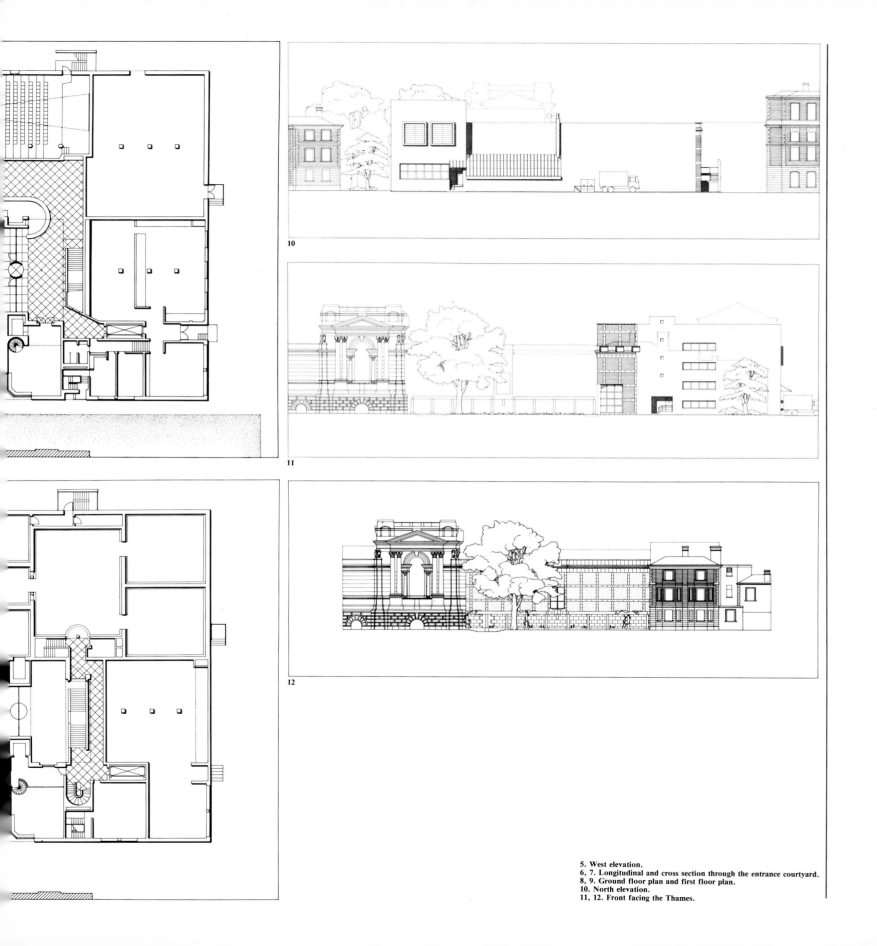

10

11

12

5. West elevation.
6, 7. Longitudinal and cross section through the entrance courtyard.
8, 9. Ground floor plan and first floor plan.
10. North elevation.
11, 12. Front facing the Thames.

13

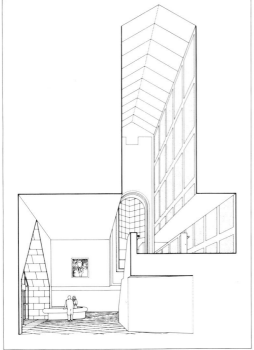

14

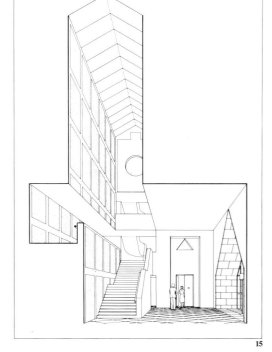

15

13. Veduta del modello.
14, 15. Sezioni sull'atrio d'ingresso.

13. View of the model.
14, 15. Section through the entrance hall.

Musei privati e pubblica virtù
Il museo di Isabella Stewart Gardner a Boston

Private museums, public virtue
The Isabella Stewart Gardner Museum, Boston

Mary Mc Leod

117

"Un vero palazzo dell'arte, che se ne sta lì sul bordo del parco, e che si erge con una radiosità... Acquisizione — acquisizione, ove ve ne fosse bisogno nei suoi termini più elevati — potrebbe, negli anni a venire, crogiolarsi qui come in un clima di cui, non ha mai goduto in precedenza.[1]"

La donazione di Isabella Stewart Gardner alla città di Boston impersonifica sia questo spirito di esibizione ostentata sia un'aspirazione al raffinamento e alla virtù pubblica. Entrambe erano dimensioni del suo ego insaziabile. Moglie di John L. Gardner, rispettabile uomo d'affari di Boston, era nota per quanto Henry James aveva detto di lei, parlando della sua "carriera assurdamente piacevole". Per decenni, questa donna, newyorchese di nascita, di un lignaggio non precisamente impeccabile secondo i criteri di giudizio del New England, fece inorridire e deliziò la Boston conservatrice con i suoi capricci e le sue scappate. Non solo indossava splendidi abiti di Worth, un po' troppo décolletés, fili di perle e diamanti, ma assisteva agli incontri di boxe, si portava dei cuccioli di leone in carrozza e si presentò ad un concerto sinfonico indossando un copricapo con la scritta "Go you Red Sox"[2].

Dietro a questo gusto per la pubblicità, vi era tuttavia una personalità più generosa e seria. Tra i suoi molti illustri amici e ammiratori, vi erano Henry James, Henry Adams, Oliver Wendell Holmes e John Singer Sargent e con questi amici si dedicava con passione alla letteratura, alla pittura e alla musica. Nel 1878 incominciò ad assistere alle conferenze di storia dell'arte tenute a Harvard da Charles Eliot Norton, e fu probabilmente per suo tramite che incontrò il giovane e precoce Bernard Berenson. Quando Berenson non fu ammesso a far parte del corpo insegnante di un'università, essa, insieme ad altri, finanziò i suoi viaggi in Europa.

Fu su consiglio di Berenson che Mrs. Gardner iniziò a collezionare dipinti. Nel 1894, essa divenne la sua prima cliente, incaricandolo di acquistare il suo primo capolavoro rinascimentale, *La tragedia di Lucrezia* del Botticelli, e, nel decennio che seguì, si aggiunsero ad esso opere di Tiziano, Giorgione, Raffaello e Giotto. L'interesse maggiore di Mrs. Gardner, come di molta della Boston "progredita", andava alla cultura italiana, ma non mancavano nella sua collezione pezzi di altri periodi e culture. Aveva una particolare predilezione per l'arte americana contemporanea, in ispecie per i dipinti dei suoi amici Sargent, Whistler e Macknight. In ultima analisi, i suoi criteri di scelta erano personali.

Col 1896 i Gardner avevano deciso di costruire un museo per la loro collezione che andava arricchendosi. La prima idea di Isabelle Gardner fu quella di ampliare semplicemente la residenza di arenaria su Beacon Street, così da arrivare ad includervi una galleria d'arte, e in settembre chiese all'architetto Willard T. Sears di preparare il progetto "di un museo con degli alloggi sopra" e "di tener segreta la faccenda"[3]. Che Mrs. Gardner, si sia rivolta o no anche a Stanford White, come è stato suggerito, la sua scelta di Sears non deve sorprendere. Questi aveva già lavorato per la famiglia del marito ed era partner di una delle ditte più rispettabili di Boston, la Cummings & Sears[4].

Sears terminò il progetto di una struttura a cinque piani su Beacon Street nel dicembre del 1898, poco dopo la morte di John Gardner. In un primo momento Mrs. Gardner lo approvò, ma cambiò presto idea e acquistò un terreno sul Fenway, un appezzamento che suo marito preferiva alla zona residenziale e ristretta di Beacon Street[5]. Mrs. Gardner ordinò a Sears di trasformare il progetto e di adattarlo a questa nuova zona a parco, e suggerì una struttura a sé stante di quattro piani. I primi

"A palace of art, truly, that sits there on the edge of the Park, rearing itself with a radiance... Acquisition — acquisition, if need be on the highest terms — may, during the years to come, bask here as in a climate it has never before enjoyed."[1]

Isabella Stewart Gardner's gift to Boston embodies both this spirit of ostentatious display and striving for public refinement and virtue. Both were dimensions of her insatiable ego. The wife of John L. Gardner, an eminently respectable Boston businessman, she was notorious for what Henry James described as her "preposterously pleasant career." For decades this native New Yorker, of somewhat less than impeccable lineage by New England standards, horrified and delighted conservative Boston with her caprices and escapades. Not only did he she wear lavish Worth gowns, rather too décolleté, strings of pearls, and diamonds, but she attended boxing exhibitions, paraded with lion cubs in her carriage, and wore a head banner "Go you Red Sox" to a symphony performance.

Beneath this flair for publicity, however, was a more generous and serious personality. Among her many illustrious friends and devotees were Henry James, Henry Adams, Oliver Wendell Holmes, and John Singer Sargent; and with these friends she passionately pursued literature, painting, and music. In 1878 she began attending Charles Eliot Norton's art history lectures at Harvard, and it was probably through him that she met the precocious youth Bernard Berenson. When Berenson failed to receive a university fellowship, she, along with several others, financed his travels in Europe.

It was primarily through Berenson's counsel that Mrs. Gardner acquired her magnificent collection of paintings. In 1894 she became his first client with his purchase of her first Renaissance masterpiece, Botticelli's *The Tragedy of Lucretia*, and in the decade that followed came works by Titian, Giorgione, Raphael, and Giotto. Mrs. Gardner's devotion, like that of most "advanced" Boston, was to Italian culture, but other periods and cultures were well represented in her collection. She had a special loyalty to contemporary American art, particularly to the paintings of her friends Sargent, Whistler, and Macknight. Ultimately, her criteria for selection were personal.

By 1896 the Gardners had decided to build a museum for their growing collection. Isabella Gardner's first idea was simply to enlarge their existing brownstone residence on Beacon Street to include an art gallery, and in September she asked the architect Willard T. Sears to make plans "showing a museum with living quarters over it" and "to keep the matter secret."[3] Whether or not Mrs. Gardner also approached Stanford White, as has been suggested, her choice of Sears was not surprising. He had previously been employed by her inlaws and was a partner of one of Boston's most respectable firms, Cummings and Sears.[4]

Sears completed plans for a five story structure on the Beacon Street lot in December 1898, shortly after John Gardner's death. No sooner had Mrs. Gardner approved them, however, than she changed her mind and bought a piece of property on the Fenway, a site her husband had originally found preferable to the cramped and residential Beacon Street.[5] Mrs. Gardner ordered Sears to alter his design for this new parkland, proposing now a free standing four story courtyard structure. The first three floors were to contain the museum areas, the fourth floor Mrs. Gardner's private residence.

From the start Mrs. Gardner dominated the design proceedings of the new building, to be called Fenway Court. Willard Sears restricted himself primarily to

2

1

1. Corte coperta con finestre veneziane.
2. Palazzo Barbaro a Venezia.

1. Covered court with Venetian windows.
2. Palazzo Barbaro, Venice.

due avrebbero dovuto comprendere gli spazi a museo, il quarto piano la residenza privata di Mrs. Gardner.

Fin dall'inizio fu Mrs. Gardner a prendere ogni decisione sul progetto del nuovo edificio, che avrebbe dovuto chiamarsi Fenway Court. Willard Sears si limitò sostanzialmente ai problemi strutturali e ai particolari costruttivi e si definiva scherzosamente "disegnatore di Mrs. Gardner". L'idea di far assomigliare la struttura a un palazzo veneziano fu senza dubbio della donna. L'eclettismo di Sears non era certo uno dei suoi stili favoriti, né le lezioni che Norton teneva su Ruskin avevano dato l'avvio a un'ondata di gotico veneziano in questa città ancora dominata dal romanico richardsoniano, che sarebbe presto diventato un rinascimento americano. Ispirata dalle sue visite estive al veneziano palazzo Barbaro del XV secolo, Isabella Gardner sperava di emulare i concrescenti fascini delle residenze sul Canal Grande. Nel corso dei suoi viaggi in Italia, essa aveva razziato frammenti architettonici, colonne, balconi, medaglioni, ferri battuti, nonché pezzi d'arredamento e tessuti, i quali tutti sarebbero stati inclusi nel suo futuro museo.

L'effettiva disposizione e l'accostamento di questa miscellanea architettonica era a sua completa discrezione: la sistemazione di ogni singola colonna doveva avere la sua supervisione diretta e il suo ordine[6].

Nel novembre del 1901 la struttura base era terminata e Mrs. Gardner si trasferì a Fenway Court. Passò l'anno successivo costruendo le gallerie, e il primo gennaio 1903 celebrò il completamento del museo con una trionfale inaugurazione.

La facciata principale, malgrado il suo portone rinascimentale e la simmetria centrale, era nuda quanto le altre e ciò non era senza significato per gli iniziati. Le altre facciate, più asimmetriche nella loro composizione, sembrano essere dovute sostanzialmente a considerazioni sull'interno. Gli archi gotici e la finestra a rosone della sala gotica sono casualmente accostati ai bovindi e ai balconi dell'appartamento sovrastante. La facciata ovest evoca la piana semplicità della parete laterale di un palazzo su un canale veneziano, mentre le due facciate sul giardino con le loro scale antincendio, la loggia e le balconate, sono più pittoriche e ricordano vagamente le ville toscane. Tuttavia, un'altra disadorna parete di mattoni chiude il giardino, contribuendo a creare un'impressione generale di clausura monastica.

L'originalità dell'edificio, tuttavia, sta soprattutto nel suo interno. Un corridoio abbastanza buio porta dall'ingresso allo spazio centrale del palazzo, costituito da una corte riccamente adorna di sessantasei per quarantaquattro piedi, chiusa da una copertura vetrata intelaiata da travi d'acciaio perimetrali. Al posto delle modeste superfici delle corti di palazzo Barbaro, vi sono qui quattro facciate più adatte al Canal Grande. Gran parte dei frammenti inseriti nelle superfici di parete erano realmente appartenuti un tempo a facciate veneziane; molti dei balconi provenivano dall'edificio adiacente a palazzo Barbaro, palazzo Cavalli Franchetti[7]. Nella corte, poi, vi sono frammenti e sculture di tutti i secoli: un sarcofago e una tomba romani, diverse figure greche, un *horus* egiziano e, come pezzo centrale, un pavimento di mosaico del secondo secolo scoperto nelle terme di una villa a Primaporta. Contro la parete di fondo, davanti alla doppia scalinata che ispirò la *Stairway of Jade* di Okakura, vi è una fontana veneta del XVII secolo, incorniciata da due delfini e da una fanciulla che danza[8]. I pezzi sono avvicinati con una sicurezza e una disinvoltura storica che non sono atipici dei collezionisti del XIX secolo, ma del tutto estranei alla diligenza linneiana dei curatori del XX secolo. I pilastri hanno basamenti costi-

3

4

5

6

3, 4. La scala che porta alla Stanz[...]
Olandese e la corte a sud-ovest.
5, 6. Fronte est e fronte sul lago.
7, 8. Piante del piano terra ne[...]
1914 e nel 1915.
9. Sezione trasversale.

3, 4. Stairway to the Dutch Room
and southwest court.
5, 6. East elevation and front fa[...]
cing the lake.
7, 8. Ground floor plans in 191[...]
and 1915.
9. Cross section.

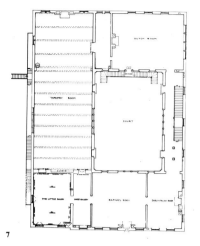

7

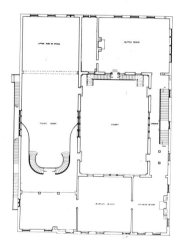

8

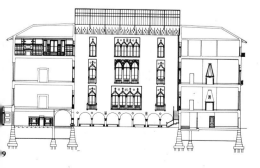

9

Una cartolina spedita a Isabella Stewart Gardner da Bernard e Mary Berenson raffigurante la porta di Bari ad Altamura, servi da modello per la costruzione dell'ingresso dal vialetto dietro alla proprietà.

A postcard sent to Isabella Stewart Gardner by Bernard and Mary Berenson showing the Bari gate in Altamura. It served as the model for the construction of the entrance from the small road behind the property.

structural matters and construction details, mockingly referring to himself as Mrs. Gardner's draftsman. Certainly the idea that the structure resemble a Venetian palace was hers. Despite Sears eclecticism, it was not one of his previous genres. Nor had Norton's teachings of Ruskin initiated a wave of Venetian Gothic in this city still dominated by Richardsonian Romanesque and soon to become American Renaissance. Inspired by her summer visits to the fifteenth century Venetian Palazzo Barbaro, Isabella Gardner hoped to emulate the accreted charms of Grand Canal residences. While traveling in Italy, she scavenged for architectural fragments — columns, balconies, medallions, ironwork — as well as furniture and brocades, all to be included in her future museum.

The actual placement and assemblage of this architectural paraphernalia was completely at her discretion; the setting of every column required her direct supervision and command.[6]

By November 1901 the basic structure was finished, and Mrs. Gardner moved into Fenway Court. The next year she spent completing the galleries, and on New Year's Day 1903 she celebrated the museum's completion with a triumphal opening.

The primary facade, despite its Renaissance doorway and central symmetry, is as bare as the others though not without meaning for the initiated. The other facades, more asymmetrical in their composition, appear to derive primarily from internal considerations; the Gothic arches and rose window from the Gothic room mix casually with the bay windows and balconies from the apartment above. The western street facade evokes the planar simplicity of a palazzo side wall facing a Venetian canal, whereas the two garden facades with their fire stairs, loggia, and balconies are more picturesque, vaguely reminiscent of Tuscan villas. A high, unadorned brick wall, however, encloses the garden fronts, adding to the general aura of monastic exclusion.

The originality of the building, however, exists primarily in the interior. A rather dim corridor leads from the entrance to the central space of the palace, a richly adorned courtyard, sixty-six feet by forty-four feet, enclosed with a glass roof set in steel beams. Instead of the modest surfaces of the courts of Palazzo Barbaro appear four facades more appropriate to the Grand Canal. Most of the fragments incorporated into the wall surfaces had in fact once belonged to Venetian facades; many of the balconies are from the building adjacent to Palazzo Barbaro, the Palazzo Cavalli Franchetti.[7] Within the courtyard, itself, are fragments, and sculptures of all centuries: a Roman sarcophagus and tomb, several Greek figures, an Egyptian Horus Hak, and as the center piece a second century mosaic pavement, found in the bathing quarters of a villa at Primaporta. At the end wall, in front of the double stairway which inspired Okakura's *Stairway of Jade*, is a seventeenth-century Venetian fountain, framed by two dolphins and an ancient dancing maiden.[8] The pieces are combined with an assurance and historical disregard not atypical of the nineteenth-century collector, but alien to the Linnaean assidulty of twentieth century curating. Columns receive lion bases, balcony figures adorn columns, and in one instance an inverted capital supports a holy water basin. The overall effect, nonetheless, succeeds in recalling the casualness of many Italian courtyards with their centuries of accretion.

All the major galleries open to the courtyard, with rooms on the north and south fronts, and long halls and

tuiti da leoni, figure da balcone adornano le colonne e, in un caso, un capitello rovesciato sostiene un bacile d'acquasanta. L'effetto globale, tuttavia, riesce a richiamare l'informalità di molte corti italiane con i loro secoli di addizioni.

Tutte le gallerie maggiori si aprono sulla corte ed hanno sale sui fronti nord e sud e lunghi corridoi e spazi a chiostro a est e a ovest. Le sale, chiamate "Gotica", "Olandese", "Primo-italica" (in origine "Cinese"), "Raffaello", "Tiziano", divennero ciascuna un mondo a sé, pur essendo ben lontane dalle ri-creazioni archeologiche di Wilhelm von Bode e le sale in stile del Musée des Arts Décoratifs[9]. Sono piuttosto improvvisazioni personali di Mrs. Gardner su ciascun tema.

L'arredamento e i dipinti esposti, più della geometria e delle proprietà spaziali, creano l'atmosfera emotiva di ciascun locale. Gli oggetti non sono messi in mostra come entità isolate, ma come parte di un *Gesamtkunstwerk*; non è importante che un mobile sia di uno o di un altro periodo o nazionalità. Nella Sala Olandese, la tappezzeria di broccato, il caminetto del XVI secolo e il soffitto dipinto sono italiani, e nella Sala Gotica la presenza dominante è la stessa Mrs. Gardner, ritratta da Sargent, disposta diagonalmente rispetto al visitatore che entra.

Altri spazi, come la Short Gallery, pullulante di ritratti familiari, e il Little Salon con la sua atmosfera d'intimità francese, erano reminiscenze della sua vecchia casa di Beacon Street o degli ambienti eclettici di molti americani, dilettanti d'arte, come quelli della rivale di Mrs. Gardner, Mrs. Potter Palmer di Chicago. Molti dei particolari di Fenway Court in realtà erano stati direttamente trasportati dalla casa di Beacon Street.

La sala più importante nel museo originale del 1903 era la Sala di Musica, che occupava un'ala a due piani a est dell'edificio principale. Come molti americani, anche Isabella Gardner concepiva i musei come istituzioni culturali globali, luoghi di fruizione artistica inclusiva. La musica doveva avere un ruolo importante nel programma del palazzo. Con le sue pareti bianche, i chiari pavimenti di legno e le semplici sedie di paglia, la zona concerto contrastava nettamente con le sale della galleria ricche di ornamentazioni.

Malgrado le *accolades* sulla perfezione acustica del salone, questo non era destinato a durare. Nel 1914, Mrs. Gardner aveva bisogno di spazio per la collezione che andava sempre aumentando e fece dunque smantellare la sala. A livello del balcone, essa la sostituì con un'immensa e ricchissima hall, progettata per mettere in evidenza le tappezzerie Foulke-Barbarini, da lei acquistate nel 1908. Qui si sarebbero continuati a tenere i concerti, seppure su scala più intima. Al piano terra, essa costruì la loggia cinese e il chiostro spagnolo, progettato con un arco moresco per incorniciare il famoso dipinto di danzatrice spagnola, *El Jaleo*, opera di Sargent. La struttura che ne deriva è una sequenza stratificata di spazi lineari paralleli, che si estendono dall'esterno del Monk's Garden fino alla loggia cinese, al chiostro spagnolo e, infine, al chiostro est adiacente alla corte centrale. A differenza delle sale chiuse della galleria, disposte come entità isolate, questi nuovi spazi, pur mantenendo un carattere individuale, incominciano a presentare un collegamento formale e visivo; la sequenza giardino — chiostro — giardino sono parte di una progressione variata.

Fenway Court si definisce quasi esclusivamente attraverso gli effetti scenici. Le immagini letterarie e teatrali sono spesso l'intelaiatura della composizione visiva. Ciò è illustrato forse nel modo più chiaro da una curiosa struttura sul retro del museo. Nel 1907, al ritorno di Mrs. Gardner dal suo ultimo viaggio all'estero, essa

ordinò la costruzione di un capannone per le carrozze con un appartamento sovrastante. Una prima proposta fu quella, abbastanza elaborata, di un edificio a quattro piani con un orologio disposto al centro, reminiscenza di una strada dell'Italia del XVI secolo. Questa messinscena non fu mai realizzata, ma in sua vece si costruì l'attuale struttura, che serve d'ingresso dal vialetto dietro all'appezzamento. Un semplice edificio, simile ad un muro, di 60 piedi di altezza, situato al centro, conserva un carattere italiano. La fonte di questo progetto, come scoprì Rollin van N. Hadley, è una cartolina spedita dai Berenson e dai suoi amici, che riproduce una porta del XII secolo della cittadina italiana di Altamura. Ma il significato di questo generoso tributo ai suoi amici va anche più oltre. Anni prima, Berenson aveva scritto una fantasia, pubblicata nella sua rivista privata di breve vita *The Golden Urn*, intitolata "Altamura". Si parlava di un immaginario monastero inglese situato sulle montagne italiane, in cui ci si dedicava ad una vita d'arte, poesia e studi filosofici. "Mediante pii e reali piaceri", riteneva il monastico creatore, "è possibile alleggerire il fardello di questo mondo senza gioia." Nel 1898 Berenson aveva scritto a Mrs. Gardner: "Legga la storia di Altamura. Lei è la sola persona al mondo che possa realmente viverla, anzi lo fa già. Se mai qualcosa di simile fosse realizzato sulla terra, lei sarebbe il primo monarca in visita."[10]

La struttura secondaria del capannone per le carrozze consentì a Mrs. Gardner d'indulgere esplicitamente a tali associazioni personali; ma Fenway Court, come totalità, era anche diventata la sua Altamura personale, luogo di piaceri sensuali ma anche di raffinamenti morali con le sue specifiche scene e rituali, come quelli descritti in *The Golden Urn*, tratti dalla sua esperienza personale. Nel testamento, Isabella Gardner specificò come dovesse conservarsi questa sua fantasia costruita: non si doveva vendere né aggiungere alcun pezzo alla raccolta; la disposizione non doveva essere cambiata. Ogni anno, nel giorno del suo compleanno, si doveva celebrare una messa solenne nella cappella. "...nessuna impressione della 'nuova' Boston è coerente senza un ricordo di ciò che deve a quella rara esibizione dello spirito vivente ultimamente raggiunto, nell'interesse delle belle arti e di tutto ciò che è nobile in esse, da parte del genio non aiutato e invero eroico del cittadino privato. Il tentar di narrare la storia della collezione Gardner, splendidamente raccolta e magnificamente organizzata, sposterebbe un po' il confine che separa la proprietà privata da quella pubblica; eppure il non trovare un termine adatto ad essa pare una mancanza di sensibilità per la complessità di condizioni in mezzo alle quali una così intrepida devozione ad una grande idea... doveva fiorire con tanto splendore. È in presenza dei risultati splendidamente raggiunti, dell'energia trionfante su tutto, che meglio si avverte la bella vecchia tradizione disinteressata della Boston migliore"[11].

La descrizione che James fa dell'attributo "disinteressata" è probabilmente più un riflesso del suo elitarismo culturale che del senso pubblico di Isabella Stewart Gardner. Ma la sua interpretazione di Fenway Court come "vecchia" Boston sembra ancor più appropriata in quest'era di museologia in cui i curatori cercano sempre più collezioni equilibrate e esposizioni neutre. Benché il Gardner Museum sia stato uno dei primi palazzi pubblici ed abbia alloggiato una delle prime collezioni riconosciute a livello ufficiale, l'esperienza di Fenway Court, resta, in fondo, quella di una casa privata, dominata dalla personalità di un curatore del XIX secolo.

Vorrei esprimere i miei ringraziamenti allo staff dell'Isabella Stewart Gardner Museum, in particolare a Susan Sinclair, Deborah Gribbon e Rollin van N. Hadley per il loro generoso aiuto nella ricerca necessaria per la stesura di questo articolo.

[1] Henry James, *The American Scene*, 1a ed. 1907, Bloomington, Indiana University Press, 1968, pp. 191-192. Descrive il nuovo Metropolitan Museum.

[2] Le informazioni biografiche su Isabella Stewart Gardner sono prese da due fonti: Louis Hall Tharp, *Mrs. Jack*, Boston, Little, Brown and Co. 1965, e *Morris Carter, Isabella Stewart Gardner and Fenway Court*, Boston e New York, Houghton Mifflin Co., 1925. Si raccomanda anche il divertente racconto di Aline Saarinen in *The Proud Possessors*, New York Random House, 1958.

[3] In precedenza i Gardner avevano già una volta ampliato la loro residenza quando avevano acquistato, nel 1880, la casa adiacente. Era stata aggiunta ad essa una sala di musica per piccoli recital. Le fotografie fanno pensare ad un ambiente vittoriano abbastanza confuso, secondo quello che Edith Wharton chiamava "stile imbottito": i mobili francesi e italiani erano spesso modestamente coperti di tessuto pesante, le pareti di broccato erano sottolineate da modanature di legno bianco, i dipinti pendevano verticalmente a due o tre e quasi ovunque vi erano palme fra i soprammobili e oggetti vari.

[4] Williard T. Sears, "Notes on the Building of Fenway Court" 1° settembre 1896. Questo manoscritto si trova nell'archivio dell'Isabella Stewart Gardner Museum. Gran parte delle informazioni relative alla costruzione di Fenway Court, proviene da questo racconto. Per le informazioni biografiche su Williard T. Sears (1837-1920) si veda *Who Was Who in America* vol. 1, 1897-1942, Chicago, A.N. Marquis Co., 1942, p. 1100. Fra i progetti di Sears e Kummings nel Massachusetts vi erano la First Universalist Church, Lynn; la Cappella del Mount, Auburn Cemetery, Cambridge; la Riding Accademy, Boston; la Cappella del Theological Seminary, Andover; l'Hotel Kempton, Boston; il Montgomery Building, Boston. Per un resoconto sulla ricostruzione della Cattedrale di Cape Haitian si veda *American Architect and Building Rules*, 4, 7 dicembre 1878, ill. 154, 189.

[5] Sears, 29-30 dicembre 1898.

[6] La situazione di Sears, annotata nel suo giornale il 13 settembre 1900 era tipica: "...Con Mrs. Gardner che sovrintende dal tetto alla rimozione di ogni col. (colonna) e che dirige la disposizione di ogni col. Ha detto che non sarà qui dopodomani fino al prossimo venerdi e che non si deve sistemare nessuna col. finché lei via. Le ho chiesto di numerare le col. e indicare dove dovevano essere messe, e di consentirci di andare avanti mentre lei era via, ma non ha acconsentito, poiché voleva supervisionare direttamente la disposizione di ogni col. La posa delle travi di solaio e la costruzione delle pareti... sono stati rinviati..."

[7] Il Barone Giorgio Franchetti, che era anche proprietario della Ca' D'oro, assunse nel 1896 Camillo Boito e questi, con una deplorevole iniziativa, sostituì tutti i balconi centrali con copie moderne, così Mrs. Gardner fu in grado di metter le mani sugli originali e di introdurli con altri acquisti del venditore Francesco Dorigo nel suo proprio progetto. Molti resoconti attribuiscono i balconi alla Ca' D'oro, un errore, questo, dovuto forse alla comproprietà di Franchetti. Tuttavia, Rollin van N. Hadley notò che i balconi assomigliavano invece a quelli del palazzo Cavalli-Franchetti. Per una trattazione dei rinnovamenti di Boito si veda Edoardo Arslan, *Architettura Gotica a Venezia*, 1970.

[8] "...Un'ombra scivola / Sulla scalinata di giada / E un raggio di luna? / l'una? / Nella Dimora dell'Ombra Solitaria?" Carter p. 224. Anche Onkakura-Kakuzo dedicò a Mrs. Gardner il suo dramma *The White Fox*.

[9] Bode, direttore dei musei reali prussiani dal 1906 al 1920, sostiene il concetto della totalità storica nei musei che mescolavano oggetti diversi di uno stesso periodo, per evocare il suo stile unico. Germain Bazin, *The Museum Age*, trad. Jane van Nuis Cahill, New York, Universe Books, 1967.

[10] Le informazioni sulla rimessa di carrozze sono ricavate dall'articolo di Hadley, pp. 31-34.

[11] James, pp. 254-255.

cloisterlike spaces on the east and west. The rooms, named "Gothic", "Dutch", "Early Italian", (originally "Chinese"), "Raphael", "Titian", each become worlds of their own, although hardly like Wilhelm von Bode's archaeological recreations or the period rooms of the Musée des Arts Décoratifs.[9] Rather they are Mrs. Gardner's personal improvisations around each theme.

Furniture and painting displays, rather than geometric and spatial properties, create the emotional ambiance of each room. Objects are not displayed as isolated entities, but as part of a *Gesamtkunstwerk*; if a piece of furniture is of another period or nationality, it is not important. In the Dutch Room the brocade wallcovering, sixteenth-century fireplace, and painted ceiling are Italian, and in the Gothic Room the most dominant presence is Mrs. Gardner herself, portraited by Sargent, diagonally confronting the visitor as he or she enters the room.

Other spaces, such as the Short Gallery, overbrimming with family portraits, and the Little Salon with its aura of French intimacy, were reminiscent of her earlier Beacon Street home or the eclectic environments of many art conscious Americans, such as that of Mrs. Gardner's Chicago rival Mrs. Potter Palmer. Many of the details in Fenway Court were, in fact, transported directly from the Beacon Street house. The most important room in the original 1903 museum was the Music Room, which occupied a two story wing to the east of the main building. Like many Americans, Isabella Gardner conceived of museums as more general cultural institutions, a place for overall artistic enjoyment. Music was to be an important part of the palace's program. With white walls, light wooden floors, and simple straw bottom chairs, the concert space contrasted sharply with the richly ornamented gallery rooms.

Despite accolades as to the hall's acoustic perfection, the room, however, was not to remain. In 1914 Mrs. Gardner needed space for her still growing collection and had the room dismantled. On the balcony level, she replaced it with a huge baronial hall designed to display the Foulke-Barbarini tapestries, which she had purchased in 1900. Concerts, though on a more intimate scale, would continue to be given here. On the ground floor she built the Chinese loggia and the Spanish cloister, designed with its Moorish arch to frame Sargent's famous painting of a Spanish dancer, *El Jaleo*. The resulting configuration is a layered sequence of parallel, similarly proportioned linear spaces, extending from the exterior Monk's Garden, to the Chinese loggia, the Spanish cloister, and finally to the east cloister adjacent to the central court. Unlike the enclosed gallery rooms, which stand as isolated entities, these new spaces, though maintaining their individual character, begin to be formally and visually connected; the striations of garden, cloister, garden are part of one varied progression. Fenway Court gains resolution almost exclusively through scenic effects. Literary and theatrical images are often the framework of visual composition.

This is illustrated perhaps most clearly in a curious structure at the back of the museum. In 1907 on Mrs. Gardner's return from her last trip abroad she directed the construction of a carriage house with an apartment above. A first proposal was a rather elaborate four story building with a clock placed in the center, reminiscent of a sixteenth century Italian street scene. This backdrop was never built, but instead, the present structure, which serves as an entrance from the alley behind the property. A simple, wall-like building, sixty-five feet tall at center, it is again Italianate in character. The source of this design, as Rollin van N. Hadley has discovered, is a

postcard image of the thirteenth-century town gate of the small Italian town of Altamura which was sent to her by the Berensons and their friends. But the meaning of this brick tribute to her friends goes back even further. Years earlier Berenson had written a fantasy, published in his short-lived private review *The Golden Urn*, entitled "Altamura". It was about an imaginary English monastery located in the mountains of Italy, dedicated to a life of art, poetry, and philosophical study. "By real and devout enjoyment", the monastic creator believed, "the burden of the world's joylessness can be abated." In 1898 Berenson had written Mrs. Gardner: "Read the account of Altamura. You are the only person in the world who can really live it — indeed you do already. Should anything like it be realized on earth you must be the first visiting Monarch."[10]

The ancillary strcture of the carriage house allowed Mrs. Gardner to indulge explicity in such personal associations; but Fenway Court as a totality had also become her personal Altamura, a place for sensuous pleasure but also moral refinement with its specific scenes and rituals, like those described in *The Golden Urn*, drawn from personal experience. In her will Isabella Gardner specified the conditions for the endurance of her built fantasy, no item was to be sold or added to the collection; no arrangement changed. Every year high masses were to be celebrated in the chapel on her birthday.

"...no impression of the 'new' Boston can feel itself hang together without remembrance of what it owes to that rare exhibition of the living spirit lately achieved, in the interest of the fine arts, and of all that is noblest in them, by the unaided and quite heroic genius of the private citizen. To attempt to tell the story of the wonderfully-gathered and splendidly-lodged Gardner Collection would be to displace a little the line that separates private from public property; and yet to find no discreet word for it is to appear to fail of feeling for the complexity of conditions amid which so undaunted a devotion to a great idea... has been consummately to flower. It is in presence of the results magnificently attained, the energy triumphant over everything, that one feels the fine old disinterested tradition of Boston least broken."[11]

James' description of "disinterested" is probably more a reflection of his own cultural elitism than Isabella Stewart Gardner's public spiritedness; but his understanding of Fenway Court as "old" Boston appears all the more appropriate in this era of museology, in which curators increasingly seek balanced collections and neutral display. Though the Gardner Museum was one of the first of the public palaces and housed one of the first collections premised, in part, on professional connoisseurship, the experience of Fenway Court remains ultimately that of a private house, dominated by the personality of a nineteenth century curator.

I would like to express my appreciation to the staff of the Isabella Stewart Gardner Museum, in particular Susan Sinclair, Deborah Gribbon, and Rollin van N. Hadley, for their generous assistance in the reasearch of this article.

[1] Henry James, *The American Scene*, 1st ed. 1907, Bloomington, Indiana University Press, 1968, pp. 191-192, describing the new Metropolitan Museum.
[2] The biographical information concerning Isabella Stewart Gardner is taken from two sources: Louis Hall Tharp, *Mrs. Jack*, Boston, Little, Brown and Co., 1965 and Morris Carter, *Isabella Stewart Gardner and Fenway Court*, Boston and New York, Houghton Mifflin Co., 1925. Also recommended is the entertaining account by Aline Saarinen in *The Proud Possessors*, New York, Random House, 1958.
[3] Once before the Gardners had expanded their residence when they purchased in 1880 the ajacent house. A music room for small recitals was added. Photographs suggest a rather cluttered, Victorian environment in what
Edith Wharton called the "upholsted style": the French and Italian furniture were often modestly draped in heavy fabric, brocade walls outlined in white wooden moldings, paintings hung two or three vertically, and almost always palms amongst the bibelots and sundry objects.
[4] Willard T. Sears, "Notes on the Building of Fenway Court," Sept. 1, 1896. This manuscript is located in the Isabella Stewart Gardner Museum archives. Most of the information concerning the construction of Fenway Court comes from this account. For biographical information on Willard T. Sears. (1887-1920) see *Who Was Who in America*, Vol. 1, 1897-1942, Chicago, A.N. Marquis Co., 1942, p. 1100.
Among Sears and Cummings projects in Massachusetts were the First Universalist Church, Lynn; Chapel in Mount Auburn Cemetery, Cambridge; Riding Academy, Boston; Chapel of the Theological Seminary, Andover; Hotel Kempton; Boston; The Montgomery Bulding, Boston. For an account of the rebuilding of the Cathedral of Cape Haitian, see *Architect and Building News*, 4, Dec. 7, 1878, pl. 154, p. 189.
[5] Sears, Dec. 29 and 30, 1898.
[6] Typical was the situation Sears noted in his log Sept. 13, 1900: "...Mrs. Gardner superintending the removal of every col. (column) from the shed and directing the setting of each col. She said that the would not be here after today until next Friday, and that no cols must be set while she was away. I asked her to mark the cols, and designate where they were to go and allow us to keep on setting them while she was away, but she would not consent to it, saying that she wanted to personally supervise the setting of every col. The putting up of the floor timbers and the building of the walls have been delayed."
[7] Baron Giorgio Franchetti, who also owned the Ca d'Oro, hired Camillo Boito in 1896, and in the lamentable process Boito replaced all the central balconies with modern duplicates. Thus, Mrs. Gardner was able to attain the originals and incorporate them with other purchases from the dealer Francesco Dorigo into her own ingenius design.
Most accounts attribute the balconies to the Ca d'Oro, a mistake perhaps resulting from Franchetti's joint ownership. Rollin van N. Hadely, however, discovered that the balconies resemble instead those on the Palazzo Cavalli-Franchetti. For a discussion of Boito's renovations see Edoardo Arslan, *Gothic Architecture in Venice*, trans. Anne Engel, London, Phaidon, 1972, p. 234.
[8] "...A shadow glides / On the stairway of jade — / Is it a moonbeam? Is it the One? / In the Abode of Solitary Shadow?" Carter, p. 224. Okakura-Kakuzo also dedicated his drama *The White Fox* to Mrs. Gardner.
[9] Bode, the director of the Prussian royal museums from 1906-20, advocated in exhibition display the idea of historic totality which mixed different objects created in one period to evoke its unique style. Germain Bazin, *The Museum Age*, trans. Jane van Nuis Cahill, New York, Unvierse Books, 1967.
[10] The information about the carriage house is drawn from, Hadley's article, pp. 31-34.
[11] James, pp. 254-255.

La casa dei sogni e dei ricordi
Philip Johnson a New Canaan

Francesco Dal Co

Maurice Blanchot ha notato come dopo Worringer alcuni "pittori tedeschi destinano l'arte plastica alla ricerca di un campo senza privilegi che non presenti alcuna possibilità di orientamento e si realizzi in moti in cui tutti i punti abbiano lo stesso valore. Successivamente Klee sogna uno spazio in cui l'omissione totale del centro dovrebbe al tempo stesso sopprimere ogni traccia del vago e dell'indeciso". Un procedimento analogo, che potremmo immaginare come una tensione verso l'"affrancamento dal centro", si manifesta nel "sistema a padiglioni" che Philip Johnson è venuto costruendo per la propria "casa" di New Canaan nel Connecticut. Il primo episodio di questo insieme di edifici risale al 1949. Si tratta della famosa Glass House. Ad essa hanno fatto seguito una casetta per gli ospiti, un lago, un gazebo sul lago e due gallerie destinate ad ospitare le collezioni private di Johnson, e, più di recente, lo studio-biblioteca.

Il complesso di New Canaan presenta tutte le caratteristiche che si addicono alla dimora di un collezionista — anche se nel nostro caso si tratta di un collezionista assai particolare; costui, infatti, possiede un carattere che ha un tratto in comune con quello del "prototipo" del collezionista contemporaneo, Eduard Fuchs, che Benjamin ha immortalato ritraendone la singolare personalità di "collezionista e storico".

Anche Johnson, nella sua "casa" di New Canaan, coniuga insieme collezionismo e "storicismo", anche se questo "storicismo" ha un'inclinazione eminentemente autobiografica. Il collezionismo artistico di Johnson si sposa, difatti, al collezionismo architettonico. Ma, appunto, è un incontro tra propensioni diverse. L'un tipo di collezionismo presuppone il distacco; il secondo l'immedesimazione. Catalogando le proprie architetture, Johnson si stacca dalla sua opera per "giudicarla", quasi ponendola in una prospettiva storica. Con piglio critico, egli procede in tal modo alla costruzione della propria biografia architettonica. Tale operazione presuppone una proiezione esterna, una "divisione" dell'io. Una divaricazione, questa, che il collezionista invece ricompone approntando la propria raccolta di opere d'arte. In questo secondo caso non interviene più lo "storico"; l'oggetto indagato non è più rappresentato dall'autobiografia. Diverso è soddisfare il gusto: ciò richiede un'opera di immedesimazione. Una simile empatia non può giovare a chi narra il proprio lavoro: per far ciò è opportuno tentare di porsi al di fuori della propria ricerca e ordinarne i risultati con l'occhio dello storico.

Tale distacco è illustrato dalla successione degli edifici costruiti nella tenuta di New Canaan. Il processo che essi definiscono è quello che appunto traccia la divaricazione che li separa dall'autore della loro narrazione. Rappresentano il racconto di un processo che porta all'accentuata contestazione del *centro* da cui il collezionista ha preso le mosse. Conquistare uno spazio senza centro accomuna alcuni aspetti dell'arte moderna alle aspirazioni del collezionista. Costui condivide in parte la tensione di cui parla Blanchot; coltiva le tentazioni all'espansione del possesso che si realizza nell'estremo dettagliarsi delle forme attraverso le quali il possesso stesso viene soddisfatto.

Questo "progredire al di fuori del centro" è un altro aspetto essenziale delle costruzioni concepite da Philip Johnson a New Canaan. Esse disegnano una teoria, dalla Glass House alla recentissima biblioteca, la quale conosce il segreto della sorpresa, una dimostrazione, questa, di sicura vitalità intellettuale. Ma che tale evoluzione vada interpretata come una dimostrazione dell'Ichspaltung cui si deve sottoporre colui che ne avvia il movimento, lo conferma appunto la sua vocazione autobiografica.

La Glass House è insieme un omaggio e un addio. D'altro canto, Johnson stesso ne ha chiarito sino in fondo il carattere autobiografico, sciorinandone la "storia" intellettuale con modalità simili a quelle che il chimico potrebbe utilizzare per descrivere i passaggi di un procedimento di sintesi o di distillazione. Ciò non contraddice il fatto che la Glass House è un atto di ossequio e di congedo. Johnson realizza infatti questa raffinata "scatola di vetro" in anni in cui, come egli stesso ha ricordato, il suo nome avrebbe potuto tranquillamente essere storpiato in quello di Mies van der Johnson...

In generale, nei suoi scritti Johnson usa un assoluto fair play: puntigliosamente chiarisce il senso della propria ricerca, rifiutando ogni atteggiamento mimetico — mentre la mimetizzazione è invece una chiave delle sue architetture. Il piccolo gazebo sul lago lascia perplessi? provoca il moralismo dei critici? appare come un nonsense narcisistico? la risposta è semplice. La fornisce Johnson stesso. Per completare la Glass House — e non vi sono altre ragioni evidenti: questa "gratuità" va accettata — prima *ci voleva* una pozza d'acqua, e poi, per arricchire la pozza, *ci voleva* il gazebo... Come si vede, ciò che conta è sempre "il bisogno di completamento": autobiografia e collezionismo richiedono una continua espansione. In termini architettonici ciò comporta il progressivo oscuramento del centro da cui tutta la composizione trae origine. "Completandosi" la Glass House viene accerchiata. Ma non è più un "centro", bensì solo il reperto iniziale di una collezione che dovrà incessantemente arricchirsi. Dice Johnson: "I had a pond — two years ago the place needed a pond — which looked rather empty. Something interesting to look from the house was necessary. Contrarywise, some place to walk to from the house — from which to look at the house — was also necessary".

Da ciò — da questa ansia di "completamento", onde soddisfare ogni sorgente "necessità" — deriva il progressivo svanire dell'ordine originario, stabilito a partire dalla sistemazione della Glass House. Il "disordine" dell'intera composizione si accentua man mano che il distacco dalla vitrea fissità della prima scatola edilizia si precisa come percorso architettonico attraverso l'autobiografia. Con ciò la dialettica tra ordine e disordine, tra centro e periferia, tra certezza e insicurezza, diviene la chiave del racconto architettonico che Johnson propone. Ne discende il carattere labirintico che l'intero sistema finisce per acquisire.

La costruzione della "casa" come labirinto — una volta Johnson si è lamentato della scarsa attenzione prestata dagli architetti contemporanei all'antica arte dei giardini, e ben sappiamo come un'espressione tipica di quest'arte sia proprio rappresentata dalla progettazione di labirinti — racchiude l'intera metafora della biografia narrata in forme architettoniche. Il labirinto deriva tra l'altro la propria peculiarità dalla compresenza dell'enigma e delle chiavi atte a risolverlo. È questo un meccanismo che si ritrova anche nell'autobiografia. La soluzione degli enigmi biografici richiede un continuo approfondimento delle informazioni, una collazione sempre più vasta di "notizie", un allargamento della "prospettiva" — ma in ogni caso allude a una possibile "soluzione".

L'estendersi delle informazioni e delle "notizie" è quanto viene rappresentato da Johnson con gli edifici costruiti a New Canaan, concepiti appunto come successione di episodi architettonici diversi, ricomposti solo idealmente in bell'ordine in quanto metafore di altrettanti passaggi nel territorio autobiografico. Questa successione muove da un distacco in forma di omaggio. La Glass House segna l'abbandono del linguaggio miesia-

1

2

1, 2. Immagini della Glass House.

The house of dreams and memories
Philip Johnson at New Canaan

1, 2. Views of the Glass House.

Maurice Blanchot has noted how, after Worringer, certain "German painters directed plastic art towards the study of a field without any privileged points and which presents no possibility of orientation, developed through motions in which every point possesses the same value. Subsequently, Klee dreamed of a space in which the total omission of the centre would simultaneously suppress every trace of the vague and irresolute."

An analogous procedure, which we can imagine as a tendency towards "release from the centre", appears in the "pavilion system" which Philip Johnson has been constructing for his own home in New Canaan, Connecticut. The first phase of this set of buildings goes back to 1949 and was the famous Glass House. It was followed by the guest house, the pond, a gazebo on the pond and two galleries for Johnson's private collection, and, more recently, the library.

The New Canaan complex has all the features appropriate to the dwelling of a collector — even if, in this case, it happens to be a somewhat special collector; one whose character has one element in common with that "prototype" of the contemporary collector, Eduard Fuchs, whom Benjamin immortalized in his portrait of this remarkable "collector and historian".

Johnson, too, in his home in New Canaan, combines collecting and "historicism", even though this "historicism" takes an eminently autobiographical turn. Johnson's art-collecting is united with architectural collecting. But it is, precisely, an encounter between different tendencies. In cataloguing his own architectural works, Johnson distances himself from them in order to "appraise" them, setting them in what is virtually a historical perspective. With critical detachment, he proceeds in this way to the construction of his own architectural biography. This operation presupposes an outward projection, a "division" of the self. This is a split which the collector mends by creating his own collection of works of art. In the latter case the "historian" no longer intervenes; the object studied is no longer represented by autobiography. Satisfying one's taste is different: it requires a work of self-identification. This empathy cannot serve a person who instead narrates his own work: to do this it is advisable to attempt to place oneself outside one's investigation and order the results with the eye of the "historian".

This detachment is illustrated by the sequence of buildings on the New Canaan estate. The process they define is that traced by the split which separates them from the author of their story. They represent the account of a process leading to the accentuated contestation of the *centre* from which the collector started. The conquest of a space without a centre links certain aspects of modern art with the aspirations of the collector. The latter partly shares the tension that Blanchot mentions; he cultivates temptations to expansion of possession which is achieved in the extreme detail of the forms through which possession itself is fulfilled.

This "progress beyond the centre" is another essential aspect of the buildings conceived by Philip Johnson for himself at New Canaan. They trace out a series, from the Glass House to the very recent library. This building knows the secret of surprise, evidence of indubitable intellectual vitality. That this evolution should be interpreted as a demonstration of the *Ichspaltung* to which the person who started the movement has to be subjected is confirmed precisely by his autobiographical vocation.

The Glass House is both a tribute and a farewell. Johnson himself has fully clarified its autobiographical character, displaying its intellectual "history" in ways similar to those which a chemist might use in describing the phases of a process of synthesis or distillation. This does not contradict the fact that the Glass House is an act of homage and farewell. Johnson produced this refined "glass box" in the years when, as he has recounted himself, his name might as well have been Mies van der Johnson...

Generally in his writings Johnson keeps strictly to the rules of fair play. He carefully clarifies the sense of his studies, rejecting any attempt at mimicry — yet mimicry is one of the keys to his architecture. Is the little gazebo by the pond puzzling? Does it provoke the moralism of critics? Narcissistic nonsense perhaps? The answer is simple. It comes from Johnson himself. To complete the Glass House — and there are no other apparent reasons — first a pond was *needed*, and then, to enrich the pond, the gazebo was *needed*... As can be seen, what counts is always "the need for completeness": autobiography and collecting require continual expansion. In architectural terms, this leads to a progressive obscuring of the centre, from which the whole of the composition originates. In being completed, the Glass House becomes encircled. It is no longer a "centre", but just the initial item in a collection which will have to be continuously enriched. Says Johnson: "I had a pond — two years ago the place needed a pond — which looked rather empty. Something interesting to look at from the house was necessary. Contrarywise, some place to walk to from the house — from which to look at the house — was also necessary."

From this — from this yearning for "completeness" by which to appease every nascent "necessity" — is derived the progressive effacement of the original order established with the layout of the Glass House. The "disorder" of the inner composition is accentuated, as the detachment from the glassy fixity of the first "box" appears as an architectural route through autobiography. With this, the dialectic between order and disorder, between centre and periphery, between certainty and uncertainty, becomes the key of the architectural tale Johnson is offering us. From this emerges the labyrinthine character which the entire system ends up by acquiring.

The construction of the "home" as labyrinth — once Johnson complained of the lack of attention shown by contemporary architects for the ancient art of gardens, and of course one of the typical expressions of this art was the designing of mazes — embraces the entire metaphor of the biography narrated in architectural terms. The labyrinth is derived from, among other things, its own peculiarity of the simultaneous presence of the enigma and the keys to solve it. This is a mechanism which one also comes across in his autobiography. The solution of the biographical enigmas requires a continual probing of information, an ever-wider collation of facts, a broadening of perspective — but in every case it relates to a possible "solution".

The extension of facts and informations is what is represented by Johnson in the buildings constructed at New Canaan. They are conceived as a succession of different architectural episodes, recomposed only conceptually in the proper order as metaphors of an equivalent number of phases in the sphere of autobiography. This sequence starts from a separation in the form of a tribute. The Glass House marks the departure from the language of Mies, from a truly demanding "tradition". Few contemporaries have been so involved in the decline of the tradition of the *modern* as Philip Johnson. Few

no, di una ben ardua "tradizione". Pochi contemporanei sono stati così partecipi del declino della tradizione del moderno come Philip Johnson. Pochissimi hanno avvertito come Johnson il peso del passato miesiano, e hanno avuto il coraggio di proseguire su quella via sino a giungere a scorgerne l'ultimo ponte dagli archi ormai diroccati. La Glass House si affaccia su questa interruzione della vecchia strada maestra, e a ciò reagisce compiendo uno scarto quasi impercettibile eppure decisivo. Ha inizio a questo punto un'esperienza rovesciata rispetto a quella vissuta da Johnson sino agli anni '50. Si stabilisce un rapporto nuovo con la tradizione. Ciò viene annunciato dalla presenza, nel cuore della rarefatta geometria della Glass House, di un cilindro in muratura, che appare in quell'ambiente come un'eresia antimiesiana. Da tale eresia deriva un dialogo nuovo con i linguaggi del moderno. È un rapporto che si appresta ormai a svolgersi in termini prevalentemente destrutturanti. La decostruzione si accanirà, d'ora in poi, per smontare e spezzare anche il più solido idioma che il linguaggio architettonico contemporaneo ha saputo plasmare.

La decostruzione implica una continua decodificazione. Johnson ne è consapevole al punto da applicarla alle sue stesse architetture, giungendo alla forma del saggio autobiografico tramite l'accumulazione di "reperti" realizzata a New Canaan. Questo bisogno di decodificare si unisce, nell'opera di Johnson, con lo sperimentalismo eclettico della sua ricerca formale, con il narcisismo autobiografico che fa tutt'uno con l'innata predisposizione al collezionismo.

Non a caso si è privilegiata la metafora del labirinto. In questa forma paiono convivere la tensione all'espansione propria del collezionista con la sua ansia di decifrazione: il possesso diviene necessario per la soluzione dell'enigma, il quale però già presuppone la presenza di colui che saprà violarlo. Nel caso della tenuta di New Canaan questo quadro ideale risulta complicato e completato dal risvolto autobiografico implicito nell'intreccio architettonico. Ciò richiama quell'"atteggiamento storicistico", che è pur sempre caratteristico della figura del collezionista. Tale intreccio fa sì che le costruzioni di New Canaan siano soggette ad una continua espansione. "Riproducendole", l'architetto sublima la coerenza della propria ricerca, l'integrità delle proprie esperienze intellettuali, il riscatto della propria perduta libertà — libertà, appunto, spinta sino al confine dell'autobiografia. Ma ogni ulteriore capitolo di tale narrazione ne conferma la natura labirintica. Ogni nuovo progetto rinnova un gioco di rispecchiamenti — arricchisce l'intreccio di ulteriori nodi che richiedono nuove soluzioni.

Questa strategia sublimante è esposta ad una duplice contraddizione. La "realtà" è infatti esclusa dal labirinto, il cui centro rimane l'enigma. Se non bastasse la successione ormai nota degli edifici costruiti da Johnson a New Canaan per attestarlo — i primi "omaggi" a Mies, e, quindi, il lago, il gioco di false scale proposto con il gazebo, le due antitetiche gallerie —, basta dare un'occhiata all'ultima costruzione, alla bianca biblioteca, felicissima intuizione che rimbalza elegantemente tra suggestioni elementariste e impressioni tratte dalla poesia formale lecorbusieriana, per averne una definitiva conferma. La biblioteca confonde ancora una volta le tracce. È un passaggio che sembra richiamare le origini dimenticate del viaggio. Un episodio che pare voler porre rimedio alle inadempienze dei primi "capitoli" dell'autobiografia — ma, al contempo, sul piano strettamente architettonico — è un'intuizione feconda, quasi a voler dire che se anche con la tradizione del moderno è opportuno adottare un rapporto conflittuale, ciò non esclude affatto la necessità di riconoscere l'ampiezza di tale passato, la sua ricchezza, le sfide ignorate che in esso ancora si celano.

Con la costruzione della biblioteca, infine, l'intero complesso di New Canaan acquista matura corposità — anche se probabilmente l'opera del collezionista non può dirsi conclusa. A questo punto, comunque, la "casa" che Johnson ha voluto per sé si presenta ormai suf-

ficientemente dettagliata. Ma da ciò appunto la riconferma della contraddizione di cui si diceva. Questa "casa", infatti, rappresenta l'apoteosi dell'interieur. L'interno, in senso benjaminiano, vi si mostra quale prodotto diretto del bisogno che spinge l'architetto ad allargare in tal punto la propria voracità di collezionista da consentire che essa si soddisfi anche tramite la narrazione autobiografica. Le tracce che Johnson dilapida nella sua "casa" sono i segni stessi che segmentano la sua biografia. Ciò lo induce ad abbandonarsi al primato dell'interieur. La sua strategia non può essere che opposta a quella che Benjamin mutua da Brecht nell'ammonire l'"abitante della grande città" circa la necessità di procedere sistematicamente alla cancellazione delle tracce.

Ma se appunto è l'interieur che va salvato, il destino della casa risulta così segnato. Essa non potrà che apparire quale monumento in senso proprio; più che "casa" sarà quindi celebrazione della narrazione e delle memorie autobiografiche che animano l'interno. Ma con ciò l'interieur esige un sacrificio. Impone l'adozione di solide protezioni contro l'esterno, mentre per la sua natura architettonica si espone ad un destino che tende a rovesciare il senso della sublimazione autobiografica. La protezione dell'interno che Johnson persegue viene assicurata in due maniere complementari. Per un verso, accentuando il carattere "processionale" che contraddistingue i modi del rapporto tra gli edifici costruiti nella tenuta e l'ambiente esterno. Questo atteggiamento affiora sin dalla sistemazione della Glass House: è la natura formale della scatola vitrea, come spiega lo stesso Philip Johnson, ad imporre un approccio sfalsato, "angolare", "distaccato". In secondo luogo, l'interno che ospita le "tracce", che viene trattato come un "monumento" dal punto di vista architettonico ad indicarne la diversità rispetto al contesto, si appresta — proprio per questo duplice ordine di ragioni: interno e monumento sono due espressioni del modo di essere del collezionista — ad essere fondamentalmente un museo.

Ernest Jünger ha colto magnificamente l'affinità che "esiste tra il regno del museo e il grande culto dei morti e delle tombe, e il museo confessa così di essere figlio legittimo del monumento. In linguaggio tecnico tutte queste cose sono impiegati e non sono 'conservatori': una denominazione, questa, dalla quale traspare il rapporto del museo col processo di mummificazione". Le "tracce" che la vocazione autobiografica disperde tra gli ambienti che formano il vasto interno di New Canaan, nell'inseguire la propria didascalica chiarezza, sono esposte a questo stesso pericolo. Le impronte del collezionista si apprestano qui a divenire muti reperti. Esse confermano così l'intimità del proprio legame con l'interno, con la "casa" intesa quale rifugio privato della vita, con questa ultima espressione nella quale la ricerca moderna intorno al senso del monumento pare destinata a ritrarsi. Ciò radicalizza la separazione rispetto all'esterno che il trattamento architettonico anticipa nel rifiuto del contesto. Ne deriva un'organizzazione tassonomica degli ambienti che formano la "casa" di New Canaan. In tale disposizione trova espressione conclusiva la "strategia protettiva" che Johnson ha inteso adottare nel costruire la "dimora della propria vita".

Non meno degli ospiti di New Canaan, accolti appunto in un apposito edificio distaccato dalla primitiva Glass House, anche gli altri episodi architettonici si disperdono nel resto della tenuta, seguendo proprie specifiche inclinazioni formali. Così come la Guest House è intesa a salvaguardare l'integrità della Glass House, non diversamente la galleria sotterranea delle pitture e il padiglione delle sculture distribuiscono in successione le diverse esperienze che la "casa" può offrire, avendo ben cura di presentarle separatamente. Frutto della vocazione al collezionismo di Philip Johnson, le due gallerie non hanno solo la funzione di introdurre esplicitamente nella casa la natura che l'interno è venuto implicitamente ad assumere (quella, appunto, del museo), ma svolgono anche il compito di preservare l'interieur dal pericolo che il mondo esterno possa interferire con queste "tiny oases of marble and gold", evocandone pur tuttavia la

presenza nelle sublimazioni ironiche o sconsolate della pop-art conservata nelle gallerie. Solo in quanto arte, unicamente assunta in quest'aura, alla "vita" è concesso violare l'interieur di New Canaan; ma con ciò, la "vita" non può che venire rappresentata in maniera congrua a questi interni: adottata dal collezionismo, essa viene sublimata come arte e depositata sotto cupole ipogee.

Vi possono essere diverse chiavi per spiegare quest'intreccio. Molti approcci si offrono per comprendere il sovrapporsi dei livelli sui quali si svolge questa singolare narrazione autobiografica. Ma una, forse, è la via per liberarsi dal senso di narcisistico egocentrismo che, seguendo un'impressione superficiale, promana da quanto Johnson ha voluto costruire per sé a New Canaan.

In uno dei suoi scritti più belli Johnson ha affermato: "Now we know that we cannot 'solve' anything. The only principle that I can conceive of believing in is the Principle of Uncertainty". Certo: non è un'affermazione originale... ma originale è udirla da un progettista quale Johnson. New Canaan è il "museo" delle sue incertezze. Non a caso la Glass House, con il passare del tempo, è venuta perdendo il suo valore di "centro" della composizione che Johnson aveva imposto alla tassonomia del proprio interieur. Questo è il "museo" di ciò che avrebbe potuto essere ma che non è stato. È il luogo comunque ove il collezionista protegge la propria diversità, custodisce i frutti della propria curiosità, "studia il mondo" (sia il "mondo esterno" che quello animato dalle forme della sua fantasia di architetto) lasciandolo filtrare severamente attraverso le barriere che proteggono il suo laboratorio di "storico" — di "storico" di se stesso innanzitutto — ...da qui, infine, il significato simbolico dell'ultima costruzione: la biblioteca appunto.

Mondo assolutamente privato, New Canaan non ammette spiegazioni di fondo che prescindano dalla volontà autobiografica che in queste costruzioni Johnson ha profuso a piene mani. Ne sortisce un singolare museo dell'architettura. Un'architettura certo rappresentata secondo i gusti di un unico collezionista e concepita dalla matita di un solo architetto — ma in questo "museo" le incertezze, le regole ormai violate, i giochi senza fondamento, l'extraterritorialità dei contemporanei linguaggi architettonici, vengono elencati, memorizzati e catalogati spietatamente.

Come osserva un grande estimatore di Jünger, quale Hans Seldmayr, "il mondo, per il quale il museo diviene il tema più sacro, è, già per sua essenza, un mondo che vede ogni cosa in una prospettiva storica". Probabilmente a tale mondo appartiene anche Philip Johnson. Per questo egli possiede un tratto in comune con la personalità di Georg Fuchs. Il suo animo di collezionista giunge a New Canaan a narrare sincronicamente la storia delle contemporanee incertezze architettoniche, ordinando nel museo che esse configurano anche le tracce dell'interieur della vita.

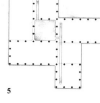

5

6

3. Padiglione sul lago.
4. Studio.
5, 6. Piante del padiglione e dello studio.

3. Pavilion on the lake.
4. Studio.
5, 6. Plans of pavilion and studio.

3

4

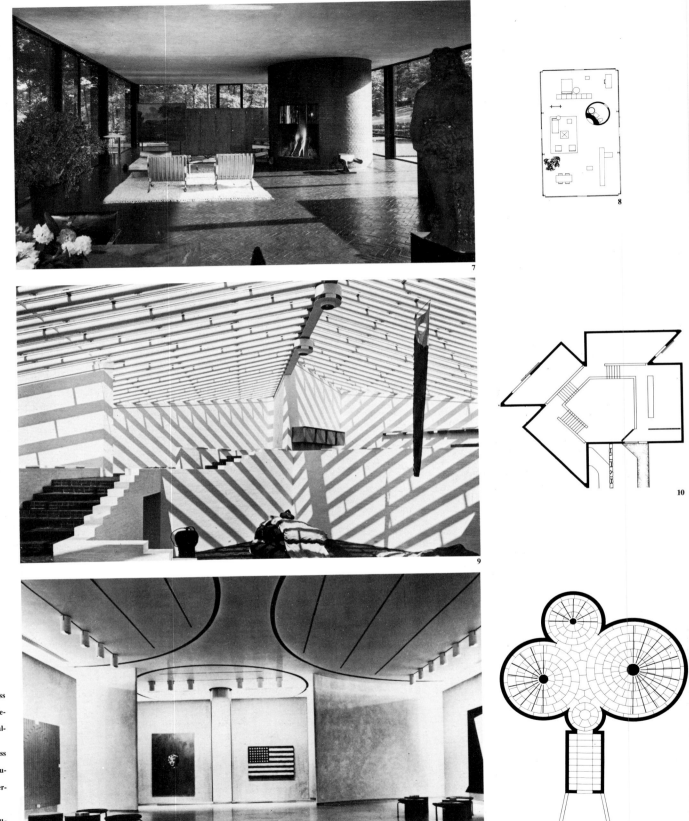

7, 8. Interno e pianta della Glass House.
9, 10. Interno e pianta della galleria delle sculture.
11, 12. Interno e pianta della galleria d'arte sotterranea.

7, 8. Interior and plan of the Glass House.
9, 10. Interior and plan of sculpture gallery.
11, 12. Interior and plan of underground art gallery.

Tutte le piante sono riportate alla stessa scala.

All of the plans are reproduced to scale.

have felt the burden of the "Miesian" past as much as Johnson has, or had the courage to pursue that course to the point where they glimpse the last bridge with its broken arches. The Glass House looks onto this break in the old highway and reacts to it with an almost imperceptible yet decisive difference. It is at this point that there begins an experience that is the reverse of that Johnson had lived through until the 1950s. A new relation with tradition is established. This was heralded with the presence, in the heart of the rarified geometry of the Glass House, of a cylinder of masonry, appearing in that context as an anti-Miesian heresy. From this heresy there stems a new dialogue with the languages of the modern past. It is a relationship that now begins to develop in prevalently destructuring terms. Deconstruction, from this point on, will strive to dismantle and break up even the most solid idioms which contemporary architectural languages had succeeded in fashioning.

Deconstruction implies a continuous decodification. Johnson is aware of this to the point of applying it to his own works, attaining the form of the autobiographical essay through the accumulation of "relics" at New Canaan. This need to decodify is combined in Johnson's work with the eclectic experimentalism of his formal research, with the autobiographical narcissism which is one with the innate penchant for collecting.

It is no accident that the metaphor of the labyrinth should have been favoured. In this form there appears to co-exist the tendency towards expansion peculiar to the collector and his yearning for decipherment: possession becomes necessary for the solution of the enigma, but this already presupposes the presence of him who will succeed in violating it. In the case of the New Canaan estate, this ideal picture proves complicated and completed by its autobiographical implication inherent in the architectural plot. This relates to that "historicist attitude" which is always typical of the collector. This web means that the constructions of New Canaan are always subject to continuous expansion. By reproducing them, the architect sublimates the coherency of his own research, the integrity of his intellectual experiences, the redemption of his lost freedom — freedom pushed to the frontiers of autobiography. But each further stage in this tale confirms its labyrinthine nature. Each new project renews an interplay of reflections; it enriches the plot with further complications requiring new solutions.

This strategy of sublimation is, however, exposed to a twofold contradiction. The "reality" is in fact excluded from the labyrinth, whose centre remains the enigma. If this were not enough, the now known succession of Johnson's buildings constructed at New Canaan could bear witness to it — the early tributes to Mies, and then the pond, the interplay of false scales expressed through the gazebo and the two antithetic galleries: one need only take a look at the latest buildings, the white library, a felicitous intuition which hovers elegantly between elementarist allusions and impressions from Le Corbusier's formal poetry, and this will be confirmed. The library once more covers his traces. It is a passage that seems related to the forgotten origins of the journey. An episode that seems to seek a remedy for the inadequacies of the earliest "chapters" of the autobiography, but, at the same time, on the purely architectural plane, it is a fertile insight; almost seeming to express that while it may be advisable to enter into conflict with the modern, this by no means excludes the need to recognize the breadth of this past, its richness, the ignored challenges which are still concealed in it.

With the construction of the library, finally, the whole complex at New Canaan acquires a mature bodily fullness — even though the work of the collector is probably not at an end. At this point, however, the "home" which Johnson desired for himself appears sufficiently detailed. But herein lies the confirmation of the contradiction we have spoken of. This "home", in fact, represents the apotheosis of the interior. The interieur, in Benjamin's sense, appears in it as the direct product

of the need that drives the architect to widen his collector's avidity to the point where it is satisfied even by an autobiographical narrative. The traces which Johnson hides in his home are the same signs as those that segment his autobiography. This induces him to devote himself to the primacy of the interior. His strategy can only be opposed to that which Benjamin takes over from Brecht when he warns the "inhabitant of the big city" of the need to go systematically about cancelling his traces.

But if it is the interieur that has to be saved, the destiny of the home proves to be determined by this fact. It can no longer appear as a monument in the strict sense; instead of being a house it will therefore be a celebration of the story and the autobiographical memory which animate the interior. But together with this the interior exacts a sacrifice. It imposes the adoption of solid protection against the exterior, while by its architectural nature it exposes itself to a destiny which tends to reverse the sense of its autobiographical sublimation. The protection of the interior which Johnson pursues is secured in two complementary ways. On the one hand, this is achieved by accentuating the "processional" character that distinguishes the modes of relationship between the buildings constructed within the estate and the external environment. This tendency appears even in the arrangement of the Glass House: it is the formal nature of the glass box, as Philip Johnson himself explains, that imposes a distorted, "oblique", "detached" approach. In the second place, the interior which contains the "tracks", which is treated as a "monument" architecturally indicating its diversity from the context, lends itself (precisely by means of this twofold order of reasons: interior and monument are two expressions of the collector's mode of being) to being fundamentally a museum.

Ernst Jünger has grasped the affinity which "exists between the realm of the museum and the great cult of the dead and of graves, and in this regard the museum confesses itself the legitimate child of the monument. In technical language, all these things are 'munuments'... and their staff are 'keepers': a name which suggests the relation between the museum and the process of mummification." The traces which the vocation for autobiography disseminates throughout the interiors of New Canaan, in pursuit of its own expository clarity, are exposed to this same danger. The traces of the collector here tend to become mute relics. In this way they confirm the closeness of their link with the interieur, with the "home" understood as a private shelter in live, with this ultimate expression into which modern investigation of the sense of the monument seems destined to withdraw. This radicalizes the separation of the exterior that the architectural treatment anticipates in its rejection of the context. From this there stems a taxonomic organization of settings forming the "home" in New Canaan. The "protective strategy" which Johnson intended to adopt in building his dwelling for life finds its conclusive expression in this arrangement.

Like the guests in New Canaan, housed in a special building detached from the original Glass House, the other architectural episodes are also scattered about the rest of the estate, following their own formal inclinations. Just as the Guest House is intended to safeguard the integrity of the Glass House, so the subterranean picture gallery and the pavilion of sculptures arrange in sequence the various experiences that the "home" can offer, taking good care to present them separately. The fruit of Philip Johnson's vocation as a collector, the two galleries have not only the function of explicitly introducing into the home the character which the interior has been implicitly acquiring (that of the museum), but also perform the function of preserving the interior from the danger that the outer world might interfere with these "tiny oases of marble and gold", while evoking their presence in the ironical or disconsolate sublimations of pop-art kept in the galleries. Only as art, uniquely adopted within this aura, is "life" permit-

ted to violate the interior of New Canaan; but at the same time, "life" can only be represented in a fashion suited to these interieurs: adopted by collecting, it is sublimated as art and set below underground domes.

There may be various different keys to explain this story. Many approaches appear for an understanding of the superimposition of levels on which this singular autobiographical tale is developed. But one of them is, perhaps, the way by which to free oneself from the feeling of egocentric narcissism which, to a superficial impression, is emanated by what Johnson has constructed for himself in New Canaan.

In one of his finest writings, Johnson has declared: "Now we know that we cannot 'solve' anything. The only principle that I can conceive of believing in is the Principle of Uncertainty." True, this is not an original statement... but it is original to hear it from a designer like Johnson. New Canaan is the "museum" of his uncertainties. It is no accident that the Glass House, with the passing of time, has been losing its value as the centre of the composition that Johnson has imposed on the taxonomy of his interior. This is the "museum" of what might have been but wasn't. It is the place where the collector protects his own difference, keeps the fruits of his curiosity, "studies the world" (both the "external world" and the world animated by the forms of his imagination as architect), allowing it to filter strictly through the barriers protecting his "historian's" workshop — the "historian" of himself first of all — ...and hence the symbolic significance of his last building, the library.

A completely private world, New Canaan does not admit basic explanations apart from the autobiographical purpose which Johnson has poured so liberally into these buildings. What emerges is a remarkable museum of architecture. True, this is an architecture represented in keeping with the tastes of a single collector and conceived by a single designer — but in this "museum" the uncertainties, the rules violated, the baseless games, the extra-territorial nature of contemporary architectural languages, are ruthlessly listed, memorized and catalogued.

As a great admirer of Jünger, Hans Slemayer, states: "The world, for which the museum is becoming the most sacred theme, is already, by its essence, a world which sees everything in a historical perspective." Philip Johnson probably belongs to this world as well. For this reason he possesses a trait in common with Georg Fuchs. His collector's spirit reaches New Canaan, where it narrates synchronically the story of contemporary architectural uncertainties, arranging in the museum they give shape to, the traces of the interior of his own life as well.

13. Assonometria generale del parco a New Canaan.

13. General axonometric of park in New Canaan.